双子座文丛

高兴 —— 主编

Dazhu Xiaozhu Luo Yupan

大珠小珠落玉盘

郭宏安 —— 译 / 著

漓江出版社

桂林

“双子座文丛”出版说明

文坛写书者多，译书者也不少，但著译俱佳的不多见。创作与翻译并举，在世界文学史和民国以来的汉语文学界均有详例，一批人中佼佼在创作大量优秀文学作品的同时，还向国内读者译介了诸多外国作家的作品，既是传统文化的传承者，又是异域文化的绍介者。出版“双子座文丛”目的之一，就是努力在这方面进行发现和总结。双子座，取意“著译两栖，跨界中西”，丛书第一辑收入的几位诗人、作家，除了领衔的丰子恺先生文章千古，彪炳后世，其余诸公，在文学创作领域多有建树，文学翻译水平亦为译坛认可。丛书的宗旨是诗人写诗、译诗，散文家写散文、译散文，小说家写小说、译小说，角度新颖独特，为国内首创。由于篇幅所限，本丛书只收精短作品和译品。

漓江出版社中外文学编辑部

郭宏安在家中

在洛桑至苏黎世火车上，1998 年

在让·斯塔罗宾斯基教授家中，日内瓦，2012 年

在日内瓦大学，背景为宗教改革者墙，
1976 年

在瑞士泽尔马特，背景为塞尔文峰，1977 年

目录

总序　时光深处的矿藏 / 高兴 001
序　译著者说 / 001

大珠篇

弗朗索瓦·勒内·德·夏多布里昂
拜访华盛顿将军 / 004
华盛顿、拿破仑异同论 / 008
尼亚加拉大瀑布 / 012
米拉的原型 / 016
印第安人的船队 / 018
普罗斯佩尔·梅里美
《西班牙来信》：斗牛 / 021
《西班牙来信》：隆蒂诺的故事 / 034
杰拉尔·德·奈瓦尔
登金字塔 / 040
歌德故居 / 043

夏尔·波德莱尔

论酒与印度大麻／048

恩斯特·勒南

在雅典卫城上的祈祷／070

阿纳托尔·法朗士

《友人之书》节录／081

雷米·德·古尔蒙

海之美／090

保尔·瓦雷里

精神的危机／096

安德烈·马尔罗

希腊礼赞／105

让－保尔·萨特

答加缪书／111

阿尔贝·加缪

蒂巴萨的婚礼／140

海伦的放逐／147

重返蒂巴萨／152

艺术家及其时代

——1957年12月14日的瑞典演说／160

米歇尔·图尼埃
飞翔的吸血蝠 / 180

小珠篇

不朽者的“行头” / 197
他拒绝了龚古尔奖 / 202
格朗贝岛，大坟岛 / 209
卢梭：三百岁的孤独漫步者 / 228
斯多法赫先生的花园 / 240
巴黎一条街 / 253
塞纳河畔访书 / 256
罗丹的巴尔扎克 / 260
访巴尔扎克故居 / 265
阿罗拉山房记 / 270
在小旅店里 / 275
春天的第一个消息 / 279
近睹塞尔文峰 / 282
栗子而曰“烤” / 299
村童八趣 / 302
一个中学生的读书生活 / 311

※ 总序 ※

时光深处的矿藏

高兴

时光流逝，越来越容易陷入怀旧了。是老年的迹象在显露吗？我生出警觉，却也无可奈何。思绪常常转向并停留于上世纪八十年代，久久地，久久地，以至于间或会闪过一缕幻觉，仿佛重又置身于那个年代。回头想想，那真是金子般的年代：单纯，开放，真实，自由，充满激情和希冀，个性空间渐渐扩展，就连空气中都能感觉到一种积极向上的氛围，闪烁着理想主义和浪漫主义的光芒。

那时，整个社会都在倡导读书，鼓励思考、创造和讨论，号召勇攀科学高峰。我个人真正的阅读正是从那时，也就是从大学开始的。大学学习，紧张，而又充实。我们那批学生都异常用功，都有着明确和持久的动力和目标。在紧张学业的空隙，阅读，成为调剂和滋润，也有提高修养的意图。吸氧般地读。如痴如醉地读。杂乱无章地读。马不停蹄地读。总体上，诗歌作品读得多些，外国作品读得多些。那时，如果有某部作品，尤其是外国作品即将问世，消息会不胫而走，我们会连夜赶到王府井书店排队，就为了能购得自己渴盼的书籍。漓江出版社的《西方爱情诗选》就是以如此方式终于被我捧在手中的。还清楚地记得那是个小开本，轻盈的样子，不到三百页，定价为八毛钱，发行量竟达到了几十万册。于我，那可是本珍贵而亲爱的书，几乎伴我度过了青春时期最美好的时光。

阅读过程中发现，中国文坛上有一类特别的人，一类似乎散发着异样光芒和特殊魅力的人。他们既是优秀的作家，同时又是出色的译家。而作家和译家的双重身份让他们的文学天地变得更加开阔，更加悠远和迷人，也更加引人注目。鲁迅，周瘦鹃，周作人，茅盾，沈泽民，胡愈之，朱湘，赵景深，林语堂，戴望舒，朱光潜，郑振铎，冰心，巴金，穆旦（查良铮），朱生豪，丰子恺，楼适夷，朱雯，施蛰存，李健吾，冯至，卞之琳，徐迟，季羡林，陈敬容，萧乾，袁可嘉，杨绛……都是这样的人。那是一份长长的名单，也是一份闪光的名单，构成中国现当代文学史上一个又一个独特的存在。谈到穆旦（查良铮）先生，我们既会想起他无数的诗篇，也会想到他众多的译诗；谈到李健吾先生，我们既会想起他创作的长篇《心病》，也会想起他翻译的长篇《包法利夫人》；谈到戴望舒先生，我们既会想起他写的那首《雨巷》，也会想起他译的洛尔加的《海水谣》；谈到冯至，我们既会想起他自己的诗句“我的寂寞是一条长蛇”，也会想起他译的里尔克的诗句“谁这时孤独，就永远孤独”。同样，当我们读到卞之琳先生的《断章》，杨绛先生的《洗澡》，陈敬容先生的《老去的是时间》等作家作品时，也绝对会自然而然地想到《英国诗选》《堂吉诃德》《图像与花朵》等翻译作品。于他们，文学写作和文学翻译，既各自独立，又相互补充和丰富，最终融为一体，成为最完整意义上的创作。他们的贡献是双重的，有着特殊的意义和价值。他们的孤独也是双重的，是孤独与孤独的拥抱、互勉和团结。他们照亮了孤独，孤独反过来又照亮了他们。

有时，很难说他们的文学写作和文学翻译，孰轻孰重。特殊的历史缘由，中国现当代文学史中曾出现过断裂，甚至空白。恰恰就是在几个关键的时刻，他们的贡献和意义突显。远的不说，就说上世纪五十年代，正当百事待兴之时，当卞之琳将莎士比亚，陈敬容将波德莱尔，徐迟将惠特曼，萧乾将哈谢克用汉语呈现出来时，会在中国读者心中造成怎样的冲击和感动。同样，上世纪七十年代末，当人们刚刚经历荒芜和荒诞的十年，猛然读到李文俊翻译的卡夫卡，李野光翻译的埃利蒂斯，袁可嘉翻译的叶芝，王佐良和郑敏先后翻译的勃莱，会感到多么的惊喜，多么的大开眼界。那既是审美的，更是心灵的，会直接或间接滋润、丰富和影响人的生活，会直接或间接打开写作者的心智。时隔那么多年，北岛、多多、柏桦、郁郁等诗人依然会想起第一次读到陈敬容译的波德莱尔诗歌时的激动，莫言、马原、阎连科、宁肯等小说家依然会想起第一次读到李文俊译的卡夫卡《变形记》时的震撼。我曾在不同场合说过，文学翻译曾引领不少中国作家走过了一段必要的路程。没有读到福克纳和马尔克斯，很难想象莫言的写作会走向哪条路数。没有读到转化成汉语的外国诗歌，同样很难想象北岛多多们会成为什么样子。

这些有着异样光芒和特殊魅力的前辈甚至影响了我的人生走向。我在大学学习罗马尼亚语。小语种，人才稀缺，原本有着众多的选择。但我毕业后，没去外交部，也没去经贸部，而是来到《世界文学》编辑部工作。当然是我自觉的选择。当然出于文学热爱，或者说是前辈影响的结果。从小就在邻居家里见过《世界文学》这份杂志，三十二开，不同于其他杂志，更像一本书，有好看的木刻和插图。早就知道它的历史和传统，也明白它的文学地位和影响。有很长一段时间，我索性称它为鲁迅和茅盾的杂志。不少名作都是在这份杂志上首先读到的。以前绝没有想到，有一天，自己竟然也能成为《世界文学》编辑队伍中的一员。我曾在一篇文章中描述过当时的激动和自豪：

我所景仰的冯至先生、卞之琳先生、季羡林先生、戈宝权先生等文学前辈都是《世界文学》的编委。这让我感到自豪。记得刚上班不久，高莽主编曾带我去看望冯至、卞之琳、戈宝权等老先生。在这些老先生面前，我都不敢随便说话，总怕话会说得过于幼稚，不够文学，不够水平，只好安静地在一旁听着，用沉默和微笑表达我的敬意。冯先生有大家风范，声音洪亮，不管说什么，都能牢牢抓住你的目光。戈先生特别热情，随和，让人感觉如沐春风。卞先生说话声音很柔，很轻，像极了自言自语，但口音很重，我基本上听不懂，心里甚至好奇：如果让卞先生自己朗诵他的《断章》，会是什么样的味道？

供职于《世界文学》之后，一直在苦苦寻觅理想译者。在我看来，理想译者就是有扎实的外文和中文功底，有厚重的文学修养和高度的艺术敏感，有知识面，有悟性、才情和灵气，同时又对文学翻译怀有热爱和敬畏之情的译者。最最理想的译者就是那些既有翻译实力，又有写作才华的译者。他们是译者中的译者。我因此满怀敬意和感恩，一次再一次地想到查良铮、李健吾、冯至、丰子恺、卞之琳、陈敬容、袁可嘉、杨绛、高莽、屠岸等先贤。令人欣喜的是，这些先贤开创的传统得到了继承和延续。我因此满怀喜悦和欣赏，不禁又想到了西川、姚风、黄灿然、沈东子、李笠、汪剑钊、程巍、树才、田原、袁伟、石一枫等同道。而作为写作者，这些先贤和同道显然又更加开明，开阔，先进，智慧，无拘无束，同时个性十足。

这些特殊的人已然形成了一座座特殊的富矿。该如何从诗意和学术的高度来发掘和开采这一座座的富矿？漓江出版社“双子座文丛”对此有着美好的意图：

文坛写书者多，译书者也不少，但著译俱佳的不多见。创作与翻译并举，在世界文学史和民国以来的汉语文学界均有详例，一批人中佼佼在创作大量优秀文学作品的同时，还向国内读者译介了诸多外国作家的作品，既是传统文化的传承者，又是异域文化的绍介者。出版“双子座文丛”目的之一，就是努力在这方面进行发现和总结。双子座，取意“著译两栖，跨界中西”。

此外，我还想特别说的是，这套文丛更是一套致敬之书、期待之书，致敬已然属于“双子座”的前辈，期待正在走近或即将走向“双子座”的同道与后生。

2018年5月3日于北京

※ 序 ※

译著者说

这本集子由两部分构成，其一为我译的法国作家随笔，名之曰《大珠篇》；其二为我写的中国随笔，名之曰《小珠篇》。所谓大珠小珠，与法国、中国无关，既无关乎褒贬，也不在于抑扬，不过是说，所译皆大家、名家，所写乃出自普通人之手，如是而已。随笔（un essai）作为一种文体的名称，其法文原初的意思是试验、尝试等，引申为极具个人口吻和角度、富于文采地论述阐发一种观念、思维、方法、事情、人物等，尤重在阐释新思想、新感觉和新方法。其手法包括叙述、描写和抒情等，其文不以长短论，长可万言，甚至几万言、十几万言、数十万言，短则千字，甚至几百字、数十字。中国随笔是一种灵活、自由、随便的文体，可谓灵光乍现，也可谓心血来潮，往往与小品文并称，议论、抒情、夹叙夹议，皆可，推崇“细、清、真”，其特征是短小、轻灵，鲜有超过万字的。法国随笔和中国随笔其实有很大的不同，此处不拟详论，若有一名称可以统摄二者的话，恐怕只有“文章”能担当此任了。

白居易作《琵琶行》，有句云："大弦嘈嘈如急雨，小弦切切如私语。嘈嘈切切错杂弹，大珠小珠落玉盘。"这是描绘琵琶演奏时的情景，那音色脆爽剔透，清澈悦耳，沁人心脾，用来比喻这本集子中的文章，庶几近之。法国随笔素以清晰见长，我译诸文皆出自大家、名家之手，或澄澈如静水，或潺潺如溪流，或奔涌如怒涛，以"大珠"喻之，未为不可；我写诸文则不同，不可径称为中国随笔，只能是一个普通中国人笔下的文字，力求雅洁素净，简练通脱，清新可读，喻之为"小珠"，似无不妥，谅无僭越之虞。不过，面对大家、名家之文，虽不能至，然心向往之，似可当得起"大珠小珠落玉盘"之喻。法国随笔与中国随笔，并无高下文野之分，本地风光，各擅胜场而已。法国人写的，不都是"大珠"，中国人写的，不都是"小珠"，其错杂之处显而易见，不必细说，点到即可，无须引申。当然，这里的"错杂"并无贬意，不过是声音的高低强弱、参差有节而已。

就文学而言，翻译有两种，一种是职业的翻译，一种是业余的翻译。两者有很大的不同：前者受到职业的牵制，选择的余地较小，常作"遵命文学"，容易形成一种腔调，即无论翻译什么样的作品，都是一种风格；后者不同，没有职业的束缚，所译皆出自爱好，选择的余地自然较大，译品的风格也就不同，即与自己为文的风格近似，如果他果然有风格的话。譬如我，我的职业是法国文学研究，我从事的是业余的翻译。研究的对象是我的爱好，所译之文皆出自他们的笔下，故其风格乃是我研究揣摩已久的结果，是与不是，或者似与不似，一切皆系于我的研究和揣摩，而我的研究和揣摩的成败，在某种意义上说，就是我在语言表达上的成败，即我的文字是否有一种风格。同事程巍说我是一位"文体家"，是一位"文字手艺人"，前一种评价有些过誉，我愧不敢当；后一种评价恰如其分，我欣然接受，因为我的确是一个“日夕与句子纠缠”的人。

不过，程巍感到“奇怪的是，众多翻译家只在他们的译文中才显示出这种高度的语言才华，一旦他们自己写作，其语言才华或者说‘文字手艺’就立即逊色不少，因为此时，他们不再像他们翻译他人的作品时那样去‘创造性地’琢磨自己笔下的每个词、每句话、句子关系以及风格，他们此时大多已沦入‘日常语言’的无形之流了”。他的观察无异于一种警告，振聋发聩，它似乎在我耳边说：你是否在自己写作时“文字手艺”立即“逊色不少”而沦入“‘日常语言’的无形之流”了呢？我希望，这本集子中的文字——无论译文还是创作，姑且这么说吧——料能说明一二！译文是“一句挨一句翻”（杨绛语），以句始，以句终，然后连缀成文；而我的写作也是以“写好一个句子”开始，遵循“义足为句”的古训，精心打磨句号前的每一个字。我从不苟作一文，即便不能在内容上给出新意，也要在形式上让人有一种美感。做到了吗？我惴惴地自问。

翻译与创作，同框出现，看似新鲜，其实不然，“五四”一代作家，多有将创作与翻译收入同一本集子里的，如刘半农。如今将这一传统恢复，也算一大创新吧。人们常说，翻译是戴着镣铐的舞蹈，但往往强调了镣铐的束缚，而忽略了舞蹈的本质。舞蹈是手足的运动，但不是手足的乱动。戴着镣铐，进行有法度、有规则、有节奏的运动，既悦人耳目，又陶冶人的心灵，才是翻译。否则，镣铐是有了，但是不能有节奏、有韵律、有章法地动，即乱动，那不是翻译，叫乱译、死译、胡译、硬译等，皆可。创作也是这样，没有语言的镣铐，却有想象力的约束，不能乱写。翻译与创作，都是舞蹈，都是手足的有法度规则的运动，都要使人有一种美的享受。从这个角度看，译者和作者是平等的，并无轩轾，如今让译者和作者同框出现，是有这种意图在吧？然而，译者是否有这种意识呢，他是否会命定地“沦入‘日常语言’的无形之流”呢？

拉杂写来，是为序。

2017年12月15日初稿

2018年1月5日修改

北京

大珠篇

弗朗索瓦·勒内·德·夏多布里昂

1768—1848

夏多布里昂是法国浪漫主义运动的先驱之一，其代表作有《基督教真谛》《墓中回忆录》等，他在深化并弘扬废墟和忧郁之美的同时，又在其中注入了幽邈深邃的时空感，表现出一种知其不可为而为之的气概。他的散文笔力遒劲，结体洒脱，意境宏阔，在法国文学中矗立起一座高峰。

这里选了《墓中回忆录》中有关华盛顿和拿破仑的几篇文字，不卑不亢，举重若轻，可以看到夏多布里昂是以怎样的口气谈论这两位伟大的人物的。《尼亚加拉大瀑布》等是几段有名的文字，个人的命运和事件的巨大之间的反差，于冥想中穿插景物的描绘，说明了作者是很善于渲染气氛的。

拜访华盛顿将军

巴尔的摩像合众国[①]的其他大都会一样，当时没有现在那么大，它是一座漂亮的天主教小城，干净、活跃，风气和社交都与欧洲极为相似。我向船长付了渡资，请他吃了一顿告别午饭。去往宾夕法尼亚的驿车每周有三班，我订好了座位。早晨四点钟，我上了车，我终于在新大陆的道路上奔驰了。

我们走的路与其说是修出来的，不如说更像是画出来的，所经之地相当平坦，几乎没有树，农庄分散，村落稀疏，气候与法国一般无二，燕子在水面上飞来飞去，就像在贡堡的水塘上一样。

接近费城时，我们遇见了一些去市场的农民、公共的和私人的车辆。我觉得费城是一座美丽的城市，街道宽阔，有的栽了树，东西南北，纵横交叉，皆成直角。特拉华河与沿东岸的一条街平行。这条河在欧洲名气很大，在美洲却不大有人提起，它的两岸低矮，少有可看的景致。

在我旅行的那个年代（1791 年），费城的疆界还不到舒尔基尔河；接近这条支流的土地被分成小块，上面星星点点地盖了些房子。

---

① 合众国：指美利坚合众国。

费城的外观是单调的。一般地说，合众国的新教城市所缺的是宏伟的建筑：宗教改革运动为时不远，于想象力上不肯费力，很少修造古老的天主教布满欧洲的那种大教堂，那种直插云天的中殿，那种双双并立的塔楼。在费城，在纽约，在波士顿，没有一座建筑物高踞于一片墙垣和屋顶之上。目光止于这个高度，岂不悲哉。

我先在旅店下榻，然后在一家膳宿公寓找了套房子，公寓里住的是一些圣多明各的移民，还有一些法国人，他们流亡国外的想法跟我的不同。一块自由的土地向逃避自由的人们提供了栖身之地。专制政体的拥护者自愿流亡至一个纯粹民主的国家，没有比这更能证明高贵的体制所具有的崇高价值了。

一个像我这样怀着满腔热情来到合众国的人，一个到处寻求严峻的罗马早期风俗的卡图，肯定会不胜愤慨地发现到处是豪华的服饰、轻佻的言谈、不均的财富、不道德的银行和赌场、嘈杂的舞厅和剧院。身在费城，我简直会以为是在利物浦或者布里斯托尔。居民的外表讨人喜欢：公谊会①的女教徒身着灰裙，一式的小帽，脸色苍白，看起来很美。

我在我一生中的这个时候很欣赏共和制度，尽管我认为在我们当时的那个世界中是不可能实现的。我了解古人所说的自由，那是一个初生的社会中的风俗之女；然而我不知道作为光明之女和古老文明之女的自由，此种自由的现实性已为代议制共和国所证实。愿天主允许它长远！人们不再为了自由非得自己去耕他那一小块土地、非得抱怨艺术和科学、非得有弯钩的指甲和肮脏的胡子不可了。

---

① 又称教友派，17 世纪创立的一个基督教教派。

我到达费城的时候，适逢华盛顿将军不在，我只好等了他七八天。

我看见他坐在一辆由四匹骏马拉着的车里飞驰而过。依我当时的想法，华盛顿必是辛辛那图斯①无疑；坐马车的辛辛那图斯有点儿败坏了我那罗马历296年的共和国。独裁者华盛顿可能不是一个用刺棒戳耕牛、手扶犁把的庄稼汉吗？不过，当我向他递上推荐信时，我又看到了那位罗马老人的淳朴。

一幢小房子，与临近的房子无大差别，做了合众国总统的宫殿。没有守卫，甚至没有仆役。我敲门，开门的是一位年轻的女仆。我说我有一封信要交给他。女仆问我的名字，我的名字用英语很难发音，她记不住。她于是轻轻对我说："Walking，Sir.（请进，先生。）"跟着她进入一条狭窄的走廊，像英式房子一样，走廊是充作前庭的。她把我领进会客室，请我在那儿等将军。

我不感到激动。灵魂的伟大或财富的伟大都镇不住我：我欣赏前者，但并不因此而被压垮；后者使我产生尊敬之意，但更多的则是怜悯之情。人的面容从不会使我感到慌乱。

几分钟之后，将军进来了。他身材高大，神色安然，冷静多于高贵，与画像上的他很像。我呈上信，没有说话；他拆开，很快读到签名，高声欢呼道："阿尔芒上校！"——他这样称呼签名的德·拉鲁埃里侯爵。

我们坐下。我好歹向他解释了此行的动机。他用英语和法语的单字应着，怀着某种惊奇听我说；我觉察到了，就对他说，稍许有些怒气："您创造了一个民族，于是发现西北通道就不那么困难

① 公元前5世纪的罗马农民，曾被拥立为独裁者，击败入侵的敌人，功成身退。

了。”“Well,well,young man!（好，好，年轻人！）”“他高声说，向我伸出了手。他邀请我次日共进晚餐，我们就此告别。

我留意不要误了约会。吃饭的只有五六个人。席间谈到法国革命。将军给我们看一把巴士底狱的钥匙。我已经注意到，这种钥匙是当时流传的荒唐玩具。三年后，钥匙的复制者们很可能把关押君主的监牢的锁送给合众国的总统，正是这把锁给了法国和美国自由。如果华盛顿看见了巴士底狱的胜利者们躺在巴黎的河沟里，他会对手中的圣物少些敬意。革命的严肃和力量并非来自这种血腥的狂欢。1685 年，废除南特敕令①的时候，也是这些圣安东尼郊区的群氓捣毁了夏朗东的新教教堂，与他们在 1793 年洗劫圣德尼教堂时怀着同样的热情。

晚上十点钟，我告别东道主，以后再未见到他；他第二天走了，我则继续我的旅行。

这就是我和这位公民士兵、一个世界的解放者的会见。华盛领进入坟墓之后，我的脚步才有了点儿声响；我走过他面前的时候，是一个最没有名气的人；他如日中天，我则默默无闻；我的名字也许在他的记忆中不曾停留过一整天，然而我感到幸福的是，他的目光毕竟曾经落在了我的身上！我此后毕生都感到热乎乎的：一个伟人的目光中是有一种力量的。

1822 年 4 月至 9 月，伦敦

① 1598 年，法国国王亨利四世在南特城颁布宗教宽容法令，史称南特敕令。

华盛顿、拿破仑异同论

波拿巴刚刚去世。既然我刚闯进了华盛顿的门，合众国的创立者和法国人的皇帝之间的比较自然地出现在我的思想中；再说，华盛顿本人也已不在。在智利歌唱和战斗过的爱尔西拉[①]在旅途中停下，叙述狄东之死；我则在我的宾夕法尼亚之行的开始停下，比较一番华盛顿和波拿巴。我本来可以在会见拿破仑的时候谈论他们；但是，倘若我在记事中谈到1814年之前就摸到了我的坟墓，人们不是就对我关于这两位福音的代理人要说的话一无所知了吗？我想起了卡斯太尔诺，他像我一样做过驻英大使，也像我一样在伦敦撰写他的部分生平。写到第七章最后一页的时候，他对儿子说："这件事我将在第八章里论述。"然而卡斯太尔诺的《墓中回忆录》的第八章并不存在，这警告我活着的时候要抓紧。

华盛顿像波拿巴一样，高不过常人。他的相貌没有任何惊人之处；他不曾被置于一个广阔的舞台上；他不曾与当时最机灵的将领和最有权势的君主交手；他也不曾从曼菲斯驰往维也纳，从卡迪克斯驰往莫斯科：他和一小批公民战斗在一块无名之地上、家乡的狭窄圈子里。他没有发

① 西班牙诗人（1533—1594），著有智利史诗《阿罗卡那》。

起过延续阿尔贝尔[①]胜利和法尔撒尔[②]胜利的那些战斗；他没有推翻一些王朝并用其残骸补偿另一些王朝；他也没有对聚集在他的门前的国王们说：

> 他们让人等得太久，阿提拉厌烦了。[③]

某种寂然无声的东西裹住了华盛顿的行动。他缓慢地行动，仿佛他感觉到自己肩负着未来的自由，生怕危害了它。这位新型的英雄担负的不是他个人的命运，他担负的是国家的命运，他不允许自己玩弄不属于他的东西；然而，有怎样的光芒从这种深刻的谦卑中迸射出来！找一找华盛顿的剑曾经闪耀过的树林吧，你们发现了什么？坟墓？不，你们发现了一个世界！作为战利品，华盛顿在他的战场上留下了合众国。

波拿巴和这位庄重的美国人迥然不同：他是在一块古老的土地上大张旗鼓地打仗，他只想建立他自己的名声，他只管他自己的命运。他好像知道他的使命是短暂的，从那么高的地方落下的激流将很快流过；他赶紧享用甚至滥用他的荣耀，犹如倏忽即逝的青春。如同荷马的诸神，他想四步就走到世界的尽头。他出现在所有的海岸，匆匆将他的名字刻在各民族的大事记上；他将一顶顶王冠扔在他的家人和他的士兵的头上；他急忙修他的纪念物，制订他的法律，夺取他的胜利；他俯身对着世界，一手扫平诸王，一手打革命的巨人。然而，他在粉碎王政的同时，也窒

---

① 不详。
② 不详。
③ 高乃依悲剧《阿提拉》中的诗句。阿提拉是434—453年的匈奴王。

息了自由，最终在他最后的一个战场上丧失了他自己的自由。

有所成，就有所得。华盛顿把一个民族提高到独立的地位：他作为退休的行政长官，在他的同胞的惋惜中，在各族人民的景仰中，安眠于他自家的屋顶下。

波拿巴则抢走了一个民族的独立：他作为废黜的皇帝被推上流放的道路，尽管有大洋的守卫，恐惧的大帝还不相信他的监禁已足够稳妥。他咽气了。征服者曾在王宫的门口让人宣布过多少葬礼啊，然而现在这个消息张贴在那里，却不能让过往的人驻足、惊奇——公民们要哭泣吗?

华盛顿的共和国留下来了，波拿巴的帝国却被毁灭了。华盛顿和波拿巴都出自民主的怀抱：他们两人都生于自由，前者忠于它，后者背叛了它。华盛顿是他那个时代的需要、观念、光明和舆论的代表；他不是阻挡而是支持精神的运动；他求他之所应求，完成他被召唤去完成的事情，所以他的事业是前后一致的，永生永存的。这个人很少使人震惊，因为他掌握着正确的尺度，他把个人的生命和国家的生命融为一体；他的光荣乃文明的胜利；他的名字有如一处公共的圣地，流淌着丰沛的、永不枯竭的泉水。

波拿巴同样能增加公共的财产，他作用于世上最聪明、最勇敢、最光辉的民族。如果他把高尚和他的英勇结合起来，如果他和华盛顿一起，把自由指定为他的全部荣耀之受遗赠人，今日他将占据何种地位！

然而，这个巨人根本不把他的命运和同时代人的命运联系在一起；他的天才属于现代，他的野心却是古代的；他看不出他生命的奇迹超过了一顶王冠的价值，这种哥特式的饰物戴在他头上不合适。他时而冲向未来，时而退回过去，无论逆或顺时代之潮流，他都用他神奇的力量拖着或推着波浪前进。在他眼里，人不过是权势的工具，在他们的幸福和他的幸福之间，没有任何一致性。他许诺解放他们，却给他们套上锁链；他孤立于他们，而他们则远离了他。埃及诸王不把他们葬身其中的金字塔放在开满鲜花的田中，而放在不毛的沙漠里，这些巨大的坟墓耸立如孤独中的永恒。波拿巴比照其形象建立了他的名声的纪念碑。

尼亚加拉大瀑布[1]

我在印第安人的村庄里逗留了两天，在那儿又给德·马尔泽尔布先生写了一封信。印第安女人干许多不同的活儿，她们把婴儿放在悬于一株粗大的红色山毛榉枝条之间的网里。草上沾满了露水，当地的棉花已经绽开花苞，很像白色的蔷薇。微风摇晃着空中的床，几乎感觉不到它们在动；母亲们不时起身，看看她们的孩子是不是睡了，是不是被鸟儿吵醒了。从印第安人的村庄到大瀑布有三四法里[2]远，向导和我也得花三四个钟头才能到。六英里[3]开外，一柱水汽已经告诉我飞流直下的地方了。我进入一片树林，我快乐得心直跳，还夹杂着恐惧，这大自然呈现给人类的最雄伟的景象之一被树林挡住了。

我们下了马，拉着缰绳，穿过一片片长满石楠之属的荒地和一片片荆棘丛，到了尼亚加拉河边，距下面的落水处有七八百尺。我还不停地往前走，向导抓住了我的胳膊，我站住了，险些碰着了水，河水箭一般飞速流过。它一点儿浪花不起，整个儿地顺着岩石的斜坡滑过去，落前

---

① 尼亚加拉大瀑布，即尼加拉瓜瀑布。瀑布源头为尼亚加拉河。位于加拿大安大略省和美国纽约州的交界处。
② 法国旧时长度计量单位，约合四公里。
③ 1 英里约合 1.6093 公里。

的安静和落时的轰鸣适成对比。《圣经》常把人民比作大水；这里恰如濒死的人民，弥留之际被剥夺了声音，向着永恒之深渊直冲过去。

向导一直拉着我，因为我觉得仿佛被河水拖住，身不由己地想进去。我时而看看上游的河岸，时而望着下游分水的小岛，河水在那儿突然消失，仿佛在半空中被切了去。

我茫然无措，又满怀莫可名状的赞美之情，一刻钟之后，终于到了落水处。人们可以在《论革命》和《阿达拉》中找到我的描绘。今天已有大路通往大瀑布，美国一侧和加拿大一侧都有旅店，瀑布的下面也有了磨坊和工厂。

看到这如此雄浑的大混乱，我思绪万千，无法传达。我的幼年是一片荒原，我不得不杜撰一些人物来装饰它；这些人是我从自身中获取的，别处找不到，只我身上有。这样我就把对阿达拉和勒内的回忆置于尼亚加拉大瀑布之畔，以表达忧郁之情。倘若人性不是和命运与不幸紧密相连，那么，何以解释一道瀑布在大地和天空的无动于衷的面孔前无休止地下落呢？深入到此种水与山的孤独之中，却不知道跟谁谈谈这雄伟的景象！只一个人独对这波浪，这岩石，这树林，这激流！给心灵一个同伴吧，山丘的秀丽的装饰，水波的清新的呼吸，一切都将变得令人陶醉；白日的旅行，傍晚的更加温馨的休息，漂洋过海，在苔藓上安眠，都将使心中涌起最深沉的柔情。我让弗蕾达[①]坐在阿里莫里克的沙滩上，让西莫多塞[②]坐在雅典的柱廊下，让白兰卡[③]坐在阿尔罕布拉宫里。亚历山

---

① 夏多布里昂的另一部著作《殉道者》中的人物。
② 《殉道者》中的人物。
③ 夏多布里昂的短篇小说《阿邦赛琪拉末代王孙的艳遇》中的人物。阿尔罕布拉宫是摩尔人的宫殿，意为“红宫”。

大[1]走到哪里就把城市建到哪里，我则生活在哪里就把梦留在哪里。

我见过阿尔卑斯山间的瀑布和阿尔卑斯岩羚羊；我也见过比利牛斯山间的瀑布和比利牛斯岩羚羊；我没有溯尼罗河很远，去到它的瀑布，那不过是急流而已；我不说特尔尼[2]和蒂沃里的那些碧蓝色的地方，那是一方方废墟织成的高雅披巾或者诗人咏唱的主题：

湍急的阿尼欧河与提布尔的神圣森林。

尼亚加拉使这一切黯然失色。我静观大瀑布；把它披露给旧大陆的不是我这样的无谓的旅行者，而是那些传道士，他们为了天主而寻求孤独，他们看见大自然的什么奇观，就跪倒在地，唱完了赞美的感恩歌，就坦然殉难。我们的教士欢呼美洲的秀丽风光，为它们洒下热血；我们的士兵徒手在底比斯[3]的废墟上搏斗，向安达卢西亚[4]举枪致敬：法兰西的全部天才就存在于兵营和祭坛的双重战法之中。

我牵着马，缰绳缠绕在胳膊上。一条响尾蛇在灌木丛中发出沙沙的响声；受惊的马直立起来，朝着瀑布后退。我的胳膊缠在缰绳里挣脱不出；马惊骇不已，一直拖着我。它的前蹄已然离开地面，后蹄蹬在深渊的边缘上，全靠腰的力量支撑。我已无能为力；这牲口眼看着面临新的危险，不禁一惊，遂向内转了个身。我若是丧命于加拿大的丛林深处，

---

① 指马其顿帝国的亚历山大四世。
② 意大利城市，以瀑布知名。
③ 意大利城市，以园林和喷泉著称。
④ 埃及古城。

我的灵魂在最后的审判中奉献的是约格和拉勒芒[1]神甫那样的牺牲、善举和功德，还是虚度的岁月、可悲的幻想？

我在尼亚加拉遭遇的危险非此一端。有一野蛮人下洼地时用藤梯，当时已经折断。我想从下往上看看大瀑布，不顾向导的劝阻冒险登上一面几乎垂直的峭壁的一侧。尽管水在我下面翻腾咆哮，我还保持着冷静，一直到了距底四十多尺的地方。那儿的岩石光秃垂直，再无立足之地。我用一只手抓住最后一个树根，悬在半空，感到手指经不住身体的重量——很少有人在其一生中经历过我那样的两分钟。我的手终于坚持不住，松开了，我掉了下去。真是意想不到的幸运，我落在一块岩石的凸角上，本来会粉身碎骨的，却居然没有感到太痛。我摔在距离深渊半尺的地方，没有再往下滚。不过，当我开始感到透骨的寒冷和潮湿的时候，我意识到我不会这么轻易就摆脱险境的。我的左臂在肘部以上的地方折断了。向导在上面望着我，我向他做了个求救的表示，他跑去找野蛮人。他们用柳条把我从一条水獭走的小道上拖了上去，送到了村子里。我不过是骨折罢了，两块木板条，一截绷带，一条三角巾，就足以让我痊愈了。

---

① 约格是法国耶稣会士（1607—1646），赴加拿大传教，殉教。拉勒芒是法国耶稣会士（1593—1673），是魁北克教团的教长。

米拉[1]的原型

我在医生那里住了十二天，他们是尼亚加拉的印第安人。我看见过去一些来自底特律或伊利湖以南和以东地方的部落。我调查他们的风俗。我给他们一些小礼物，他们向我介绍古老的习俗，这些习俗本身差不多已不存在。不过，北美独立战争开始的时候，野蛮人还吃俘虏，更确切地说，吃被杀的人。一位英国上尉用勺子在印第安人的锅子里舀汤，捞出来一只手。

出生和死亡是印第安人所失最少的习俗，因为它们不像横亘其间的生命那样轻率，它们也不是一件转瞬即逝的时髦事物。为了给一个初生儿带来荣耀，人们依然让他用家里最古老的姓，例如女性祖先的姓，因为姓总是取自母系。从这时起，孩子就占据了他录用其姓的那个女人的位置：人们一边跟他说话，一边为他确定这个姓使之再生的辈分；这样，一位叔叔可以称一位侄儿为祖父。这种习俗看起来可笑，却很动人。它使故去的老人复活；它使晚年的衰弱再现于初年的软弱之中；它拉近了生命的两端，拉近了一个家庭的开始和结束；它向祖先传递了一种不朽，并想象它仍存

① 夏多布里昂作品中的女主人公。

在于后代。关于死者，很容易发现野蛮人对圣物的眷恋。为了保存对祖国的回忆，文明的民族记住文学和艺术；他们有城市、宫殿、塔楼、园柱、方尖碑；耕种过的土地上有犁铧的痕迹；名字刻在青铜器和大理石上，行动写在大事记里。这一切都不存在于孤独的民族中：他们的名字不写在树上；他们的茅屋几个钟头建成，不多时也便消失；他们耕地使用的木棍不过掠过地表而已，甚至不能垒成畦；他们的传统歌曲随着最后的记忆衰亡，随着演唱的最后的声音消失。因此，新世界的部落只有一种纪念物：坟墓。对野蛮人来说，夺走先人的遗骨，就夺走了他们的历史、法律，甚至神；对这些人来说，您也就在未来的世代中夺走了他们生存和死亡的证据。

我想听听我的东道主唱歌。一个十四岁的印第安女孩，很漂亮（印第安女人只在这个年龄上才漂亮），唱了几支很好听的歌，那不是蒙田引述过的段落吗？“游蛇呀，你停下；你停下呀，游蛇。让我的姐姐照着你画个样子，做一条华丽的带子，让我能把它送给我的情人：这样呀，她就永远有你的美、你的情绪，她就不学别的蛇啦。”

《随笔集》的作者在卢昂[①]见过易洛魁人[②]，依他的看法，他们是些很有见识的人。“怎么，”他还说，“他们居然不穿短裤！”

假使如圣徒亚历山大的克莱芒[③]所说，有朝一日我公布年轻时的杂著或疯话，人们将会看见米拉。

1822 年 4 月至 9 月，伦敦

① 法国北部港口城市。
② 北美印第安人的一支。
③ 希腊的基督教作家（150？—251？）著作中有一种题为《杂著》。

印第安人的船队

戴珍珠的小姑娘的部落走了。我的向导，那个荷兰人，过了瀑布就拒绝陪同我了。我给了他钱，便和一些商人结队，他们出发去漂俄亥俄河。我在动身前看了看加拿大的湖。这些湖的面貌最为凄惨不过。大西洋和地中海开辟了通往各国的道路，其沿岸已经或将要住上文明的人民，数量众多，力量强大；加拿大的几个湖呈现的只是赤裸裸的水，通向的乃是一片光秃的土地：孤独之间的另一片孤独。没有居民的沿岸望着没有船的海，您从荒凉的水中上来，踏上的是荒凉的沙滩。

伊利湖方圆百余法里。沿岸的民族已在两个世纪前被易洛魁人赶尽杀绝。看印第安人驾树皮舟在湖上穿行，真是一件惊心动魄的事情。这个湖素以风暴著称，过去那里面的蛇不可胜数。这些印第安人把神像挂在船尾，冲进涌起的浪涛之间的旋涡中。峰与船舱齐平，好像就要将其吞没。猎人的狗的爪子抓住船帮，汪汪直叫，而它们的主人则保持着深深的沉默，用他们的短桨有节奏地击水。小船鱼贯而行：第一只船的船首站着一位头领，重复着只有两个音的号子“oah”，o 调低沉而悠长，a 声尖厉而短促。最后一只船上还有一位头领，也站着，操纵着一把舵形的桨。其余的战士在舱底，坐在脚跟上。透过雾和风，只能看见印第安人头上装饰着的羽毛，吠叫的狗的伸长的脖子，两个 sachem[1]的肩头：一个是舵手，一个是卜者——可以说是这些湖的神。

加拿大的河流在旧世界中是没有历史的，恒河、幼发拉底河、尼罗河、多瑙河及莱茵河的命运则不同。在其岸边发生的变化，它们什么都没看见！征服者洒了多少汗和血，才越过这些河流，而在其源头，牧羊人一步就跨了过去。

1822 年 4 月至 9 月，伦敦

1846 年 12 月修改

① 英文：酋长，首领，领导人。

普罗斯佩尔·梅里美

1803—1870

梅里美素以中篇小说的创作知名，代表作有《塔曼戈》《高龙巴》《嘉尔曼》和《伊尔的美神》等。直接而冷静的叙述，稀少但准确的细节，简练又活泼的描绘，显示出一种古典主义的美；在故事中穿插一些历史和考古的知识则增加了故事的可信性和趣味性，是他写作中的特点。他是文学家，但更是学者。

《斗牛》是他写给《巴黎杂志》主编的一封信，把一场斗牛写得如此清楚而激动人心，已属不易，而他对牛的性情的描写，则更见精彩。斗牛的主角当然是人，但是离了对牛的性情的揭示，人也就成了一个对风车作战的英雄。

《隆蒂诺的故事》是一个典型的西班牙人的故事。叙述不枝不蔓，语调淳朴，颇与传说中西班牙的高贵骄傲的民族性格相符。尤其是结尾两句话，不卑不亢，极好地显示出主人公剽悍而不失正直的品性。

《西班牙来信》：斗牛

先生[①]：

斗牛在西班牙仍很流行；然而在有教养的阶级中，承认喜欢一种肯定很残忍的表演而不感到某种羞耻者，鲜有其人；于是他们就找出好几个庄重的理由来加以辩护。首先，这是一种民族的娱乐。单“民族”一词足矣，因为在西班牙和法国，狭隘的爱国主义同样强烈。其次，他们说罗马人更加野蛮，因为他们让人和人搏斗。最后，经济学家说这种风俗对农业有利，因为用于斗牛的牛价格昂贵，这鼓励牛主养很多的牛。应该知道，绝非所有的牛都能追击人和马，二十头牛里也就有一头敢于出现在斗牛场上，其余十九头则用于农业。唯一一条人们不敢提出的理由，而且是无可辩驳的理由，乃是这种表演如此有意思，如此吸引人，激起的情绪如此强烈，一个人只要承受住第一次观看的效果，就再也放不下了，管他残忍不残忍。怀着某种厌恶第一次进入斗牛场，只是为了良心上完成旅行者的义务的外国人，我说的是外国人，立刻就会像西班牙人一样醉心于斗牛。这是应该承认的人类的一大耻辱。战争有种种的

---

① 收信人为《巴黎杂志》主编。

丑恶，但对那些躲在一旁静观的人来说，毕竟有其不同寻常的魅力。

圣奥古斯丁讲过，他年轻时极其厌恶角斗士的搏斗，从不去看。他的一位朋友强迫他同去观看这种盛大的屠杀，他对自己发誓在整个表演过程中闭上眼睛。开始他还守得住诺言，竭力去想别的事情；然而当他听见所有的人都因看见一个有名的斗士倒下而大叫起来时，就睁开了眼睛；他睁开了眼睛，就再也闭不上了。从此直到他改宗，他始终是一个酷爱在角斗场上的表演的人。①

在一位如此伟大的圣者之后，我真羞于提到自己；不过您知道我并没有食人肉者的口味。我第一次进入马德里的斗牛场的时候，真担心看见鲜血横流而受不住；我尤其担心控制不住敏感，见笑于那些在其包厢里给了我一个位置的冷酷无情的爱好者。其实不然。第一头牛被杀死了，我就不再想出去的事了。两个钟头过去了，中间也没有休息，我竟不觉得累。世上没有任何悲剧令我感到这般有趣。我在西班牙期间，不曾错过一次斗牛表演，而我可以红着脸承认，比诸那种只是将角尖上套着木球②的牛逼住的表演，我更喜欢把牛杀死的那种。那中间的区别和见出生死的搏斗与长矛尖上套着套环的比武之间的区别是一样的。不过这两种斗牛之间颇多相似之处，只是第二种对人几乎没有危险。

一场斗牛的前夜就已经是一个节日了。为了避免意外，人们只是在夜里才把牛赶进斗牛场的牛栏里；斗牛的日子定下来，头一天，牛在距马德里不远的一片草场上度过。那些牛常常来自很远的地方，值得前去

---

① 实为圣奥古斯丁的一位朋友的故事。
② 这是为使牛角少些锋利。

一看。许多车、许多骑马的和步行的人去那里。许多年轻人此刻穿上安达鲁坎肩，展示出日常简单的穿着根本不可能有的一种华丽和奢侈。此外，这种散步绝非没有危险：牛随意走动。赶牛的人也不大容易让它们听话，能不能躲开牛角的攻击，就是那些好奇者自己的事了。

西班牙的所有大城市里都有斗牛场。看台修建得很简单，不说它粗陋吧；一般地说，只是些大木棚，隆达的圆形看台被认为是一大奇景，因为是石头的。那是西班牙最漂亮的斗牛场，如同图恩德滕-特龙克城堡是威斯特伐利最漂亮的城堡一样，因为有一扇门和几扇窗户。然而，只要戏好，剧场的装饰有什么关系？

马德里的斗牛场可容纳大约七千观众，门很多，进出井然。人们坐在木头或石头的座位上，几座包厢里有椅子。只有信天主教的国王陛下的包厢装饰得相当漂亮。

场地围着坚固的栅栏，高约五尺半。栅栏两侧，距地面两尺高有一圈木头的突出物，像是台阶或供蹬踏的东西，用于使被追逐的斗牛士更容易地跳过栏杆。一条狭窄的过道将其与观众的座位分开，观众的座位与栏杆一样高，另有拴在牢固的木桩上的两道绳加以保护。这是一项几年前才有的防范措施。一头牛不仅跳过了栏杆——这是常有的事，而且还冲上观众席，死伤了不少看客。拉紧的绳索被认为足以预防再度发生类似的事故。

四座门开向场地，一座通向牛栏；一座通向屠宰场，在那里把牛剥皮和肢解；另两座用于这出悲剧的人——演员。

斗牛前，斗牛士们在与场地相连的一间房子里集合片刻。周围是马厩。远些还有一间诊室，一位外科医生和一位教士待在左右，随时准备救治受伤的人。

做休息室用的那间屋子里饰有一帧圣母画像，画像前点着几支蜡烛；下面可以看见一张桌子，桌子上有一个小炉子，里面正烧着煤。斗牛士进去时，都先在画像前脱帽，咕哝几句祷告词，然后从口袋里掏出一支雪茄，在火炉里点着，一边抽，一边跟伙伴们、跟前来和他们讨论要斗的牛的长处的爱好者们闲谈。

然而，在内院，要骑马较量的骑手们却在试马，准备搏斗。为此，他们策马冲向一面墙，用长杆代替长矛往墙上刺；他们始终对准那个支点，让他们的坐骑练习迅速地、尽可能离墙近地转弯。您很快会看到这种练习不是没有用的。所用之马都是花低价买来的废弃的驽马。由于害怕人群的喊声和看见牛使它们受到惊吓，马进场前都被蒙上了眼睛，耳朵里也塞上了弄湿的麻团。

斗牛场看上去热火朝天。搏斗前，场地里满是人，看台上和包厢里人头攒动，乱哄哄一片。座位有两种，背阴的那边最贵，最舒适，然而朝阳的那边总是挤满了胆子最大的爱好者。看得出来，女人大大少于男人[①]，而且多属小女工一类。包厢里却有几个装束高雅的女人，不过年轻的很少。法国和英国的小说近来败坏了西班牙人，使他们失去了对其古老风俗的敬重。我不相信禁止教士观看这种表演；不过我迄今只看见过一个穿袈裟的（在塞维尔）。人们告诉我有好几位微服前往。

---

① 今日的情况恰恰相反。——作者注

斗牛大会主席一声令下，一位警官在两位身着克里斯班服装[1]的警察陪同下骑着马出来，后面跟着马队，清理场地和隔着看台的那条通道。他们和马队退下之后，传令官一边是一位公证人，一边是一位步行的警察，来到场地中央，宣读通告，禁止向场内扔东西，禁止用喊声和手势干扰斗牛士，等等。他一出现，尽管用语令人肃然："以吾主国王的名义，愿上帝长久保佑……"顿时嘘声和口哨声四起，直至禁令读完，再说禁令也从未被遵守过。在斗牛场，也仅仅在斗牛场，人民统帅一切，可以言所欲言，为所欲为。[2]

斗牛士有两类：骑马斗牛士，他们骑马，执长矛；披风斗牛士，步行，晃动颜色鲜亮的布逗引牛。后者还分持剑斗牛士和投枪斗牛士，我很快就跟您谈到他们。他们都着安达鲁服装，跟《塞维勒的理发师》[3]中的费加罗穿的服装差不多；不过，骑马斗牛士不穿短裤和丝袜，而是穿厚厚的皮长裤，填了木头和铁，以保护小腿和大腿，抵御牛角的攻击。他们步行的时候叉着腿，仿佛圆规；他们若是跌倒，就几乎只能在披风斗牛士的帮助下站起来。他们的马鞍很高，土耳其式的，马镫是铁的，像是木鞋，严严地包住了脚。为了让胯下的驽马听话，刺马针尖尖的，有两寸长。他们的长矛很粗，很坚固，矛头很尖锐；然而为了让快乐持久，矛头上装了一个绳子做的箍，在牛身上只能刺进约一寸深。

一位骑马的警察用帽子接住大会主席扔过去的一把钥匙。这把钥匙

---

① 传统喜剧小丑形象，身穿带风帽的黑色小大衣，戴黑帽，白色皱领，着软靴，系水皮带，挎长剑。

② 自宪法恢复以来，已不再宣读吾主国王的通告。——作者注

③ 法国作家博马舍的喜剧。

什么也打不开；但是他仍把它交给负责打开牛栏的那个人，然后在人群的喊声中快马离开，他们告诉他牛已出来，正追他呢。这种玩笑每次斗牛都来一次。

这时骑马斗牛士已各就各位。通常有两个在场内，有两个或三个在场外，准备好发生意外时替补上去，例如死亡、严重骨折等。十二个披风斗牛士步行，站好位置，彼此可以相互照顾。

牛已先在笼子里被故意激怒，疯狂地冲出。通常它一直冲到场地中央，突然停住，听到的嘈杂声和周围的景象让它感到惊奇。它的后脖颈上系着一个饰带结，用一个深进皮里的小钩子固定住。饰带的颜色表明它来自哪个牛群；不过一位有经验的爱好者一看见牛，就知道它来自哪个省，属什么种。

披风斗牛士走近，晃动他们的色彩鲜丽的斗篷，试图把牛引向一个骑马斗牛士。如果是一头勇猛的牛，就会毫不犹豫地进攻。骑马斗牛士牢牢地拉住马，腋下夹住长矛，正面对着牛；他抓住牛低头用角抵他的当儿，在它的后脖颈上扎一枪，不是在别的地方；[①]这一枪他用上了全身的力气，同时拨马向左，把牛让到他的右边。如果这些动作无误，骑马斗牛士强壮有力，马也听使唤，牛就会在自己的冲力的挟持下超过他而碰不着他。此刻披风斗牛士的责任是吸引住牛，使骑马斗牛士有时间远去；然而，牛常常很快认出谁伤了它，会突然转身，飞速赶上马，一角顶进马肚子，把它连同骑手一起翻倒。披风斗牛士立即上前相救，几个

---

① 一日，我见一骑马斗牛士被撞翻，若非同伴拉开他、往牛鼻子上扎了一枪令其退，他就没命了，这情有可原，但我还是听见一些年老的爱好者大喊：“耻辱啊！枪竟往鼻子上扎！应该把这个人赶出场。”——作者注

人扶他起来，另几个对着牛头把斗篷抛过去，把它引开，引向他们自己，脱身跑向栏杆，以惊人的轻巧翻过去。西班牙的牛跑得和马一样快，假使披风斗牛士离栏杆很远，就难以脱身。骑手的生命总是取决于披风斗牛士的灵巧，故他们很少冒险进入场地中央；假使他们那样做了，就会被认为是一件不寻常的勇敢行为。

骑马斗牛士一站起来，就立刻上马，如果马也站起来的话。不管可怜的马是否血流如注，肠子拖在地上或缠在腿上，只要马还能走，就要面对着牛。如果它起不来，骑马斗牛士就出场，立刻骑一匹新马回来。

我说过，长矛刺进去只能使牛受轻伤，其作用只是激怒它；不过，马和骑手的冲击，它自己的跑动，猝然站住时腿弯所承受的反冲力，使它相当快就累了。长矛的扎刺也常令它沮丧，它于是乎不再敢攻击马，或者用斗牛的行话说，它拒绝“进”。然而，假使它健壮有力的话，它早已顶死四五匹马了。这时骑马斗牛士休息，有人发出扎进投枪的信号。

那是一种长约两尺半的木棍，包着剪贴画，顶端尖锐，有毛刺，好能留在伤口里。披风斗牛士双手各执一棍。最为稳妥的办法是，悄悄走到牛的后面，突然大声敲击木棍以刺激它。受惊的牛转过身，毫不犹豫地向着敌人冲过去。正当它快碰着、低头要顶的时候，披风斗牛士同时在它的脖子两侧将投枪扎进，其时只能在挨得很近、正对着牛、几乎就在两角之间的那一刻，然后他就闪在一旁，让牛过去，自己走近栏杆，以保安全无虞。一分神，一犹豫，或者一害怕，都足以使他丧生。不过，行家以为，投枪的作用最不致命。假使他不幸在扎投枪的时候跌倒了，他不应试图爬起来，他应在跌倒的地方躺着不动。牛很少攻击躺在地上的人，这绝非出自宽宏大量，而是因为它攻击的时候闭着眼，冲过去时看不见人。然而有时候它也停下，闻一闻，好像看看他是否果然死了，然后它倒退几步，低下头，想用角把他撅起来；但是此刻投枪手的伙伴已把他围住，护着他，牛被迫放弃这具所谓的尸体。

当牛表示怯懦，也就是说它还没有结结实实地挨上四投枪——起码得挨上这个数，观众这至高无上的裁判就高喊着让它受刑，又是一种燃起它的怒火的方法。“火！火！”的喊声从四面八方响起。于是人们发给披风斗牛士的就不是平常的武器了，而是一些把上裹着焰火的投枪。投枪尖上装着一块点着的火绒，一扎进皮肉，火绒就被反推着点着烟火的引信；烟火着起来，火苗指向牛，活活地烧着它，烧得它直蹦，观众极为开心。看见这头身躯庞大的牲口气得直吐白沫，摇晃着燃烧的投抢，在火和烟里挣扎，真是令人赞叹不已。不管诗人先生们说什么，我应该说，在我观察过的动物中，没有比牛眼里的表情更少的了。也许应该说表情变化更少的了，因为它的表情几乎总是粗暴凶恶的表情。它很少用呻吟表达它的痛苦，受伤使它愤怒或害怕；但是，允许我这样说吧，它好像从未思考过它的命运，它从不像鹿那样哭泣。所以它在让人看到它勇敢的时候才能引起人们的怜悯之情。①

牛脖子上扎进三对或四对投枪，就到了跟它了结的时候了。一阵鼓声响起，一个事先就被指定的披风斗牛士，即持剑斗牛士，立刻从伙伴们中间走出。他穿着繁复，浑身是金子和丝绸，手持一柄长剑和一领鲜

---

① 有时，在隆重的场合，投枪上的尖包在长长的绸网里，装着一些活的小鸟。投枪的尖扎进牛脖子，切开网结，小鸟在牛耳里扑腾良久，然后飞出。——作者注

红的大氅，大氅系在一根棍子上，为了更便于舞动，这叫红绒布旗。他走到主席的包厢下面，深施一礼，请求准许把牛杀死。这是一种形式，往往整个斗牛表演中只来一次。主席的回答当然是肯定的，他点点头。持剑斗牛士大呼一声“万岁”，原地转身，把帽子扔在地上，迎着牛走过去。

斗牛和决斗一样，也有一些规则，违反了，就被视为和阴险地杀死对手一样卑鄙。例如，持剑斗牛士只能刺牛的后脖颈和背相接的地方，西班牙人称之为“十字”。应该从上往下刺，所谓“臂下式”；绝不能从下边刺。宁可死一千次，也不能从下边、侧面或后面刺一头牛。持剑斗牛士使用的剑长而坚固，两面有刃；匕首则很短，把端有一球，可抵住手掌。必须久用成习，特别地灵巧，才能使用这种武器。

为了利索地杀死一头牛，须深刻了解它的性情。这种了解不仅关系着持剑斗牛士的荣誉，也关系着他的生命。人们认为，人有多少不同的性情，牛就有多少不同的性情；不过它们可分为明显不同的两类：英勇的和阴险的。我这里说的是斗牛场上的语言。英勇者明里进攻；阴险者相反，狡猾，试图卑鄙地置人于死地，这一类特别危险。

在试着刺上一剑之前，持剑斗牛士先在牛面前抖开大氅，刺激它，注意看它是否一见就直冲上去，还是慢慢走近，步步为营，直到离得太近受不到剑刺时再冲击对手。人们常常是看见一头牛晃着脑袋，发出威胁，用蹄子扒着地，不想往前走，甚至慢步后退，竭力把人引向场地中央，使之甩不掉它。还有一些，不是直线进攻，而是斜着靠近，慢慢地，佯装累了；然而一旦它们看准了距离，就如离弦的箭猛冲上去。

对于稍许了解斗牛的人来说，观察骑马斗牛士和牛如何相互接近是很有趣的一件事，他们如同两个机灵的将军，像是相互猜测对方的意图，随时变换战术。头一动，眼一斜，耳一耷，对一位训练有素的骑马斗牛士来说，都是敌手的打算一些毫不含糊的征象。最后，牛不耐烦了，朝着骑马斗牛士有意裹在身上的红旗冲上去。它的力量很大，角顶在墙上能把墙顶倒；然而人身体轻轻一晃，闪过一旁；他神奇地消失了，只把一方轻薄的布举在它的角上，激起它的愤怒。牛的狂暴使它冲过对手很远；它于是突然停住，蹬直了腿，这些突然而猛烈的反应使它极为疲劳，以至于单单持续运用这种战术，就足以让它毙命。故著名的教授罗莫洛说，一个好的骑马斗牛士应七剑杀死八头牛，其中的一头死于疲劳和愤怒。

几个来回过后，当骑马斗牛士认为已经看透了对手的时候，就准备给它最后一剑了。他两腿用力站稳，正对着它，等着，一动不动，保持合适的距离。右手持剑，弯与头齐；左手向前平伸，执大氅，大氅几乎挨地，引逗牛低下头。就在此刻，骑马斗牛士用尽手臂的全力，加上全身的重量和牛本身的狂暴，给它致命的一击。三尺长的剑刺进去，常常及于护手；如果刺得准，人就什么也不用怕了：牛一下子站住不动了；血几乎不流；它抬起头，腿发抖，突然倒下，如一堆重物。所有的看台上立即响起一片震耳欲聋的欢呼声；手帕摇起来，年轻人的帽子飞进场内，于是胜利的英雄谦逊地向四面八方行吻手礼。

有人说，过去从来是只刺一剑的；然而今不如昔，很少有一剑置牛死命的。但是假使牛受了致命伤，骑马斗牛士并不再刺；他在披风斗牛士的帮助下，挥动大氅，激它绕场，很快让它晕头转向。它一跌倒，一名披风斗牛士就在其后脖颈扎一匕首，结果了它；牛登时咽气。

人们注意到，几乎所有的牛在斗牛场内都有一个地方，它们总回到那里。人们称之为“藏身之地”。通常是它们进入场地的那扇门。

人们常常看见牛脖子上套着索命的、只有护手露出肩头的剑，缓步穿过场地，无视披风斗牛士和尾随其后的红布。它们只想舒舒服服地死。它们寻找喜欢的地方，然后跪下，躺下，把头放平，安详地死去，除非一记匕首加快其末日的来临。

如果牛拒绝进攻，骑马斗牛士就奔向它，用剑去刺，当然也总是在它低头的时候；但是，如果它不低头，或总在逃跑，那为了杀死它就得用一种极残忍的手段了。一男子手持长杆，长杆的顶端有一月牙形的锋利铁器，从后面卑鄙地割其腿弯，一旦倒下就用匕首结果之。整个搏斗只有这一段让所有的人恶心。这是一种谋杀。幸亏要杀死一头牛，很少需要走到这一步。

军乐宣布它的死亡。立即有三头套在一起的骡子疾步进入场地；在牛角间用绳子打上结，伸进钩子，骡子拖上飞奔而去。两分钟内，马尸和牛尸就从场地上消失。

一场斗牛大约持续二十分钟，平常一个下午要杀死八头牛。如果娱乐平庸无奇，应观众的要求，主席会同意再来上一两场。

您看见了，斗牛士的职业是相当危险的。在全西班牙，平均每年要死上两三个。他们中很少有人活至高龄。他们如果不是死在斗牛场上，就是早早地因伤退出。著名的波波·伊罗一生中被牛顶过二十六次，最后一次要了他的命。这些人的薪水相当高，但这不是他们从事这种职业的唯一的动机。荣誉和掌声使他们不怕死。当着五六千人的面获胜，何等惬意！因此，一些出身高贵的爱好者分享职业斗牛士的危险和荣誉，并不是一种少见的事情。我在塞维勒就见过一位侯爵和一位伯爵在公开的斗牛表演中充当骑马斗牛士。

的确，公众对斗牛士不大客气。只要有一点点胆怯的表示，就会受到嘘声和口哨声的惩罚，最粗野的谩骂从各个方向上如大雨般浇过来；有时甚至在群众的命令下——这是其愤怒的最可怕的表示——一位警察走近斗牛士，敦促他尽快攻击，否则就要蹲监狱。

有一天，演员玛依凯兹看到一位持剑斗牛士面对一头最为阴险的牛表示犹豫，就破口大骂起来，持剑斗牛士于是对他说："您看得出，玛依凯兹先生，这可不是您在舞台上说谎啊。"

掌声、出名或保名的欲望迫使斗牛士们对本来就面对的危险变本加厉。波波·伊罗，其后还有罗莫洛，竟面对钉了铁掌的牛。这些人在最紧急的危险中镇定自若，其中有某种神奇的东西。最近，一位名叫弗朗西斯克·瑟维拉的骑马斗牛士被撞翻，马也被划开了肚子，那头安达鲁牛出奇地有力、灵活。这头牛不理睬披风斗牛士的逗引，穷追那个人，践踏他，用角猛顶他的腿；但是，它看到塞了铁的皮长裤把那人的腿保护得太好了，就转过身，低下头，要把角顶进他的胸膛。这时瑟维拉不顾一切地站了起来，一只手揪住了牛的耳朵，另一只手的五指伸进牛的鼻孔，同时他的头从下面紧贴住这头发疯的牲口的头。牛晃他，踢他，往地上撞他，都没有用；它始终无法让他松手。我们揪着心看着这场力量悬殊的搏斗。那是勇敢者的挣扎。人们感到歉疚，因为搏斗僵持着；人们不能喊，不能出气，也不能转睛不看这可怕的场面：搏斗持续了将近两分钟。最后，牛在这场肉搏战中被人打败，扔下他，追披风斗牛士去了。大家都料定会看到瑟维拉被架着下场。有人把他扶起来；然而他刚一站稳，就抓起一件斗篷想去吸引牛，全然不顾他那粗笨的靴子和不方便的护腿。人们不得不夺下斗篷，否则这一回他可要送命了。人们给他牵来一匹马，他一跃而上，怒不可遏，进入场地中央攻击那头牛。这两个勇敢的对手之间的冲撞如此可怕，马和牛都跌倒了。啊！如果您听见了那欢呼声，如果您看见了那疯狂的欢乐，眼见着如此的勇敢和幸运所感到的陶醉，您就会像我一样羡慕瑟维拉的命运！这个人在马德里成了神……

《西班牙来信》：隆蒂诺的故事

他的名字叫隆蒂诺。他幼失怙恃，由当村长的叔父照料，那是个吝啬的人，待他很不好。他到了抽签当兵的年纪，村长就公开说：

“我希望隆蒂诺去当兵，村子就此甩掉他。这小子变不好。他肯定会被吊死的。”

人们说此人对隆蒂诺的仇恨有不可告人的动机。他的侄儿继承了一小笔遗产，由他管理，可他并不急于交给他。无论如何，命运指定了隆蒂诺入伍，他离开了村子，确信他的叔父在抽签中搞了鬼，他成了受害者。

他到了团队，点名时常常不到，又不服管教，终于被送进了惩戒营。他好像对这次惩罚极感震动，发誓改过，并且说话算话。几个月后，他被召回团队。从此，他一丝不苟地履行士兵的职责，时时注意赢得长官的重视。他会读会写，很是聪明。不多时，他就当了下士，然后又当了中士。

一天，上校对他说：

“隆蒂诺，您服役的时间快完了。我想您会留下来跟我们在一起吧？”

“不，我的上校，我想回家乡去。”

“您错了。您在这儿很好。您的长官和战友都敬重您。您已经当了中士，如果您继续好好干，很快就会当上士的。待在团队里，您的前程就有了保障；要是回到村子里，您会饿死，或者成为父母的负担。”

“我的上校，我在家乡有点儿财产。”“您又错了。您的叔父给我写信说，他为了您的教育花的钱，您是永远也还不清的。再说，如果您知道他是怎样看您的，您就不会急着回到他身边了。他写信让我用尽一切可能的手段留住您。他说您是个废物，人人都恨您，当地没有一个农民愿意给您活儿干。”

“他竟这样说！”

“我有他的信。”

“那有什么关系！我愿意回到家乡。”

上校不得不让他退伍，还给他开了品行优良的证明。

隆蒂诺立刻回到当村长的叔父家里，指责他不公正，极傲慢地要他把扣住不放的那笔财产还给他。村长反驳，发了火，拿出一堆乱糟糟的账来，争执越来越激烈，竟至打了隆蒂诺。这一位立即捅了一刀，村长当场倒地身亡。他杀了人，离开了村子，到一位朋友处躲避，那人在深山里租了地，盖了房，甚是偏僻。

很快，三名宪兵前往搜捕他。隆蒂诺在一条低洼路上等着他们，杀一、伤一，第三个逃了。自烧炭党人遭受迫害以后，宪兵在皮埃蒙特[①]一直不受爱戴，杀宪兵的人总是赢得人们的喝彩。隆蒂诺也便在附近的农

① 意大利东北部地区。烧炭党人 1821 年在此地策动过起义。

民中成了一位英雄。他又与武装力量遭遇了几回，都像第一次那样幸运，他的名声于是大振。有人说，两三年间，他杀或伤的总有十五个左右。他常常更换藏身之处，但从不离他的村子七八里[①]之外。他从来不偷，只是在弹药将尽的时候，路上见到什么人就向他讨四分之一个埃居[②]买火药和铅弹。通常，他睡在偏僻的农舍里。他的习惯是锁上所有的门，把钥匙都放在人家让他住的房间里。武器放在身边，屋外留一条巨犬放哨，这条狗他走到哪跟到哪，不止一次让主人的仇敌领教它那可怕的牙齿。天一亮，隆蒂诺交还钥匙，谢过主人，主人常常在他动身的时候恳请他接受一些食物。

我认识的一位农场主A先生三年前见过他。那是秋收时节，A先生正监督工人干活，看见一个人朝他走去，那人身材匀称，强壮，相貌英武，但毫无暴戾之气；这人有一支枪，但走到距收庄稼的人五十步远的地方，他把枪放在树下，命令他的狗看着，自己朝A先生走去……他求他开恩施舍。

“为什么您不跟工人们一起干活呢？”A先生说，把他当成了一个普通的乞丐。

这个逃亡者微微一笑，说：

“我是隆蒂诺。”

人家立即给了他几个皮斯托尔[③]。

“我从来只拿四分之一埃居，”隆蒂诺说，“这足够装满我的火药袋

---

① 此处单位为法国古里，约合四公里。
② 法国古银币，15个苏（一个埃居值三个利勿尔，即60个苏）。
③ 法国古币，约等于10利勿尔。

了。只是，既然您愿意帮忙，那就让人给我点儿吃的吧，我饿了。”

他拿了一块面包和一块肥肉，就想立刻带了这顿晚饭走开；然而A先生又把他留了一会儿，想好好看看这个人们议论纷纷的人。

“您应该离开这个地方，”他对这个逃亡者说，“早晚您会被逮住的。去热那亚或法国吧，从那儿您可以到希腊去，您会找到一些军人，我的同胞，他们会欢迎您的。我很愿意送您盘缠。”

“我谢谢您，”隆蒂诺想了想，回答说，“我只能在家乡生活，我会想办法尽可能晚地让他们吊死的。”

一日一个强盗找到他，对他说：

“今天夜里，都灵的一位参事要从某地经过，他的车里有四万利勿尔[①]；如果你愿意带领我们，我们就截住他，你会有当头儿的一份的。”

隆蒂诺傲慢地扬起头，轻蔑地看着他们。

“你们把我当成什么人了？”他说，“我是一个体面的逃亡者，不是强盗。别再跟我提这种事，否则你们会后悔的。”

他离开他们，去迎那位参事。入夜时分，他遇上了他，让车停下，他上车坐下，命令车夫继续赶路。然而，那参事一路发抖，料定随时都会被杀掉。在一个隐蔽地段的中央，强盗们突然出现。隆蒂诺立即朝他们大喊：

“这辆车在我的保护之下。你们认识我，如果你们下手，就是跟我过不去。”

他举起了枪，他的狗只等他示意，就会扑向强盗。他们在车前散开，

---

① 法国古代记账货币，相当于一古斤银所值，即20个苏。

车子很快进入安全地带。参事送给他的救星一份可观的礼物，然而隆蒂诺拒绝了。

“我只是做了任何正经人都应该做的事罢了，”他说，“今天，我什么都不需要；不过，如果您想证明您的感激之情，只消告诉您的佃户们，我没有火药的时候给我四分之一个埃居，我饿的时候给我饭吃。”

两年前，隆蒂诺是这样被抓住的：一天夜里，隆蒂诺去一位本堂神甫家里睡觉。他要所有的钥匙，但是神甫巧妙地留了一把。强盗睡着了，他得以派一个服侍他的小孩通知最近的宪兵队。隆蒂诺的狗有一种奇妙的本能，很远就能感觉到敌人来了。他的吠叫惊醒了主人，他试图出村，但是所有的路都被守住了。他爬上钟楼，护住自己。天亮了，他开始从窗口射击，很快就逼得宪兵们躲进附近的房子里，放弃了冲锋。射击持续了大半天。隆蒂诺没有受伤，却已让三个宪兵失去战斗力；可是他没有面包，没有水，天又热得让人喘不过气来；他知道他的时辰到了。突然，人们看见他从一个窗口探出身来，用枪尖挑起一块白手帕。射击停止了。

“我已对我过的生活感到厌倦，”他说，“我很愿意投降，但是我不愿意宪兵有这份抓住我的光荣。让一位正规军的军官来，我向他投降。”

正好有一支由一位军官指挥的部队进了村，他们同意了隆蒂诺的要求。士兵们在钟楼前列成散兵线，隆蒂诺立即走出。他朝军官走去，口吻坚定地说：

“先生，请接受我的狗，您会满意的；答应我好好照顾它。”

军官答应了。隆蒂诺立即砸碎了他的枪托，未加抵抗地让士兵带走了，他们对他很尊重。他差不多等了两年才被审判；他很镇静地听了判决，受刑时既没有表现出软弱，也不曾昂首挺胸地假充好汉。

杰拉尔·德·奈瓦尔

1808—1855

奈瓦尔是著名的浪漫派诗人，是象征主义的先驱之一，作品常写梦境。他的短篇小说和游记也很有名，如《西尔薇》和《东方游记》。这里的两篇游记，一取自《东方游记》，一取自《罗累莱·德国回忆》，题材的重大，只需作者如实叙来，难得的是他穿插了个人的亲历，使他的描绘不同一般。

奈瓦尔近年来声誉日隆，其代表作有诗集《幻景》、小说《西尔薇》、散文集《火之女》等。

登金字塔

出发之前，我决定参观金字塔，我就去见总领事，问问他对这次远足的意见。他一定要和我一起去。于是我们前往老开罗。我觉得他路上抑郁不欢，我们穿越卡拉非平原时，他干咳得很厉害。

我知道他很久以来就生病，他自己说至少想在死之前看看金字塔。我以为他夸大了他的病情，可是我们到了尼罗河岸时，他对我说："我已经觉得累了——我想待在这儿。乘我准备好的船吧，我的眼睛跟着您，我相信就是和您在一起了。我只求您数一数大金字塔的台阶的准确数目，学者们对此有分歧；如果您还要到撒卡拉的其他金字塔去，我求您给我带回一个白鹮木乃伊……我想把埃及古代的白鹮和在尼罗河流域仍可看见的杓鹬的退化品种比较一下。"

我只好一个人在罗达岛的尖端上船，心情忧郁地想着病人的信任，他们在坟墓的边缘还能梦想收集木乃伊。

尼罗河在罗达岛和吉萨之间的支流很宽，要半个多小时才能通过。

人们穿越吉萨，不大注意其骑术学校和烤鸡炉，不去分析它的废墟；其粗大的墙是用一种奇特的技术修造的，是一些泥罐一个个摞上去砌成，不太坚固，但更轻更空。人们还有两法里耕地要走，才能到达一片贫瘠的高原，在利比亚沙漠的边缘上耸立着一些大金字塔。

人越走得近，这些庞然大物就越小。这是一种透视效果，无疑来自它们相等的宽度与高度。然而，要是走到它的脚下，站在这些人手造成的高山的阴影之中，人就会赞叹，感到惊恐。为了到达第一座金字塔的顶部，修有一条小路，每一阶有一米左右高。

一个阿拉伯人的部落负责保护旅行者，引导他们登上主要的金塔。他们只要一看见好奇者走进他们的地方，就飞马迎上，做着和平的骑术表演，一边朝空中放枪，表明他们可以为他服务，准备保卫他，抵抗有时候会来的某些贝都因人的抢劫。

今天，这种假设会使事先在这方面放心的旅行者发出微笑；然而在上个世纪，他们的确会被一群假强盗利用，这群假强盗先是惊吓、将他们洗劫一空，然后向负责保护的部落投降，为一次战斗演习的危险和伤亡获取一笔很大的奖赏。

有四个人引导我，在攀登中扶着我。我一开始不大明白怎么爬上去，第一个台阶就到了我的胸口。但是刹那间，其中两个阿拉伯人就冲到这块巨石前，一个人抓住我的一条胳膊，其他两个人用肩膀抵住我，四个人一起用力，同时唱起阿拉伯的号子，结尾是古代的叠句：艾雷松！

就这样，我数了二百零七级台阶，用了差不多一刻钟的工夫就登上了平台。如果要停下来喘口气，就会看见一群小姑娘，只穿着一件蓝呢衬衣，在您的上一层台阶上，就着您的嘴递过来底比斯的陶制凉水壶，冰凉的水会使您凉快一会儿。

再没有比这些年轻的贝都因人更神奇的了，她们像猴子一样攀登，她们赤裸的小脚熟悉巨大的、叠起的石块的任何凹凸。到了平台，人们给她们小费，拥抱她们，然后就感觉到被四个阿拉伯人的胳膊举了起来，原来他们是举着他向四方欢呼胜利。这座金字塔的面积差不多有一百平方米。不规则的石块说明它是由一个尖的工具磨损造成的，这大概像第二个金字塔的尖，它还保存完好，就近可以欣赏到它的花岗岩护层。三个金字塔，切奥普斯、舍夫朗和米塞里努斯，也有这层发红的护层，在希罗多德的时代还看得到。当开罗需要为哈里发和苏丹修建宫廷的时候，它们就渐渐被剥去护层了。

可以想象，从这一方平台上望出去是很美的。尼罗河向东方延伸，从三角洲的尖端直到过了撒卡拉的地方，那里可以看见十一座比吉萨诸金字塔小的金字塔。西方，利比亚的山脉画出了起伏的、满是灰尘的地平线。一片棕榈林从南方伸展开去，犹如发绿的阴影，占据了古孟菲斯的地方。开罗背负莫卡塔姆的荒山，在叙利亚沙漠的入口处耸立起它的圆顶和清真寺的尖顶。这一切都太知名了，不可能做长久的描写。但是，在欣赏的间歇，在扫视平台的岩石的当口，人们还是可以发现什么作为过分的热情的补偿的。所有冒险登上金字塔的英国人自然都把他们的名字刻在石头上。雕刻者有意将其地址公之于众，一位皮卡底里的蜡烛商在一整块石头上用心刻下由伦敦公证局证明的发明功绩。无须说在那儿人们会看见“小偷克雷德维尔”，今日已不再时髦，布吉尼埃的玩笑，还有由我们的旅行艺术家作为对伟大回忆录的对比而移植来的其他怪诞事物。

歌德故居

演出的第二天，我需要休息，五个小时的深奥音乐，其印象在我醒来的时候还在脑子里转。我开始在一片秋晨的薄雾中浏览城市。

关于魏玛，斯达尔夫人说过："这不是一座城市，这是有房子的乡村。"这个评价是正确的，其根据是大量装饰及分割不同街区的散步道和花园。不过，我得承认，我穿街越巷要回旅馆，居然两次迷了路。我并不试图恭维这座漂亮的城市，但是我应该指出，它是按照迷宫来规划的，这也许是出于创建者的自尊心，他们想让它在旅游者的眼中显得巨大。

怎么会埋怨他们呢？每走一步，人们都会回忆起一些大人物，他们喜欢在此逗留的日子。假如有一个小时的时间，你可以在占据了城市一部分的花园的小径上徘徊，就像在伦敦一样，人们时而隔绝了城市的喧嚣，突然间发现了梦幻和魅力。一片草地和阴影中间流出一条河，碧绿的水，渐行渐远，轰轰如尼亚加拉瀑布的缩影。一座桥连接着城市和郊区，掩映之下，可以看到光在绿水之上嬉戏，适成对比的水面上明亮的反光。

一切都是宁静、和谐与明亮。那儿有一长椅，歌德喜欢坐在上面看着右手边城里漂亮的女佣，她们到山洞前的一眼喷泉取水……他大概想到了古代的仙女，也没有完全忘记年轻时写过的话：“一个星期里执扫帚的那只手，礼拜天最忠诚地握住我的手！……”但是歌德当时是首相，只应对这段法兰克福的回忆报以微笑。

我急不可耐地要比较一下两天前在他的出生地看过的大学生的小房子和他在其中结束了漫长的、如此高贵的事业的那座宫殿。人们允许我进去，但是优惠并不完全，因为他的办公室和卧室谢绝参观。歌德的后代，也就是他的孙子——一个是诗人，一个是音乐家——没有继承他的欧洲的慷慨。他们拒绝了德意志所有国家的建议，这些国家联合起来要得到歌德的故居，以便成立一个全民族的博物馆。他们希望英国提供祖先留下来的更多的收藏品和纪念品。

不过我们至少可以看看允许看的东西。一个不规则的地方，中央是一个喷泉，一座巨大的房子朝它开着，外表无甚可观，但其内部从衣帽间开始，就有着闪耀在诗人的作品中的排列有序、灿烂辉煌的痕迹。

楼梯装饰着古代的雕像和浮雕，像王室的楼梯一样壮丽；大理石、壁画和线脚光彩熠熠，都重新修过，在进入摆着收藏品的客厅和走廊之前形成一种庄严的气氛。

进去的时候，人们惊讶于塞满房间的全身和半身的雕像。应该把这种追求归之于歌德晚年精神上的古典主义关怀。人们的目光尤其停留在朱诺的巨大头像上，它在一大群家神中，像一个保护神一样巍然屹立。

正当我仔细端详这些艺术珍宝的时候，一位年轻的公主受到同样虔诚的好奇心的驱使，也来参观伟大的作家的故居；她的白裙子，她的貂皮大衣，这里那里地擦着浮雕和大理石。我庆幸偶然性把这一庄严而优雅的出现变成了对这样地方的回忆的一种意想不到的补充。我一时停止了对杰作的端详，饶有兴致地看着这个过时的女孩儿在一些过时的形象中任意游荡！“在这如此细腻如此白皙的皮肤之下，”我心中暗想，“在这纤细的血管中流着德意志的恺撒们的血；她那双黑眼睛像鹰的眼睛一样炯炯有神，专横武断；只是混有赞赏之意的梦幻有时候使它们有一种天国的温存。”这个形象很适合这空着的地方，仿佛普塞克的神圣的面容在一块墓石上代表着生命。

第一厅四面围着高大的玻璃柜，里面放着古董、浮雕、伊特鲁里亚的瓶子和大卫的一系列圆形画像，其中人们高兴地发现居维叶和夏多布里昂的侧影，接着又发现了维克多·雨果、大仲马、贝朗瑞，老人的眼睛可能在上面停留过。接下来是走廊，窗户之间是丰富的古版画，以巨大的对开本的形式相连接。

在巨大的容纳这些古代版画的书柜之间，放着玻璃展台，展出各国的证章。走廊上画着壁画，是庞培的风格，拱形的门楣上是一个叫缪勒的人的油画，歌德喜欢他的才能。是古代的题材，处理得很简洁，素描极见技巧，冷静而准确——一句话，画出来的雕塑。在这个厅里人们还见到卡诺瓦的几个头像，还有歌德的一尊胸像，它在价值上远逊于大卫做的那一尊，但是人们说它更像。

人家还允许我们看看花园，相当大，但所植多在实用，不在消遣，这种花园在我们这里是被称作教士的园子的。屋前有一亭，貌似瑞士山间的小屋，还有葡萄藤的绿篱，给全貌带来某种色彩。

萨克斯－魏玛乃是文学的公国。人们给诗人和艺术家以侯爵、伯爵、男爵等称号……在那里居住过的名人的名字成了许多地方和车站的名字，那些地方也就成了圣地。如果现代革命之洪流理应席卷古老的王政，它必将尊重这一角幸福之地，因为王权在那里于天才的保护之下已经隐藏了许久。查理·奥古斯特让歌德做了他的首相，就要求人们把他葬在位于歌德和席勒之间的一座坟墓里，他预见到暴风雨的时代，放弃了绘有他祖先的皇族徽章的坟墓，更舒服地躺在两个朋友之间，其光荣补充了他自己的光荣，永远保卫他不遭遗忘。

夏尔·波德莱尔

1821—1867

“李白斗酒诗百篇”，这句诗说明中国人很早就已知道酒与诗的关系，但对于麻醉品就似乎不那么了然了。波德莱尔此文实际上谈的正是酒与印度大麻和诗之间的关系：“人的非常的诗意的发展。”深刻的抒情性是其基础，所论在酒与印度大麻，所指在诗的产生和对诗的认识。然而结果不同，酒之成，印度大麻之败，皆在其功能的不同。所以，对于“艺术的和哲学的人”来说，这是一篇关于想象力的文章。

《论酒与印度大麻》是波德莱尔的散文集《人造天堂》的一部分；他除了《恶之花》，还写有散文诗集《巴黎的忧郁》，也是一部经典性的著作。

论酒与印度大麻

酒

1

一个很有名的人，同时也是个大傻瓜，看起来这是两件并行不悖的事情，就像我不止一次怀着令人痛苦的快乐加以证明的那样，居然敢在一本关于饮食的书中就卫生和快乐于酒这一条写道：“族长挪亚被认为是酒的发明者；这是一种用葡萄酿造的饮料。”

以后呢？以后，什么也没有了：到此结束。您翻书，从头翻到尾，从尾翻到头，倒着读，反着读，从右到左读，从左到右读，统统没有用，您从很杰出、很受尊敬的布里亚·撒瓦兰的《口味大全》中除了“族长挪亚……”和“这是一种……饮料”之外，什么也读不到。

我想，一位月亮上或者相距遥远的星球上的居民到我们地球上来旅行，长途跋涉，劳顿困苦，一定想润润喉，暖暖胃。他想知道地球上的快乐和风俗。他模模糊糊地听说有一种美味的饮料，地球上的公民依据其勇敢和愉快的程度随意饮用。为了对他的选择更有把握，这位月球人打开了有名的、万无一失的布里亚·撒瓦兰有关口味的神谕，在酒的条目上发现了这一珍贵的教导：“族长挪亚……”和“这种饮料是由……做成的”。这是完全有助于消化的。这是很能说明问题的。读过这个句子，不可能不正确而清晰地认识所有的酒，其不同的品质、其不利之处及其对胃和大脑的作用。

啊！亲爱的朋友，不要读布里亚·撒瓦兰吧。上帝不让他喜欢的人读无用的东西，这是拉瓦特尔的一本小书的第一句格言，他是一位比古代和现代世界的所有官员都更爱人的哲学家。人们没有用拉瓦特尔的名字来为任何一种糕点命名；但是对这位天使般的人的回忆还活在基督徒中间，而诚实的资产者则忘记了布里亚·撒瓦兰，那是一种乏味的奶油蛋糕，其最小的缺点乃是为连珠炮似的格言充当借口，这些愚蠢又冬烘的格言即取自这本声名狼藉的杰作。

如果这本伪杰作的一个新版本敢于面对现代人类的良知，那么忧郁的饮者，快乐的饮者，你们在酒中寻求回忆或忘却却又发现不能如意，那就只能从酒瓶子的底部凝视天空，被遗忘或被埋没的饮者啊，你们会买上一本，以善为恶、以善举为冷漠吗？

我打开霍夫曼[①]的《克莱斯勒里亚娜》，读到一条奇怪的建议。一位认真的音乐家为了创作一部喜歌剧，应该喝香槟酒。他可从中发现这种剧所要求的发泡的、轻松的快乐。宗教音乐则要求莱因或朱朗松葡萄酒。好像在深刻的思想的内部，有一种醉人的苦涩；但是英雄的音乐离不开勃艮第葡萄酒。它具有严肃的激情和爱国主义的驱动力。这显然再好不过，而且除了一位饮者的激越的感情之外，我还发现了德国人最引为自豪的公正。

---

① 霍夫曼（1776—1822），德国作家。

霍夫曼竖起了一张奇特的心理晴雨表，为他表明他的心灵的不同的温度和大气现象。人们看到如下的划分：混有容忍的轻度反讽的精神；带有深度自我满足的孤独的精神；和谐的快乐，和谐的热情，和谐的风暴，自我不能承受的讽刺的快乐，走出自我的愿望，过分的客观，我的肉体和大自然的融合。不用说，霍夫曼的精神晴雨表的划分是根据其生成序列确定的，和普通的晴雨表一样。我觉得在这个心理晴雨表和酒的音乐性的解释之间有一种明显的兄弟关系。

霍夫曼在死亡来抓住他的时候开始挣钱了。幸福在朝他微笑。像我们亲爱的、伟大的巴尔扎克一样，正是在最后的时刻，他看见旧有的希望的极光闪烁了。当时，为其年鉴争夺他的短篇小说的出版商们为投其所好，在寄给他钱的同时，还加寄一箱法国葡萄酒。

2

酒之深沉的快乐啊，谁曾认识你？一个人有悔恨要缓解，有回忆要追念，有痛苦要平复，有空中楼阁要建造，他就要乞灵于你，你这隐藏在葡萄藤中的深奥莫测的神。酒的景象在内在的阳光的照耀下是多么阔大！人在它身上吸取的第二青春是多么真实和炽热！然而，它那令人震骇的快感和难以承受的魔力又是多么可怕！但是，说吧，你们这些法官、立法者、上流社会人士，幸福使你们温柔，命运给了你们容易的德行和健康，说吧，凭良心说吧，你们中间谁有无情的勇气来谴责一个饮用天才的人？

再说，酒并非总是一个对自己的胜利有把握的斗士，尽管它发誓既无怜悯亦无仁慈。酒与人相似：人们永远不知道可以尊重它或蔑视它、爱它或恨它到什么程度，也不知道它能做出多少高尚的举动或可怕的罪行。我们对它不要比对我们自己更残忍吧，还是平等地对待它吧。

我好像有时听见酒说话：它用心在说话，用一种精神才能听见的精神的声音。——“人啊，我亲爱的人，我想为你唱一支充满友情的歌，一支充满快乐、光明和希望的歌，尽管有玻璃的牢房，软木的插销。我决不忘恩负义，我知道是你给了我生命。我知道辛劳和肩膀上的太阳对你意味着什么。你给了我生命，我会报答你。我欠你的会大大地还你；因为我感到非同一般的快乐，当我跌进因劳动而干渴的喉咙里。对我来说，待在一个正经人的胸膛里要比待在忧郁而冷漠的酒窖里好得多。这是一座快乐的坟墓，我在那里热情地完成我的命运。我把劳动者的胃搅翻了天，通过一座看不见的台阶，我登上他的大脑，表演我难度极大的舞蹈。

“你听见古代强有力的曲调、爱情之歌和英雄之歌在我身上激荡、鸣响吗？我是祖国的灵魂，我一半是风流的，一半是尚武的吗？我是礼拜日的希望。劳动使日子兴旺，酒使礼拜日充满希望。胳膊肘支在合家团聚的桌子上，挽起了袖子，你自豪地歌颂我，你的确心满意足。

“我照亮了你年老的妻子的眼睛，你那每日的忧愁和最久远的希望的老伴侣。我使你的目光温柔，我让你瞳仁的深处燃起青春的火花。而你亲爱的小家伙，你的没有血色的小孩，这头可怜的小毛驴像驾辕的马一样劳累，我要让他泛起童年的鲜亮颜色，对于这个生命的新的竞技者来说，我是使老斗士的肌肉重新强健起来的油。

“我像植物的精华落进你的胸膛。我是谷粒，将使被痛苦掘开的沟垄长满庄稼。我们密切的结合将创造出诗。我们两个将创造一个上帝，我们将朝着无限飞翔，像小鸟，像蝴蝶，像圣母的儿子，像香气，像一切有翅膀的东西。”

这就是酒用它那神秘的语言唱的歌。那些有一颗自私的、对其兄弟的痛苦封闭着的心的人永远听不见这支歌，他们是不幸的。

我常常想如果耶稣基督今天坐在被告席上，说不定会有某个检察官证明他的案子由于累犯而加重。说到酒，他是每天都喝。每天他都重复他的善举。这大概解释了为什么道德家反对他的狂热。当我说道德家，我指的是法利赛人的所谓道德家。

然而，的确还有别的事情。让我们稍微降一降，看看那些神秘人物吧，他们可以说是以大城市的排泄物为生；因为有些职业是奇特的。这种人数量巨大。我甚至有时怀着恐惧想到，有些职业没有任何快乐。没有乐趣的职业，没有安慰的疲劳，没有回报的痛苦。我错了。这是一个收集首都每日的废物的人。一座大都会废弃的一切，她丢掉的一切，她轻蔑的一切，她粉碎的一切，他都加以分类，收集起来。他查阅荒淫的档案，弃物的堆积。他分类，进行聪明的选择；他像贪婪者聚集珍宝一样拣拾着工业之神咀嚼过的垃圾，把它变成有用的或者给人带来愉悦的东西。他来了，趁着被夜风抽打着的路灯的昏暗光，走上圣热那维夫山曲折的、布满小家庭的一条小路。他披着七号柳条披巾。他摇晃着脑袋，在铺路石上踉跄，就像年轻的诗人整日游荡，寻章觅句。他自言自语；他在夜的冰冷、黑暗的空气中倾诉衷肠。这是一种辉煌的自白，它怜悯最抒情的悲剧。“向前！齐步走！师团，打头，拿起武器！”就像在赫勒拿岛奄奄一息的波拿巴一样！好像那“七号”变成了权杖，“柳条披肩”变成了王袍。战斗胜利了，但天气很热。他骑着马走过凯旋门。他感到幸福。他高兴地听着热情的人群的欢呼。他一会儿将口授一个比已知的一切法律都完善的法律。他庄严地发誓要让他的人民幸福。苦难和恶习将从人间消失。

但是，背篓沉重，擦伤了他的背和腰。家务的苦恼纠缠着他。四十年的奔波和劳作碾碎了他。年龄折磨着他。然而酒却像一个新的财神，让精神的金子滚过虚弱的人类。他像好国王一样，用他的服务统治，而他的功绩则由臣民的喉咙歌唱。

地球上有无以数计的无名人群，睡眠不足以平复其苦。酒对他们来说成了歌曲和诗。

许多人大概觉得我很宽容。“您为酗酒辩护，您理想化了放荡。”我承认，在善举面前，我没有勇气计算不满。我说过酒是可以被人吸收的，我同意人的罪孽等于他们的德行。我能做得更好吗？再说我还有另一个想法。如果酒从人类的产品中消失，我相信会在这个星球的健康和精神上出现一种空白，一种匮乏，一种缺欠，比人们归罪于酒的过度和偏斜更为严重。想想那些从不喝酒的人，或者幼稚，或者经常是些傻瓜或者伪善者，不是有道理的吗？傻瓜，是说他们是既不了解人也不了解自然的人，是拒绝艺术的传统方式的艺术家，是谴责机械的工人；伪善者，是说他们是可耻的饕餮者，自吹节制的人，却偷着喝酒或者喝一种神秘的酒。一个只喝水的人有一种秘密要向他的同类隐瞒。

让人们来判断吧：几年前，在一次绘画展览会上，一群傻瓜在一幅像工业品一样打磨、涂蜡、上光的油画面前起哄。这是艺术的绝对的反面；这对于德洛灵[①]的厨房就像疯狂对于愚蠢、信徒对于模仿者一样。在

---

① 德洛灵（1752—1827），法国画家。

这种微型绘画中，人们看见苍蝇飞。我像所有的人一样被吸引到这件怪物面前；但是我对这种奇怪的软弱感到耻辱，因为这是丑恶的不可抗拒的吸引。最后，我意识到我不知不觉地被一种哲学意念所引导，我极想知道一个有如此罪恶的荒谬举动的人的道德特征。我跟我自己打赌，他该是本质上的邪恶。我打听过，我的本能愉快地赢得了这场心理的赌博。我知道这个怪物天亮之前起床，他让他的女佣破产，而且他只喝牛奶。

还有两三个故事，然后我们就加以条理化。一天，在马路上，我看见聚了一大堆人，我抬眼通过行人的肩头望去，我看见了：一个人背朝着地躺着，眼睛睁开，盯着天。另有一人，在他面前站着，只用手势同他讲着，躺着的人只用眼睛回答他。两个人的表情都因一种神奇的仁慈而充满活力。站着的人的手势对躺着的人的智力说："过来，再过来一些，幸福就在那儿，离你两步远，到街角来吧。我们还看得见忧愁之岸，我们还没有到梦幻的海上；来吧，勇敢些，朋友，让你的腿满足你的思想吧。"

这一切都充满了和谐的震颤和摇动。那人大概已经到了海上（再说，他已经在小溪中航行），因为他的怡然自得的微笑回答说："让你的朋友安静些吧。忧愁之岸已经消失在令人舒服的大雾后边；我不再向梦幻之天要求什么了。"我甚至听见了一句模模糊糊的话，甚或一句叹息从他的嘴里漏出来："应该讲道理。"这真是崇高至极。但是在酒醉的时候有一种超崇高的东西，如您所见到的那样。总是满怀着宽容之心的那位朋友一个人走进酒馆，出来时手里拿着一根绳子。无疑，他不能容忍独自航行、追求幸福的念头；正是为此他来找乘车的朋友。车子，就是那根绳子；他把车子捆在他腰上。那位朋友躺着，微笑了：他无疑是明白了这种慈母般的想法。他打了一个结，然后开步走，像一匹温和而谨慎的马，拉着他的朋友直到幸福的约会地。被拉着走的人，或者说被拖着、用他的背磨着铺路石的人，总是微笑着，一种难以形容的微笑。

群众惊愕了，因为这太美了，这种超越人的诗意力量的东西引起的惊奇多于温情。

有一个人，一个西班牙人，一个和帕格尼尼[①]一起旅行的吉他手：这是帕格尼尼获得官方至高荣耀的时代之前的事情。

他们两个一起过着波希米亚人的、流浪音乐家的，即无家庭又无祖国的人的漫游生活。他们所到一处，就用小提琴和吉他演奏。就这样，他们在许多国家游荡。我的西班牙人有这样的天才，可以像俄耳甫斯[②]那样说："我是自然的主人。"

他到了哪里，就拨动琴弦，让它们在指下和谐地跳动，有把握让人群跟着他。有了这样的窍门，肯定不会饿死。人们跟着他，像跟着耶稣基督。不是那么容易拒绝吃饭，不是那么容易拒绝接待一个人、一个天才、一个巫师，他能让您的灵魂唱出最美的歌曲，最秘密、最不为人知、最深奥难解的歌曲。人们向我保证，这个人用一把产生连续声音的乐器很容易地就获得连续不断的声音。帕格尼尼把着钱袋，他管理社会基金，这是任何人也不会感到惊讶的。

钱袋在管理者的身上旅行；时而位置高些，时而位置低些，今天在

---

① 帕格尼尼（1782—1840），意大利小提琴家。
② 俄耳甫斯，希腊神话中的诗人和音乐家。

靴子里，明天在衣服的缝里。当吉他手，他是个很能喝的人，问财政状况如何，帕格尼尼说一无所有了，至少是几乎一无所有；因为帕格尼尼是老派人，永远怕缺什么。西班牙人相信了，或装作相信了，就眼睛盯着路的尽头，拨动琴弦，弄得他那不可分离的同伴很难受。帕格尼尼在路的另一侧走。这是一种相互的协议，免得互相妨碍。双方各自这样学习，边走边工作。

后来，他们到了一个有可能赚些什么的地方，一个人就演奏他的作品，一个人在旁边来个变奏、伴奏、衬托。这种游吟生活中所具有的快乐和诗意，谁也不会知道。他们分开了，不知道是为什么。西班牙人独自旅行。一个晚上，他来到汝拉山区的一座小城；他让人贴出海报，通知在市政厅有音乐会。音乐会，就是他，就是一把吉他。他在几个咖啡馆拨拉吉他出了名，城里有几位音乐家对这位奇才留有深刻的印象。总之是来了许多人。

我的西班牙人在城市的一个角落里，在公墓旁边，发现了另一个西班牙人，一个家乡人。那是一个墓地承包人，一个造坟墓的石匠。像所有以丧葬为业的人一样，他也喝得不错。这样，酒瓶和共同的祖国把他们联系在一起，音乐家离不开石匠了。开音乐会的那一天，时间到了，他们在一起，但是在哪儿？这可得知道。人们走遍全城的酒馆、咖啡馆。人们终于发现了他和他的朋友，在一座难以描述的酒店里，他完全醉了，另一个也醉了。类似的场面相继发生，像吉恩和弗雷德里克那样。最后他同意去演奏；但是他突然心生一念，对他的朋友说：“你和我一起演奏。”但是这一位拒绝了；他倒是有一把小提琴，但他演奏得像最可怕的乡村提琴手一样。“你演，或者我不演。”

没有誓言和好理由站得住脚，必须让步。于是他们站到台上，面对本地口味精细的资产者。“拿酒来。”西班牙人说。办丧事的人大家都认识，但没有人知道他还是个音乐家，他太醉了，也就不知道害臊了。酒拿来了，但是他们没有耐心打开瓶塞。我那两个捣蛋的无赖用刀子割瓶子，像没有教养的人。你们来判断这对我们盛装的外省人将会产生什么效果吧！女人们退场，面对两个半疯的醉鬼，许多人气愤地离去。

幸好还有羞耻不敌好奇的人，他们有勇气留下。“开始吧。”吉他手对石匠说。无法表达一把醉了的小提琴会拉出什么样的声音，简直像发了疯的酒神用锯子锯石头。他演奏什么，或者他想演奏什么？关系不大，第一个乐句来了。突然，一个有力而美妙的旋律，既任性又和谐，裹住、抑制、扑灭、平息了刺耳的喧闹。吉他的声音那么高，小提琴的声音听不见了。然而，这的确是那首乐曲，石匠开始的那首醉醺醺的乐曲。

吉他的声音很大，表达着自己；它饶舌，它歌唱，它朗读，激情澎湃，惊心动魄，声音的把握和纯净都是从未见过的。根据盲目的小提琴奏出的主题，吉他即席演出一个变奏。它跟着小提琴，辉煌地、母亲般地盖住其声音纤弱的裸体。我的读者明白这是无法描述的，一个真正的、严肃的见证对我讲了这一切。最后，公众比他醉得更厉害。西班牙人被热情的人们款待、称赞和欢呼。大概他不喜欢当地人的性格，因为他同意演出的，仅此一次。

而现在他在哪里？哪一个太阳凝视过他最后的梦想？哪一块土地接受了他四海为家的遗体？哪一个墓坑荫护着他的挣扎？哪里有那消失的鲜花的醉人芳香？哪里有那旧时落日的美妙颜色？

3

我大概没有告诉您很新鲜的东西。酒谁都认识，谁都爱。如果有一个真正的医生哲学家，当然这种事情几乎见不着，他会对酒进行深入的研究，一种双重的心理学，由酒和人充当两极。他将解释怎样和为什么某些饮料具有极大的增强思想着的人的人格力量的能力，具有创造出（可以这么说）第三个人的能力，这真是神秘的活动，其中自然人和酒，这种动物的神和植物的神，扮演三位一体中父亲与儿子的角色；他们产生了一种圣灵，这是超人，他自然也是来自那两个东西。

有些人，其酒的消除麻木的力量非常强大，他们的腿因此变得更加有力，耳朵变得非常精细。我认识一个人，他那已经衰弱的视力在醉酒的时候重获最初的穿透力。酒使鼹鼠变成鹰。

一位不知名的老作家说，没有什么能比得上喝酒的人的快乐，除了酒的被喝的快乐。的确，酒在人类的生活中扮演着亲切的角色，亲切到这种程度，某些很理智的人，受到一种泛神论的诱惑，赋予酒一种人格，这我并不感到惊奇。在我看来，酒和人是两个斗士朋友，时而搏斗，时而讲和。战败者总是拥抱战胜者。

有些邪恶的醉酒者，这是些本性邪恶的人。坏人变得可憎，而好人变得善良。

我马上要谈谈一种近年来走红的物质，对某一类爱好者来说是一种毒品，其效果远较酒更为强大和令人震骇。我将仔细描绘，然后再描绘酒的不同效用，比较两种人工的方式，激励其人格的人可以说是通过这两种方式把自己造成了一个神。

我将展示印度大麻的弊端，其最轻微者，尽管它在人的心中或更确切地说是在人的脑中产生一种未曾感受过的稀有的舒服，乃是反社会，而酒则从根本上说是属于人的，我几乎敢说是属于行动的人的。

印度大麻

1

收获麻的时候，在男性和女性劳动者身上有时候会发生一些奇怪的现象，仿佛从收获中升起一个我无以名状的眩晕的精灵，绕着腿盘旋，狡黠地直升到大脑。收获者的脑袋里充满着急速旋转的东西，要不就满是梦幻。手脚软弱，不能使唤。反正，我还是个孩子的时候，我在一大堆苜蓿中玩耍滚动，就有过类似的现象。

人们试图用法国的麻制造印度大麻。所有的试验迄今都未成功，那些不惜一切代价要获得奇妙的享受的热衷者还继续使用穿越地中海的印度大麻，即印度的或者埃及的麻。印度大麻的成分是印度的麻的煎剂、奶油和少量的鸦片。

这是一种绿色的糊状物，特别香，香到引起反感的程度，何况这也是一切力量，也可以说浓度趋向极端的精致的香气所造成的。服用胡桃那么大的一块，盛满一小勺，您就得到了幸福；绝对的幸福，带着它全部的陶醉、青春的疯狂，还有它的无限的福乐。幸福就在那儿，就是一小块糊状物；别怕，用吧，您不会死；您的器官不会受到任何严重的损害。也许您的意志会衰弱，这就是另一码事了。

一般地说，为了让印度大麻发挥其全部的力量及其全部的后果，应该让它融在很热的清咖啡中，空腹喝下；晚饭在快到十点或半夜时用；只可用一种很稀薄的汤。违反了这一如此简单的规则会产生呕吐，因为晚饭和麻醉品会打架，或者印度大麻不起作用。许多无知者或傻瓜如此行动，就指责印度大麻没有力量。

服用这种麻醉品是需要一定的决心的，因为我说过，这种混合物香到使某些人有一种轻微的要呕吐的感觉，一旦这小小的麻醉品被吸收，您就处于一种焦虑的状态。您会模模糊糊地听见谈论印度大麻的奇妙作用，您的想象力会生出一种奇怪的念头，一种理想的陶醉，您不急于知道事实、结果是否符合您的预想。从服用的吸收到最初的迹象，时间因性情也因习惯而不同。了解并且服用印度大麻的人，有时候半个小时之后就感到侵袭的最初迹象。

我忘记说印度大麻在一个人身上引起人格的激化，同时也引起一种对形势和环境的强烈的感觉，所以只是在有利的形势和环境下听命于它的作用才是合适的。任何一种快乐，任何一种舒服，都是极为丰富的，因此任何一种痛苦，任何一种焦虑，也都是极深沉的。您不要自己去制造这种经历，除非您有某种讨厌的事情要完成，除非您的精神倾向于忧郁，如除非您有一张期票要偿付。我说过，印度大麻是不适于行动的。它不像酒那样可以安慰人；它只是在它所具有的现时情势下过分地发展人格。应该尽可能地有一套好房子，或者美丽的风景，一种自由而开放的精神，还要有其精神气质与您相近的同伴；如果可能，再来点儿音乐。

通常新手最初总是抱怨作用来得慢。他们焦急地等待，由于事情不能如其所愿，他们就吵吵嚷嚷地不相信，这使许多知道底细和印度大麻的作用方式的人很开心。看到最初的作用出现，并且在不相信中加剧，这并非一件不具喜剧性的事情。首先是某种古怪的、不可抵抗的大笑抓住了您。最庸俗的词，最简单的观念，具有了一种古怪而新颖的面目。这种快活是不可承受的，但是抵抗是没有用的。魔鬼已经抓住了您，您的一切抵抗的努力只会加速恶的进程。您笑您的愚蠢和疯狂；您的同伴也笑您，而您并不怨他们，因为仁慈已开始显现。

这种使人衰弱的快乐，这种在欢乐中的不适，这种不安全感，这种不明确的疾病，一般地说持续的时间很短。有时一些完全不适于文字游戏的人能够临时编出一连串无休止的同音异义的文字游戏，完全不可思议的观念组合，使最有力的大师们在这种古怪的艺术中迷失道路。几分钟之后，观念之间的关系变得如此模糊，连接您的想法的线索变得如此纤细，以至于只有您的同伴，您的教友能够理解您。您的嬉戏，您的大笑，对一切与您不在同一状态的人来说，都是愚蠢的极端。

这不幸之人的明智使您大喜过望，他的冷静把您推向反讽的极端；您觉得他是最疯狂最可笑的人。至于您的同伴，您与他们最是相合。很快你们就不合了。原来对一个不与他们身在同一世界的人来说，这是一种勉强算得喜剧的局面。他们深深地怜悯他。从此，优越的观念出现在您的精神视野。很快，它将过度地扩大。

在这第一阶段，我成为两个相当滑稽的场面的见证。一位著名的音乐家，他不知道印度大麻的性质，也许听都没听说过，到了一个团体中间，那个团体人人都服用印度大麻。人们试图让他明白它的奇妙的作用。他文雅地笑着，如同一个出于得体精神乐意摆几分钟姿势的人，因为他很有教养。人们大笑，因为服用印度大麻的那个人正处在第一阶段，具有对于喜剧的绝妙的理解力。大笑，不可理解的荒唐之言，古怪的行动在继续。音乐家宣称这种艺术家的玩笑不好，再说它对于作者来说是很累人的。

快乐增加着。“这种玩笑对于你们也许是好的，对于我则不是。”他说。“对于我们来说它是好的就够了。”一个病人自私地反驳说。无休止的大笑充满了大厅。我的那个人不悦，想走。有人把门关上，藏起了钥匙。又有人跪在他面前，以整个团体的名义向他哭诉道，如果它为他感动，为他那最深的怜悯之低级而感动，它并不因此而不受到一种无限的仁慈的激发。

人家求他演奏音乐，他答应了。小提琴一响，声音充满大厅，立刻就这里那里抓住一个病人。于是响起了一片深深的叹息，哽咽，撕心裂肺的呻吟，如潮的哭泣。吓坏了的音乐家停下了，以为自己是在一所疯人院里。他走近那个人，其福乐使他闹得最厉害，问他是不是很痛苦，为了安慰他应该做些什么。一个具有实际精神的人，他也没有服用这种能加福的麻醉品，建议喝点儿柠檬水和酸的东西。病人眼中充满狂喜，带着无法描述的蔑视望着他；他的骄傲拯救了他，使他免遭最严重的侮辱。的确，对一个因快乐而致病的人，还有什么能比要治好他更能激怒他呢？

据我看，如下乃是一个极端奇怪的现象：一个女仆，负责给服用印度大麻的人送烟和冷饮，由于看到自己被一张张古怪的脸和一双双过分睁大的眼睛包围，仿佛由于一种不健康的气氛和这种集体的疯狂而陷入错觉，就发出一阵失去理智的大笑，摔碎了托盘和杯子，吓坏了，撒腿就跑。所有的人都笑了。她第二天承认，她在几个小时之内感到某种奇特的东西，她曾经滑稽有趣，不知是怎么回事。但是她并未服用印度大麻。

第二阶段的开始是极端的清凉感，是极大的虚弱无力；像人们说的那样，您有一双奶油样的手，头发沉，全身麻木。您睁大了眼睛，仿佛被难以平息的狂喜所吸引，朝四下里望着。您的脸一片苍白，变得没有血色，发绿。您的嘴唇收缩，变小，仿佛想要往里收。沙哑的、深沉的叹息从您胸中发出，好像您的旧天性不能承受您的新天性的重量。感官具有一种非凡的精细和尖锐。眼睛能看穿无限。耳朵能在最尖锐的嘈杂声中捕捉最难以捕捉的声音。

幻觉开始了。外界的事物具有一种怪诞的样子。它们在您面前以前所未有的形式呈现出来。然后，它们变形，演化，最后它们进入您的身上，或者让您进入它们之中。这时发生最奇特的暧昧，最不可解释的观念的颠倒。声音具有色彩，色彩具有曲调，音符成了数字，随着音乐在您耳中展开，您以惊人的速度进行着不可思议的数学计算。您坐下，您开始抽烟；您以为是坐在烟斗里，这是因为您的烟斗冒烟；您以蓝色的云雾的形式散发着。

您感觉很好，只有一件事情缠住了您，并使您不安。您怎样走出您的烟斗？这种想象可以延续到永远。一种清醒的间歇和一种巨大的努力使您望了望挂钟。永恒只持续了一分钟。另一个观念流带走了您；它只是在其活跃的旋涡中把您带走了一分钟，而这一分钟将成为永恒。时间和生命的比例被数不胜数的大量感觉及观念的强度打乱了。人们在一个小时之内度过了好几个人的一生。这正是《驴皮记》的主题。在感觉器官和愉悦之间不再有等式了。

渐渐地，人格消失了。造成某些泛神论的诗人和伟大的戏剧家的客观性使您与外界的存在合而为一。您变成了一株在风中呻吟的树，并向大自然倾诉植物的曲调。现在，您在无限扩大的碧蓝的天空中翱翔。所有的痛苦都消失了。您不再斗争了，您被裹挟而去，您不再是自己的主人了，而您并不感到痛苦。很快，时间的观念也完全消失了。短暂的苏醒渐渐地出现，似乎您从一个奇妙幻想的世界中出来。的确，您还有自我观察的能力，而第二天您还保留着某些感觉的回忆。但是，这种心理的能力，您并不能应用。我不相信您能修一支鹅毛笔或铅笔，这将是您力所不能及的艰苦劳动。

还有的时候，音乐向您讲述无限的诗句，置您于骇人的或奇妙的戏剧中。它与您眼皮底下的东西结合起来。天棚上的绘画，哪怕是平庸的或恶劣的，也具有一种骇人的生命。清澈迷人的水在颤巍巍的草地上流动。肉体鲜丽的仙女们望着您，眼睛比水和蓝天还要清澈。您将在最恶劣的绘画中、装饰旅店的墙的最粗俗的糊墙纸中占有您的位置，扮演您的角色。

我发现，对于那些其精神多少具有艺术性又因印度大麻而焕发出来的人来说，水具有一种骇人的魅力。流水，喷泉，和谐的瀑布，大海的广袤的蔚蓝，在您的精神的深处流动、睡觉、歌唱。也许不该让一个人在这种状态下处于清澈的水的边缘，就像歌曲中的渔夫，他将让水精拖走。

晚会快结束的时候，可以吃饭，但是行动起来却不无困难。人们是那样地超脱于物质的事情之外，显然更喜欢躺在精神的天堂之中。不过有时候胃口不同寻常地大，不过需要很大的勇气来摆弄一瓶酒和一副刀叉。

第三阶段是某种无法描述的东西，由于发作的增强而有别于第二阶段，是一种眩晕的陶醉，紧接着又是新的不舒服。这是东方人称为至福的那种东西，是绝对的幸福。这已不是那种旋转的、乱哄哄的东西，而是平静的、不动的至上的幸福。所有的哲学问题都获得解决。神学家们绞尽脑汁的、理智的人们感到绝望的种种难题都变得清晰而明确。所有的矛盾都变得一致。人进而为上帝。

您身上有某种东西述说："您比所有的人都优越，没有人懂您现在的所想、所感。他们甚至不懂得您对他们所怀有的巨大的爱。但是不要因此而恨他们，应该怜悯他们。巨大的幸福和美德在您面前。没有人知道您达到了美德和智力的何种高度。在您的思想的孤独中生活吧，避免伤害其他人。"

印度大麻的最古怪的效果之一是把唯恐伤害任何人的恐惧推向最谨小慎微的疯狂。为了不使最微末的人感到不安，您甚至会，如果您有力气，隐瞒您所在的超自然状态。

在这至上的状态里，爱情在温和的、艺术的人那里具有最奇特的形式，能进行最古怪的组合。狂热的放荡可以和热烈而温存的父亲般的感情合而为一。

我的最后一次观察并非最少趣味。第二天早晨，您看到白天已在您的房间里落定，您的第一个感觉是深深的惊讶。时间完全地消失了。刚才还是黑夜，现在已是白天。"我睡着了吗，还是没有睡？我的陶醉持续了一整夜吗？时间的概念消失了，一夜的时间对于我只有一秒钟的价值吗？或者我被裹在充满了幻象的睡眠的幕布里？"不可能知道。

您觉得您感到很舒服，有一种绝妙的精神的轻松，绝无疲倦。可是您一站起来，就感到陶醉的旧残余。疲软的双腿胆怯地引导着您，您害怕像一件易碎物一样折断。一种不无魅力的极度的虚弱攫住了您的精神。您不能工作，缺乏行动上的毅力。

这是对无所顾忌的挥霍的应有惩罚，您是那样多地消耗了神经流质。您让您的人格随风飘散，现在您很难再将其收拢、集中起来。

2

我不是说印度大麻对所有的人都产生我所描述的所有的作用。我讲述的差不多是一般地发生在艺术的和哲学的人中的现象，某些变化除外。但是在有些人那里，这种麻醉品只是使喧闹的疯狂，与眩晕相似的狂暴的快乐、舞蹈、跳跃、跺脚和大笑变得更加厉害。可以说，他们有一种全然物质的印度大麻。对于深深地怜悯他们的唯灵论者来说，他们是不可容忍的。他们的恶劣的人格崩溃了。有一次，我看见一位可敬的法官，一个体面的人，用他们的话说是一位上流社会人士，一个其做作的庄严总是令人肃然起敬的人，在印度大麻起作用的时候居然跳起了最下流的康康舞。内在的、真正的魔鬼暴露了。这个评判他同类的行动的人，这位托卡图斯私下里学会了康康舞。

如此人们则可以说，我所说的这种非人格性，这种客观性，只是诗的精神的一种极端的发展，它永远不会出现在那些人的印度大麻中。

3

在埃及，政府禁止印度大麻的买卖和交易，至少在国内是如此。不幸而具有这种热情的人到药剂师那里取他那事先准备好的小小的剂量，借口是要买另一种麻醉品。埃及政府是有理由的。任何理智的政府都不会因印度大麻的使用而继续存在下去。它既不能造就战士，也不能造就公民。的确，人是禁止使用印度大麻的，否则就会造成精神的衰退和死亡，干扰其存在的首要条件，打破其与环境的能力的平衡。如果存在着想要腐蚀其被统治者的政府，它只需鼓励印度大麻的使用。

有人说这种物质并不引起任何肉体的痛苦。这是真的，至少到目前是如此。因为我不知道在何种程度上人们可以说一个只知梦想而不能行动的人是健康的，尽管他的所有的肢体状态良好。然而，是意志首当其冲，这是最可宝贵的器官。一个人用一勺糊状物立刻就获得天地间所有的好处，却不能用劳动获得其千分之一。首先要生活和劳动。

我之所以在同一篇文章里谈论酒和印度大麻，是因为两者确有共通之处：人的非常的诗意的发展。人有对于无论是健康的还是危险的一切物质的狂热兴趣，这些物质激励着他的人格，而人格是他的伟大之见证。他憧憬着再振他的希望，朝着无限飞去。但是必须看看结果。酒是一种有助于消化、强壮肌肉、丰富血液的饮料，即便大量饮用，也只能造成相当短时间的混乱；而印度大麻是一种中断消化功能、使四肢衰弱、可以引起二十四小时陶醉的物质。酒激励意志，而印度大麻摧毁意志。酒是一种肉体的支持，而印度大麻是自杀的武器。酒使人善良易处，印度大麻使人孤独。可以说一个是勤劳的，另一个本质上是懒惰的。事实上，如果人可以一下子就得到天堂，那工作、劳动、写作、制造等一切还有什么用？最后，酒是为了劳动人民的，它有被喝的资格；印度大麻属于独自的快乐的阶层，它是为了那些游手好闲的不幸者的。酒是有用的，它产生有收益的果实，印度大麻是无用的和危险的。[①]

---

① 为记忆起见，应该提及最近应用印度大麻于疯狂的治疗。疯子服用印度大麻是用一种疯狂驱逐另一种疯狂，当陶醉过去，疯子的正常状态，即真正的疯狂重获其统治地位，正像理智和健康之于我们。有人曾就这个问题写过一本书。发明了这个美妙的治疗方法的医生绝不是哲学家。——作者注

4

我以几句美好的话结束此文，这几句话不是我的，是一位出色的然而不甚知名的哲学家的，他叫巴伯罗①，是一位音乐理论家，音乐学院的教授。在一个团体中，我在他的身旁，这团体有几个人服用那种使人非常快乐的毒品，他用一种带着无法描述的蔑视的腔调对我说："我不明白为什么有理性、有才智的人要靠人工的方法达到诗的真福，既然热情和意志足以把他提高到超自然的生存。大诗人、哲学家和预言家是些通过其意志的纯粹而自由的运用就达到一种他们同时是原因和结果、主体和客体、磁疗者和梦游者的状态的人。"

我跟他想的完全一样。

① 巴伯罗（1799—1879），法国音乐家。

恩斯特·勒南

1823—1892

勒南是一位历史学家，在宗教史方面用力最勤，所著《耶稣传》考证精详，文笔优美，影响极大。

勒南被称为“19 世纪最有才情的人”，学识渊博，思想活跃，感情细腻，一生治学道路颇多曲折，其中尤以接触希腊文化之后的转折为最，这在《在雅典卫城上的祈祷》中可见一斑。

这篇文章极有名，其中祈祷部分写于雅典，前面一段追述是在发表时补写的，难的是两者的衔接天衣无缝，一气呵成。文中大量引述《圣经》、希腊神话、东方神话的典故，造成一种浓厚的交织着对立成分的历史氛围，然后出之以热情洋溢的反省剖析，流露出一种动人的虔诚。然而在这种转变中又处处隐藏着矛盾，呈现出一个大学者的鱼龙变幻、深不可测的精神世界。

在雅典卫城上的祈祷

我很晚才开始有回忆。年轻的时候，一种不可推卸的责任迫使我去解决自己的哲学和宗教方面的最高问题，我怀有的是为生活而斗争的人的渴望，而非思辨者的狂放不羁。我无暇往后看。随后，我就被糊里糊涂地抛进时代的潮流之中，面对一种实际上对我和对此可能看到土星社会或金星社会的人同样新奇的景象。我发现，与我在伊西和圣絮尔比斯[①]之所见相比，这一切都是软弱的，在道德上是低等的；然而，欧仁·布尔努夫[②]一流人所从事的科学及批评的优越，库辛先生的谈话洋溢着的无与伦比的生命力，德国在几乎所有历史科学中所进行的伟大变革，然后是旅行，还有写作的热情，又将我裹挟而去，使我不能思考那些离我远去的岁月。我在叙利亚的居留更使我远离旧日的回忆。我在那里发现的全新的感觉，我在那里看到的神圣，与我那寒冷而忧郁的故土全然不同的世界，又把我消融殆尽。一时间，我梦见了贾拉阿德[③]的燃烧的山脉，萨

① 作者在此两处读过神学。
② 欧仁·布尔努夫（1801—1852），法国东方学家、著名梵语教授。
③ 公元7世纪古国，位于约旦河与叙利亚沙漠之间。

夫德[1]的绝壁，弥赛亚就出现在那里；我梦见了迦密山[2]和它那上帝播种的银莲花盛开的原野；我还梦见了阿法卡深渊，阿多尼斯河从那里流出。怪哉！那是在雅典，1865 年，我第一次体验到一种向后转的强烈感觉，仿佛一股清凉的、沁人心脾的微风从很远的地方吹来。

雅典给我的印象最为强烈，远远地超过我先前的种种感受。有一个地方，那里存在着完美，这种地方并非有两个，单单就是此地。我从未想象过类似的地方。那是呈现在我面前的潘特利克[3]大理石。到那时为止，我一直认为完美不属于这世界；我觉得这种唯一的启示接近于绝对。很久以来，我不再相信确切意义上的奇迹；然而，犹太人民的通向耶稣和基督教的独特命运出现在我的面前，仿佛某种独一无二的东西。于是在这里，在犹太奇迹的旁边，我又看见了希腊奇迹，这是一种只存在过一次，空前绝后的东西，我想说，这是一种永恒的美，毫无地方的或民族的瑕疵。来此之前，我清楚地知道，希腊曾经创造了科学、艺术、哲学、文明；然而其规模，我却不甚了了。当我看见雅典卫城时，我突然悟到了神，就像我在卡西温高原上瞥见约旦河谷时感到了活生生的福音而第一次悟到神一样。那时，我觉得整个世界一下子变得野蛮。东方以其排场、炫耀、欺骗令我不快。罗马人不过是些粗鲁的武夫。在我看来，比之这些自豪而平静的公民之单纯的高贵，最美的罗马人如奥古斯都、图拉真等的威严不过是装模作样罢了。我觉得，克尔特人、德意志人、

---

① 巴勒斯坦城市，基督教发祥地之一。
② 《圣经》中的地名，事见《列王纪》第十八章。
③ 位于雅典附近，所产大理石为白色。

斯拉夫人都是有责任心然而却艰难地文明化的斯基泰[①]人的一支。我发现我们的中世纪既乏才情又无风度，高傲得不合时宜，又浑身的学究气。依我看，查理曼大帝像个肥胖的德国马夫，我们的骑士亦像是一些呆头呆脑之人，徒招米斯托利克和亚西比德[②]的掩口讪笑。这里曾经有过一群具有贵族风度的人民，一个全部由内行组成的公众，一种抓得住精细连我们的那些雅士都看不大出来的艺术之微妙变化的民族。这里的公众理解是什么造就了雅典卫城山门的美和帕特农神庙雕刻的超绝。这种对于真正的、单纯的崇高的启悟一直达到我灵魂的深处。在此之前我知道的似乎只是一种虚伪的艺术的努力，一种由愚蠢的排场、江湖骗术和奇形怪状构成的陈词滥调。

这些感觉包围着我，主要是在雅典卫城上。与我一道的是一位很好的建筑师，他总是对我说，他认为神的真实性和人为他们所立之庙宇的坚实的美成正比。根据这一点判断，雅典是举世独存、无与伦比的。实际上，令人惊奇的是，在这里美只是绝对的诚实、理智、对神明的崇敬本身，建筑物隐蔽的部分和暴露的部分得到同样精心的处理；而在我们的教堂里，那些逼真画无一不带有一种永远的企图，在关于供品的价值上将神明引入歧途。这里的严肃，这里的公正，使我因不止一次为一种不那么纯洁的理想做出牺牲而感到脸红。我在圣山上度过的时光乃是我祈祷的时光。我的一生在我眼前重新过了一遍，仿佛一次全面的忏悔。然而更为奇特的是，我在忏悔罪孽的同时，竟然又爱上了这些罪孽；我

① 古代黑海北岸的游牧民族，希腊人视为野蛮人。
② 前者为古雅典民主派政治家，后者为雅典将领，苏格拉底的弟子。

决心成为古典的，结果却使我加速奔向对立的一极。我在我的旅途日记中发现一张已经陈旧的纸，上面写道：

在雅典卫城上的祈祷

我终于理解了

它那完整的美

“哦，崇高！哦，单纯而真实的美！女神啊，对你的崇拜意味着理智和智慧，你的神庙是关于良知和真诚的永恒的教诲，我迟迟才来到你的奥秘跟前。为了找到你，我做出无尽的探求。你对新生的雅典人的启蒙是通过微笑进行的，而我获得启蒙是凭借着苦苦的思索，付出了长期的努力。

“蓝眼睛的女神啊，我的父母是野蛮人，我出生在善良刚毅的齐美尔人①中间，他们居住在阴沉沉的大海之滨，危石林立，终年风暴不断。阳光稀少，花儿就是海边的苔藓、藻类和荒僻的海湾深处的五彩贝壳。云仿佛没有颜色，就是欢乐也有些悲伤，但有凛冽的泉水从岩石间流出，姑娘们的眼睛也如碧绿的泉水一样，映着天空，其深处有袅娜的草摆动。

“我的祖先，凡我们能够数到的，都毕生从事遥远的航行，在你的阿耳戈英雄们②也不曾到达的海上。我年轻的时候，听见过有关极地航行的歌谣；我的记忆中充满漂浮的冰山，奶一样雾蒙蒙的大海，栖息着啼唱、

① 生活在黑海北岸的印欧游牧民族，公元8世纪越过高加索北上。在古代，齐美尔指欧洲西北部的一块地方，这里暗指布列塔尼。

② 希腊神话，乘快船阿耳戈寻觅金羊毛的人。

有时群飞蔽空的鸟儿的岛屿。

“一些有着奇特崇拜的教士，出自巴勒斯坦的叙利亚人，负责教育我。这些教士很聪明，又严守教规。他们教我克罗诺斯①的漫长历史。这克罗诺斯创造了世界，他的儿子据说是在大地上进行过一次旅行。他们的神庙也像你的一样很高很高，哦，厄里特米②，仿佛森林一般；只是这些神庙不牢固，五六百年即化为废墟；蛮人异想天开，以为在你为信徒们规定的准则之外也可以有所成就，哦，理智。然而我喜欢这些神庙，我在里面发现了上帝，因为我不曾研究过你的神圣的艺术。人们在里面唱圣歌，至今我还记得：‘敬礼，大海的星辰……在这条泪谷中呻吟的人们的女王……’或者，‘神秘的玫瑰，象牙之塔，黄金之屋，早晨的星……’你看，女神，想起这些歌，我的心就融化了，我几乎成了叛教者。饶恕我这可笑的人吧，你不能想象野蛮人的魔术师放进这些诗句中的魅力，我要追随赤裸裸的真理得付出多么大的代价啊。

“再者，你知道为你服务是多么困难呀！斯文已然扫地，斯基泰人征服了世界。自由人组成的共和国已荡然无存。只剩下三个血统重浊的国王，其威严只会博你一粲。一些笨重的极北方人称为你服务为轻浮……可怕的粗俗，各种愚昧沆瀣一气，在世界上方张起一个大铅盖，压得人喘不过气来。包括那些为你增光的人，他们应该得到你的怜悯！你还记得那个喀里多尼亚人③吗？五十年间，他们用榔头砸碎了你的神庙，要把它带到图雷④去？他

① 希腊神话，泰坦巨人之一，其最小的儿子即为宙斯。这里指《旧约》中的上帝。
② 和谐女神。
③ 古希腊人指住在英格兰一带的人，这里影射埃尔金爵士（苏格兰人），他将一些希腊雕像带往伦敦。
④ 古希腊人指最北的某个地方。

们都会这样做……”我曾经依照你喜欢的几条准则，哦，忒俄诺厄[1]，写过我儿时为之效劳的年轻的神[2]的传记，他们就把我当作一个埃维迈尔[3]派来对待；他们写信问我有什么目的；他们只尊敬那种使他们的雅典银行家的桌子上堆满财物的东西。哦，天哪，为什么要写神的生平！如果不是为了让人们爱他们身上的神，为了证明这神还活着并且将在人的心中永远活着？

“你还记得那一天吗，在狄奥尼索多斯当执政官的时期，一个丑陋的小犹太人[4]说着叙利亚人的希腊语，来到这里，跑遍你神庙前的广场，完全误解了你的铭文，以为在你的神殿内发现了一个献给一位神祇的祭坛，这位神祇就是不为人知的上帝。好了！这小犹太人把它搬走了；一千年间，人们把你当成偶像，哦，真理；一千年间，世界一片荒芜，什么花儿也不长。这期间，你缄口不言，哦，萨尔班克斯[5]思想的号角。秩序的女神，天之稳定的形象，人们因爱你而有罪。今天，由于认真地工作，我们得以接近你，有人指责我们因挣脱了柏拉图已然抛弃的锁链而犯下反对人类精神之罪。

“唯有你是年轻的，哦，科瑞[6]；唯有你是纯洁的，哦，圣母；唯有你是健康的，哦，许癸厄亚[7]；唯有你是强大的，哦，维克托利亚[8]城邦，

---

① 意谓神圣的聪明才智，柏拉图用以指雅典娜。
② 公元前4世纪，希腊神话学家，写有《神史》，认为神即神化的人。
③ 指耶稣。
④ 指圣保罗。
⑤ 希腊语译音，意为号角。
⑥ 希腊语译音，意为姑娘。
⑦ 希腊神话中的健康女神。
⑧ 希腊神话中胜利的化身。

你来守护，哦，普洛马科斯[①]；你拥有玛尔斯[②]的所必需的东西，哦，艾雷阿[③]；和平是你的目的，哦，帕西菲克[④]。立法者，公正的宪法之源；德谟克拉西[⑤]，你的根本信条是一切善皆来自人民，在没有人民养育天才启发天才的地方，就一切皆无，请教会我们从不洁的人群中提炼钻石吧。朱庇特的旨意，神圣的工匠，一切工业的母亲，劳动的保护者，哦，俄耳加涅[⑥]，你造就了文明的劳动者的高贵，使它们高踞于懒惰的斯基泰人之上；智慧，你乃是宙斯反躬自省深深地呼吸之后所生；你住在你父亲[⑦]的体内，与他的本质浑然一体，你是他的伴侣和良知；宙斯的毅力，在英雄和天才身上点燃并保持火焰的火星，让我们成为完全的唯灵论者吧。雅典人和罗得斯人为了牺牲而战斗的那一天，你选择了跟雅典人在一起，因为他们更明智。然而你的父亲让普路托斯[⑧]在一片金云中降于罗得斯人的城邦之上，因为他们也向他的女儿表示了敬意。罗得斯人富有，然而雅典人拥有精神。这是真正的快乐，永恒的欢笑，心灵的神圣的童年。

“世界只有回到你的身边，放弃与野蛮人的联系，才能获救。我们跑吧，让我们成群结队地来吧。那一天将是多么美啊，那些得了你的神庙的残片的城市，如威尼斯、巴黎、伦敦、哥本哈根，修补它们的赃物，制订神圣的理论，以便归还他们拥有的残片，同时说道：‘饶恕我们，女神！这原是为了从夜之恶煞手里抢救它们啊！’在笛声中重建你的神庙

---

① 希腊语译音，意为城邦保卫者。
② 罗马神话中的战神。
③ 希腊译音，意为女战士。
④ 意为太平洋。
⑤ 意为民主。
⑥ 典作为手工业保护神的别名。
⑦ 雅典娜生于宙斯的头。
⑧ 希腊神话中的财神。

的墙壁，以赎回可耻的来山得[①]的罪恶。然后，他们将去斯巴达诅咒这位可怕错误的教唆者居住过的那片土地，并且因其不在而羞辱之。

“我坚信你，我将抵制我那些摆脱不掉的劝导者：抵制我的怀疑主义，它使我怀疑人民；抵制我精神上的不安，真理已被发现，它还让我寻找；抵制我的幻想，理智做出判断之后，它仍不让我平静。哦，阿尔舍杰特[②]你是天才人物在其杰作中加以体现的理想，我宁愿在你的侍从中居末位，也不愿在别处当第一。是的，我愿被绑在你的神庙的柱座上；除了你的戒律，我将忘掉其他一切戒律；我将在你的柱头上做隐士，我的隐修室就在你的柱顶盘的下楣上。有一件更为困难的事情！如果我能，我将为了你而不宽容、不公正。我将只爱你。我将只学习你的语言，忘记别的语言。我将不公平地对待与你无关者，我将做你最后一个儿子的仆人。你送给厄瑞克透斯[③]的那些居民现仍住在大地上，我将颂扬他们，恭维他们，我将试着去爱他们的缺点。哦，希皮亚[④]我将使自己相信，他们的先祖是在你神庙的中楣上庆祝其永恒节日的骑兵们。我将从我的心上抽去任何不属于理智和纯艺术的纤维。我将不再喜欢我的疾患，不再对我的高热洋洋自得。支持我的豪言壮语吧，哦，萨洛斯[⑤]；帮助我吧，你这拯救者！

“实际上我已预见到多少困难啊！我有多少精神习惯要改变！我有多少美妙的回忆要从心中清除！我将一试，然而我对自己并没有把握。我

① 古斯巴达统帅，公元前4年攻占雅典，扶植三十暴君的统治。
② 希腊语译音，意为城市的建造者。
③ 希腊神话中阿提刻的英雄，受过雅典娜的教养，有与雅典娜合祀的神庙。
④ 希腊语译音，意为女骑士，雅典娜的别名。
⑤ 罗马神话中体现罗马人民健康安宁的女神。

认识你很晚，完整的美。我会走弯路，我会有软弱的时候。一种哲学，无疑是邪恶的，使我相信善与恶、快乐与痛苦、美与丑、理智与疯狂都通过有如鸽子的脖子一样不可分辨的层次变化而相互转化。勿绝对地爱，勿绝对地恨，于是而成智慧。倘若一个社会，一种哲学，一种宗教拥有了绝对真理。这个社会，这种哲学，这种宗教就会战胜其他社会、其他哲学、其他宗教，而自己将孤零零地生活于此刻。迄今为止，那些认为自己有理的人是错了，我们看得清清楚楚。我们能够不怀疯狂的自负之心相信后之视今不若今之视昔吗？这就是我那中毒很深的精神暗示我说出的亵渎神明的话。一种像你那样的文学从各方面看都是健康的，然而现在也只能引起无聊之感。

“你笑我天真。是的，无聊……我们腐败了。有什么办法？我将远行，东正教的女神啊，我将对你说出我内心深处的堕落。理智和常情常理不够了。在冰冻的斯特里蒙河与色雷斯城[1]的陶醉中有诗存在。将会有那样的世纪到来，你的弟子们会被看作是无聊之弟子。世界比你相信的要大。如果你见过极地的雪和南方之天的神秘，你的额头，哦，永远平静的女神，就不会那么泰然了；你那更为硕大的头会燃烧起各种不同类型的美。

“你是真实的，纯洁的，完美的，你的大理石毫无瑕疵；然而地处拜占庭的智慧的索菲亚神庙[2]用它的砖和石膏也产生出一种神圣的效果。它是天之拱券的形象。它将倒坍，假如你庙中的神殿大到能容纳一大群人

① 影射北方民族的文学。坐落在伊斯坦布尔。
② 坐落在伊斯坦布尔。

的程度，它也会倒坍的。

“一条宽阔的遗忘之河把我们卷入一个无名的深渊。哦，无底洞，你是唯一的上帝。所有人民的泪是真正的泪，所有智者的梦包含着部分的真实。人世间一切都只是象征和梦幻。神像人一样走过，它们若是长生不老，这并非一件好事。人的信仰永远不应该是条锁链。人把它细心地卷进死去的神安息的紫红色尸衣之中，人与信仰也就两清了。”

阿纳托尔·法朗士

1844—1924

好温馨的回忆！仿佛一双充满怜爱之情的眼睛正盯着那个麻雀般蹦蹦跳跳的小家伙，看他上学、念书、闲逛……

行文轻柔得如一股细细流淌的泉水，从作者的心田直流进读者的心田，滋润着他，也滋润着你我……

用词那么质朴平淡，然而并不缺少光彩；所叙是那么平凡琐细，然而并不缺少风致；所读之书，所上之课，所逛之路，谁人没有经过？然而听起来却不觉聒噪，何以故？因为这其中有一种朴实却高雅的情调，有一种渊博而不卖弄的学识。

一切都出自一个成年人的笔下，一切又都洋溢着一种童趣。

《友人之书》节录

开学

每年入秋，天空变得动荡不安，晚饭要掌灯，瑟瑟抖动的树上也开始有了黄叶，我要对你们说一说这使我回想起了什么；我还要对你们说一说，在10月最初的日子里，我穿过卢森堡公园时看见了什么，此刻的卢森堡公园有些忧伤，但也比别的时候更美丽，因为树叶一片一片地落在白色雕像的肩上。这时我看见公园里有一个小家伙，双手插在口袋里，背着书包，活像一只蹦蹦跳跳的麻雀，正往学校里去呢。只有我的思想才能看见他，因为这小家伙是个影子，这是二十五年前的我的影子。的确，我对这小家伙很感兴趣：他存在的时候，我不大理他；如今他不在了，我倒很是爱他。总的说，他比我失去他之后的那些我都强。他是个冒失鬼，但心地不坏，我还应该说句公道话，他没有给我留下一点点不好的回忆；我失去的是一个天真无邪的人，我怀念他，这很自然；我在思想中看见他，喜欢激起对他的回忆，这也很自然。

二十五年前，就在这个季节，他八点钟之前穿过这座美丽的公园去上学。他的心有点儿发紧：开学了。

不过他还是蹦呀跳呀，背上背着书包，口袋里装着陀螺。想着又要看见同学了，他的心又快活起来。他有那么多事情要说，要听！难道他不应该知道拉博里埃特是否真的在雄鹰森林里打过猎吗？难道他不应该告诉他们，他也在奥弗涅的山里骑过马吗？做过这样的事情，那可不是为了藏起来不说的。再说，同学们又见面了，这多好啊！他好久没看见丰塔奈了，那是他的朋友，老是很友善地嘲笑他，这个丰塔奈比一只耗子大，却比尤利西斯还聪明，什么都拿第一，而且玩儿似的！

想到又要见着丰塔奈了，他觉得身子也轻了起来。他就这样在早晨清新的空气中穿过了卢森堡公园。他当时看见的一切，我今天还能看见。那是同一片天空，同一块土地；事情有它们昔日的灵魂，令我愉快，令我忧伤，令我惶惑；只是他不在了。

这就是为什么，随着老境日深，我对开学的兴致越来越浓厚。

倘若我当时是某中学的寄宿生，我对学习的回忆就会是残酷的，我将驱除净尽。幸好我的父母没有让我去服这苦役。我当时是一个古老中学的走读生，这学校有点儿像修道院，不大为人所知。我每天都看见街道和房屋，一点儿也不像那些寄宿生被隔离于公共生活和私人生活之外。所以，我的感觉绝非一个奴隶的感觉，我的感觉在柔情和力量中发展，这是一切在自由中成长壮大的东西所得之于自由的。仇恨没有掺杂进去。其中所蕴含的好奇心也是健康的，我喜欢，所以我求知。我在路上所看见的人、牲畜、东西都令人难以置信地使我感觉到生活的单纯和强大。

要让一个孩子理解社会这架机器，什么也比不上街道。早晨，他定会看见送牛奶的、送水的、送煤的；他得仔细看看卖食品杂货的、卖猪肉的、卖酒的店铺；他还会看见部队走过，打头的是军乐；他得闻见街道的气味，才能感觉到劳动的法则是神圣的，在这个世界上，人人都有自己的工作。一早一晚，从家到学校、从学校到家之间的奔走，使我对各种职业和从事各种职业的人始终怀有一种充满感情的兴趣。

不过，我应该承认，我对人的友情并不都是一样的。我最喜欢的是那些卖文具纸张的，他们在店铺的橱窗里摆出各种画片。有多少次，我鼻子顶住玻璃，从头至尾地阅读那些画成图画的小故事的说明啊！

时间不长，我就知道了许多。其中的幻想故事使我的想象力发动起来，使我身上的一种能力得到发展，没有这种能力就什么也发现不了，包括经验方面和精确科学的领域。有的则用一种淳朴动人的方式表现生活，使我第一次看见最可怕的事情，或者说得更确切些，唯一可怕的事情，即命运。反正，画片教给我许多东西。

后来，十四五岁时，我不大在食品杂货店的陈列前停留了，不过蜜饯水果盒子似乎还长时间地令我青睐。我不喜欢卖缝纫用品的，不再去猜他们招牌上那个金光闪闪的神秘字母“Y”是什么意思。我也不大停下来猜那些幼稚的画谜了，在那些放陈酒的带有各种小装饰的格子里，可以看见用锻铁制成的木瓜或彗星[①]。

我在精神上变得讲究起来，只对画摊、旧货铺和书摊感兴趣了。

啊，南寻街的吝啬的老犹太人，河畔[②]的旧书商们，我的教师，我多么感谢你们！你们与大学里的教授不相上下，甚至胜过他们，是你们对我进行了智力的教育。你们是正直的人，你们在我惊喜的眼睛前展现了往昔生活的神秘形式和人类思想的各种珍贵的遗迹。我是在你们的小屋

① 据说彗星出现的那年产的酒品质优良。
② 指塞纳河畔。

里四处搜寻、在观赏你们那些布满灰尘摆满我们祖先及其美妙思想的可怜纪念物的架子时，才不知不觉地受到了最健康的哲学的熏陶。

是的，朋友们，触摸着你们赖以为生的那些虫蛀的书籍、锈蚀的铁器和蛀痕斑斑的木器，我很小就深深地感觉到万物如流水和一切皆空。我猜测到，存在之物无非是变动于普遍的幻想中的一些形影，我从此倾向于忧伤、温情和怜悯。

你们看，这座风雨学校教给我高超的学问。家庭学校给我的好处更多。与家人一起吃饭，明净的凉瓶，雪白的桌布，安详的面孔，晚餐间亲切的谈话，这有多甜蜜，这使孩子们喜欢和理解家庭里的事情、生活中谦卑和健康的事情。如果他像我一样有运气，父母聪明善良，他在饭桌上听到的谈话会给他一种准确的感觉和爱的欲望。他每天吃的面包是被祝圣过的面包，他那精神之父曾在以马忤斯的小客栈里把它掰开，送给朝圣者，他心里像他们那样说：“我的心岂不是火热的么。”①

寄宿生在食堂里吃饭，他们的饭就没有这种温情和功效。啊！家庭学校真是一座好学校。

然而，倘若人们以为我蔑视课堂上的学习，那就不会理解我的想法。我认为，要培养一个人，什么也比不上依照法国老式人文学者的方法而进行的两种古典的学习。人文教育这个词意味着高雅，用于古典文化很合适。

我刚才满怀喜悦地（大家若是意识到这种喜悦绝不是自私的，它是一个影子的，也许就会原谅我）跟你们谈到的那个小家伙，那个像麻雀

---

① 《圣经》典故，事见《新约·路加福音》第二十四章，言耶稣在以马忤斯显现。

一样蹦蹦跳跳穿过卢森堡公园的小家伙，是个不错的人文学者呢，我请你们相信。他在其童稚的心灵中品味着罗马的力量和古代诗歌的雄伟形象。他在走读生的正当的自由中逛书店，他在与父母共进晚餐时有所见有所感，这并没有使他对学校里教授的美妙语言无动于衷。远非如此：他差不多和那群在一位一本正经的老先生管束下的小学生们一样喜欢雅典或西塞罗。

他很少为了荣誉而用功，几乎没有在光荣榜上出过风头；因为那些东西令他喜欢，如拉封丹所说的那样，他才花了很大的力气。他的翻译练习成绩很好，拉丁文论文甚至当得起视察员先生的夸，连使这夸奖减色的语法错误都没有。他不是对你们说过吗，十岁时，李维[1]的叙述让他慷慨地大流其泪?

不过，他是在接触到希腊的时候，才看到了美的壮丽的单纯。是很晚的事了。最先是伊索寓言遮蔽了他的心灵。一位驼背的教师给他讲解，此人肉体上是驼背，精神上也是驼背。你们见过忒耳西忒斯[2]把年轻的伽拉忒斯[3]们带进缪斯的小树林吗？那个小伙想象不出。人们以为他的驼背老师专攻伊索寓言，可以胜任愉快，其实不！那是个假驼背，一个驼背巨人，既无思想又无人情味，性喜作恶，是个最不公正的人。再说，这些顶着伊索之名的枯燥无味、怀有恶意的小寓言在落到我们手上之前，已然经过一位拜占庭僧侣润色，他脑袋上剃秃的圆顶狭窄而贫瘠。那时我五年级，不知道这些寓言的来源，也不大想知道；不过我那时对它们

---

① 李维（公元前59—公元17），古罗马历史家，著有《罗马史》。
② 《伊利亚特》中最丑恶心狠的人物。
③ 希腊神话里的海中神女。

的评价与现在完全一样。

伊索之后，老师让我们读荷马。我看见忒提斯像一朵白色的云从海上升起，我看见瑙西卡和她的女伴们，还有德洛斯岛的棕榈树、天空、大地和海洋，还有流泪的安德洛玛刻的微笑……我理解了，我感觉到了。我在《奥德修纪》里待了六个月，不出来。为此我多次受到惩罚。可额外作业能奈我何？我和尤利西斯一起航行在“紫色的大海上”！后来，我发现了悲剧。我不大懂埃斯库罗斯，但是索福克勒斯和欧里庇得斯却为我打开了一个男女英雄的迷人的世界，告诉我不幸所蕴含的诗意。我读的每一部悲剧都带给我新的喜悦、新的眼泪、新的颤抖。

阿尔刻斯提斯和安提戈涅给了我一个孩子从未有过的最崇高的梦幻。我把头埋进词典，伏在墨迹斑斑的书桌上，我看见了神的面孔，象牙般的胳膊垂在白色的披风上，听见了比最美的音乐还要美的说话声在和谐地哀叹。

这又给我招来新的惩罚。惩罚是公正的，因为我读的是与课堂无关的东西。唉！这习惯至今依然。在我余下的日子里的任何一个阶段，恐怕我还要受到中学教师对我进行的那种指责：“彼埃尔·诺齐埃先生[①]您在读与课堂无关的东西。”

尤其是冬天的晚上，出了校门，走在路上，我为那光、那歌所陶醉。我在路灯下、店铺明亮的橱窗前读着那些诗句，然后一边走一边吟诵。冬天的晚上，在阴影已然笼罩的郊区狭窄的街道上，我一路都在进行这种活动。

---

① 这是法朗士在书中为自己杜撰的名字。

我常常撞在糕点铺的小伙计的身上，他头上顶着柳条筐，像我一样在做梦；我也常常突然感到脸上扑来一匹可怜的正在拉车的马喷出的热气。现实丝毫败坏不了我的梦，因为我很爱郊区的那些老街，铺路的石头看见我一天天长大。一天晚上，我在一个卖栗子的人的灯笼下读安提戈涅的诗句，四分之一个世纪过去了，我一想起这些诗句：

哦坟墓！哦婚床！……

就不能不看见那个奥弗涅人往纸口袋里吹气，不能不感到我身边烤栗子的炉子冒出的热气。在我的记忆中，对这个正直的人的回忆与忒拜的处女的哀叹和谐地融为一体。

就这样，我记住了许多诗句；就这样，我获得了有用的宝贵的知识；就这样，我完成了我的人文教育。

我的方式对我来说是好的，对别人可能一钱不值。我很注意不向任何人推荐。

此外，我应该承认，我吃饱了荷马和索福克勒斯，就对修辞学没有了胃口。这是老师对我说的，我很愿意相信。一个人在十七岁上所具有或表现出的口味很少有好的。为了改善我的口味，修辞学老师建议我认真研读卡西米尔·德拉维涅[①]的全集。我对他的建议置若罔闻。索福克勒斯已经让我养成某种习惯，改不掉了。我那时觉得，现在仍然觉得修辞

---

① 卡西米尔·德拉维涅（1793—1843），法国诗人、法兰西学士院院士，其风格很快即被认为是冰冷的、陈旧的。

学老师并非一个口味精细的有学问的人；不过，他精神抑郁，性格直率，心灵高傲。如果说他教给我们某种文学上的异端，他至少以身作则地为我们展示出有教养的人是什么样子。

这种学问代价高昂。夏隆先生受到全体学生的尊敬，因为孩子们能以一种完全的公正衡量老师道德上的价值。二十五年前我对不公正的驼背和对正直的夏隆的看法，今日依然如故。

然而，夜色降临在卢森堡公园的悬铃木上，我说的那个小幽灵消失在阴影中。永别了，我失去的那个小小的我；假如我不能在我的儿子身上发现一个更美的你，我将永远地感到惋惜。

雷米·德·古尔蒙

1858—1915

古尔蒙是一位小说家、诗人，最为人称道的却是其批评文字。他的批评不囿于成见，不循规蹈矩，不依据教条，率以鉴赏为主，学问为辅，整理个人的阅读经验为普遍的判断原则，故每有令人耳目一新之论。一篇《海之美》，长不足两千字，却堪称一段人类审美经验小史，清新隽永，玲珑剔透，难的是短短的文字中包含了那么丰富的文明的历史、美学的原理和哲学的思考。读读此文，不妨想想我们自己，我们中国人从什么时候开始欣赏海呢？为什么我们古人浩如烟海的游记中竟只有寥若晨星的关于大海的文字？如今的夏天那么多人涌向大海，然而除了把它当作浴盆游泳池外，有多少人在它面前虔诚静观？现代人的确“到海边去就像到市场去一样”，出售的是疲劳和燥热，买回的是海产和紫外线。

古尔蒙对象征主义鼓吹甚力，自己也深受影响。他也是最早认识到梦和潜意识在文学创作中的作用的批评家之一。他的批评在英语世界里最有影响。

海之美

若问 19 世纪最独特的创造是什么，也许该回答说：是大海。

这绿和蓝的水，其波浪是微笑或愤怒，这金黄的沙的平原，这灰或黄的峭壁，这一切百年之前就存在，然而没有人看一眼。在一片令今日的感觉欣喜直至陶醉的景象面前，昨日的感觉是冰冷的，是厌烦的，甚至是恐惧的。人们远非追寻海景，而是当作一种危险或丑陋避之唯恐不及。在法国的海岸上，所有旧日的村庄都距海甚远；在滨海城市里，所有旧日的房屋都背朝大海。甚至水手们和渔夫们，一旦不需要大海，也远远地离开它。至于陆地上的人，他们是怀着恐惧接近大海的。直到 1850 年，圣米谢尔山还被认为差不多只能用于关押囚犯：人们只把恐其逃逸的人送去。

从什么时候开始，海景被人当作一种动人的、美丽的东西而喜爱、感觉？这很难说得准确。对大海的兴趣高涨于第二帝国治下，因为有了铁路；不过，诗人们远在这个时期之前就已咏唱大海了。总之，是拜伦和夏多布里昂创造了欧洲的海滩并把人送去。在圣马洛[①]山，格朗贝岛的

---

① 法国西北部滨海城市。

绝壁上有夏多布里昂的坟墓，确是象征着我们的感觉的这种演变，他理应长眠于此，没有他，法兰西的海岸也许至今还只有渔夫和鸟雀光顾。

18 世纪，大海还绝对地无人知其为愉悦的源泉；不过，人们已然到处旅行了。人们从巴黎出发所进行的旅行已远远超出了到迪埃普或勒哈弗尔[①]的路程，在路易十六治下，人们甚至开始品味乡间和高山了；然而，人们还不知道大海。我不知道是这个时期的哪位作家迁怒于大海的起伏，他说，荒谬绝伦的海潮使船舶不能随意靠，还给沿海岸造成了大片不出产的土地。人们至多容得地中海，因为它与其是个海，更多的是个湖；人们喜欢它的平静，它呈现给无所担心的目光的那种始终千篇一律的景象。

路易十五时代的巴黎人是这样使用大海的：他们把被疯狗咬的人送到勒哈弗尔，从一座悬崖上投进大海。这是医治狂犬病的良方。德·塞维尼夫人说过，她的一位女友就这样被推入大海。无疑，一个健康的人若想自己进入这可怕的水中，洗一个澡，就会被当作疯子，至少也是近乎傻。这个时期，人只有疯了，才会到海里去。在德·塞维尼夫人的思想里，海的概念是和一种最可怕的疾病联系在一起的。

谁是第一个敢于在海滨度夏、在靠近海浪的地方修建别墅的英国人或法国人？因为一切时髦的事情总有个开始，此种时髦亦然。是一位诗人还是一位学者，一位大贵人还是一位普通的食利者？他如果还够不上立像的话，至少也够得上在路角挂一块牌子。不管他操何种职业，他肯定有一颗独特的灵魂，一种大胆的精神。也许有一天，有人会写他的历

① 均为法国北部滨海城市。

史，也许诗人还会咏唱他，就像贺拉斯咏唱第一位航海者一样。

人们的确很难理解海之美何以如此长久地不为人知。然而反过来说，也许更难理解的是我们的感觉何以变得如此之快，今日之人何以在往日他们觉得荒诞或讨厌的景物中发现了这样多的快乐。真得承认，人类的感觉是听命于时髦的，它是按照人给它的曲调颤动的。不过，一种曲调如果老了的话，它也并不完全地长眠不醒。感觉实现了一种不可能完全过时的征服，它并吞了一个新的省份，并将永远地占有其大部领土。对海景的兴趣有可能不再大增，甚至还有可能略微下降，但绝不会消失。它已进入我们的血肉，像音乐或文学一样，成为我们的美感需求的一部分。无疑，它并非放之四海而皆准。许多人可以不去看海；然而一旦爱上它，将会终生不渝。它是一个永不让人生厌的情妇，一旦听见了它的声音，就身不由己地服从。

也许，尽管大海对过去世世代代的人是冷漠的或者敌对的，在某些人今日对它的喜悦之情中仍有一些朦胧的遗传影响。一个失了根的人，或者一个移植的人[1]其家庭一直生活在海边他也许会比别人更感到海滩和波浪的吸引，也许，他如果不曾失了根，他会无动于衷地看那一片他虔诚静观的风景的。有些美的景色，当人是其创造者的时候，是不能很好地品味的；必须走出来，站得远一些，才能真正地体会其魅力。

故大海使我们愉悦的原因不出下面两端：或者因为这在我们的感觉中是全新的、从未见过的；或者因为这是一种远古的东西，一种在我们

---

① 法国作家巴莱斯（1862—1923），鼓吹民族主义，指出有一种“失了根的人”，此种人不妨叫作“移植树”，其实有利于人的成长。

内心深处重新发现的返祖性的古老回忆。

然而，当大海是不为人知的时候，当大海是孤独寂寞的时候，它仍然应该是美的！现在，它有太多的情人；它是个过于受崇拜的公主，宫里献媚的人太多了。只是很少几个男人，不多几个女人，才使风景生色。大自然跟一群群发呆的人合不来，他们到海边去就像到市场去一样。人是可以沉思默想的。应该沉思默想，就像一个信徒在教堂里，忘了左右而跟天主说话。

天主不是什么人都回答的，大海也是。

保尔·瓦雷里

1871—1945

在《精神的危机》这个题目下，有两篇文章，原是为一家英国杂志写的，发表于 1919 年 4 月 11 日，这里选了第一篇。

这篇文章的第一句话已经成了一句名言。

世界大战结束了，人们本以为可以松口气、重整家园了，不料这位瓦雷里先生大喝一声：最严重的问题不是军事的危机，不是经济的危机，而是精神的危机。文明是可以死亡的，西方文明并不例外。犹如晴天霹雳，有识之士的警告（当时有德国哲学家斯宾格勒的《西方的没落》）的确具有振聋发聩的作用，然而，且不说“言者谆谆，听者藐藐”，若使智者的洞见成为民众的共识，似乎回想业已消失的古代文明还不够，当然，如果连这一点还不想做或做不到，那就只能浑浑噩噩了，一种文明的命运也就可以想见了。

这篇文章的深远的历史意识和广阔的时代参照极具震撼力和冲击力，文末搬出哈姆雷特，怀疑之上又加了忧虑，令人扼腕叹息不止。

瓦雷里是后期象征主义的代表人物，诗文颇具悠远深广的哲学意蕴，所作长诗《海滨墓园》最负盛名，在文学批评上亦卓然成家。

精神的危机

我们这些人，我们现在知道我们的文明是可以死亡的。

我们听说过一些世界整个地消失，一些王国连同其人、其器械直沉海底；它们跌进深不可测的世纪之底，带着它们的神和法，它们的科学院和纯粹及应用科学，它们的语法，它们的词典，它们的古典派、浪漫派和象征派，它们的批评和批评之批评。我们深知整个地表由灰烬构成，而这灰烬是意味着某种东西的。我们透过历史的厚度瞥见一些幽灵般的巨船，上面载满了财富和精神。我们不能尽数。然而说到底，这些毁灭不是我们的事。

艾拉姆，尼尼微，巴比伦[①]都是些美丽然而模糊的名字，这些世界的彻底毁灭和它们的存在本身一样，都对我们具有很少的意义；但是，法兰西，英吉利，俄罗斯——也是些美丽的名字，卢齐塔尼业[②]也是个美丽的名字。我们现在看到，历史是一个深渊，足以容得下全世界。我们感到文明和生命同样脆弱。把济慈[③]的作品和波德莱尔的作品与米南

① 这三个地方都是著名古城，欧亚古代文明的发祥地。
② 西班牙古城。
③ 济慈（1795—1821），英国诗人。

德[1]的作品联系起来的种种情况完全不是不可思议的：它们都在报刊上。

还不止于此。新近的教训还更全面。我们这一代根据自身的经验知道，最美的和最古老的东西，最绝妙的和最有条理的东西都能意外地消亡；它在思想、常识和感情方面看见发生了一些奇特的现象、不合常情的意外的成就、对事实的粗暴的欺瞒。

我只举一个例子：德意志各民族的巨大效能造成的灾难要甚于懒惰产生的罪孽。我们亲眼看见自觉的劳动、最坚实的教育、最严肃的纪律及其遵守用于实现种种骇人听闻的意图。

没有如此的效能，就不会有如此的暴行。无疑，必须有很多的知识方能在如此短的时间里杀死那么多的人、挥霍那么多的财富、毁灭那么多的城市；然而，所需之精神上的才能亦不可稍少。知识和责任，难道你们是可疑的吗？

因此，精神的帕萨波利斯[2]并不比物质的苏斯[3]们所受的侵蚀少。并非一切都已逝去，然而一切都已感到正在消亡。

一阵不寻常的战栗掠过欧洲的骨髓。它通过它所拥有的全部思想着的内核感到，它认不出自己了，它不再像自己了，它要失去意识了——一种通过几个世纪的可以承受的不幸、通过几千个第一流的人物、通过无数地理的、种族的、历史的机遇获得的意识。

于是，仿佛为了绝望地捍卫其生理上的存在和拥有，它的全部记忆又模模糊糊地浮上来了。它的伟大的人和伟大的书杂乱无章地再度出现

① 米南德（约公元前342—公元前2），古希腊喜剧诗人。
② 波斯古城。
③ 伊朗古城。

在它的面前。人们从未像战时读得那么多、那么热情：问问书商吧；人们从未祈祷得这样勤、这样深：问问教士吧。人们呼唤过所有的拯救者、所有的创始者、所有的保护者、所有的殉道者、所有的英雄、所有的国父、所有的圣女、所有的民族诗人。

在同样的精神混乱之中，出于同样的焦虑，文明的欧洲眼看着它无数的思想迅速复活：教义，哲学，异质的观念；三百种不同的解释世界的方式，一千零一种色彩的基督教，两打实证主义。精神之光的全谱展现出互不相容的颜色，用一种矛盾的怪光照亮了欧洲灵魂的末日。正当发明家在他们的形象中、在昔日的战争年鉴中狂热地寻找挣脱铁丝网、挫败潜水艇或使飞机的飞行陷于瘫痪的方法之时，灵魂却一边呼唤着它所知道的所有咒语，一边认真地审视着最为怪异的预言；它在回忆、以往的行动、先人的态度的全部记载中为自己寻找藏身之地、种种迹象和安慰。这乃是忧虑之尽人皆知的产物，是头脑的方寸大乱的举动，它从现实奔向噩梦，又从噩梦返回现实，惊恐万状，如一只被夹住的耗子……

军事的危机也许已经结束，经济的危机正全力发展；然而精神的危机更为微妙，由于其本性而呈现出最具欺骗性的表象（既然它是在虚假王国的内部进行的），这种危机使人难以把握其真正的程度，即其阶段。

没有人能够说出明天在文学上、哲学上、美学上什么将死亡，什么将生存。谁也不知道什么观念、什么表达方式将被列入死亡名单，什么新观念和新表达方式将被宣布出来。

当然，希望还在，而且小声地歌唱着：

Et cum vorandi vicerit libidinem

late triumphet imperator spiritus.[①]

然而，希望不过是人针对其精神之精确预言的怀疑罢了。它暗示着一切与人不利的结论都应该是他的精神的一种错误。但是，事实是清楚的，无情的。有几千年轻的作家和艺术家死了。一种欧洲文化的幻想已经破灭，知识已被证明不能拯救一切；科学已在精神的抱负中受到致命的打击，其应用之残忍等于让它蒙受了耻辱；理想主义原本胜得不易，又因其梦想而内伤深重；现实主义嘲弄；信仰在不同的阵营中混为一团，十字反对十字，新月反对新月。怀疑论者也被如此突然、如此粗暴、如此动人心弦的事件弄得哑口无言，玩弄我们的思想就像猫玩弄老鼠；怀疑论者丢失了他们的怀疑，找到了，又丢了，不知如何驾驭他们的精神的运动。

船的摇晃如此剧烈，灯无论吊得怎么好，最终还是掉了下来。

使精神的危机如此深刻和严重的，是它所面对的病人的状态。

我没有时间也没有能力说清楚欧洲在 1914 年的精神状态，而谁又敢为这种状态勾画一幅图画呢？主题是巨大的，它需要各方面的知识，需要无穷的信息。再说，当事关一个如此复杂的总体的时候，复原过去，哪怕最近的过去，其难也与构筑未来，哪怕是最近的未来之难相若；或者更可以说，其难是一样的。预言家和历史学家成了一家人！那就让他们待在一起吧。

① 拉丁文，大意为：“阅读的欲望获胜时，精神统帅便会获得巨大的胜利。”

我现在只需要模糊而笼统地回忆起战争前夕人们之所思、当时所进行的研究和出版的书籍。

如果我因此而略去所有的细节，局限于简单的印象和一种瞬间的感知所能提供的自然的整体，那么我之所见将空无一物；空无一物，尽管这是一种无限丰富的空无一物。

物理学家告诉我们，在一个接近白热化的炉子里，如果我们的眼睛还能存在，那么它之所见将空无一物。任何光差都不存在，空间的位置亦不能辨别。这种内藏的巨大的能量导致看不见，导致难以觉察的相等。而一种这样的相等不是别的东西，正是理想状态下的混乱。

那么，我们精神的欧洲的这种混乱因何而成？因为最不相似的观念、最相对立的生活和认识原则在有文化的人中自由地共存。

这正是一个现代时期的特征。

我不反对普及现代这个概念，也不反对用这个名称指某种存在方式，我不想把它当成当代的纯粹的同义词。在历史中有一些时候和地方，我们这些现代人是可以进入的，不会过分地搅乱那些时代的和谐，不会出现一些非常奇特、非常显眼的东西，以及一些令人反感的、不协调的、不可同化的人。我们的进入若能无声无息，我们就差不多是在自己家里了。显然，图拉真①的罗马和托勒密②的亚历山大比许多别的地方更容易吸引我们，这些地方虽然在时间上不那么遥远，但因其唯一的风俗类型而更具特殊性，完全适应于一个种族、一种文化和一种生活制度。

---

① 图拉真（53—117）古罗马皇帝。
② 托勒密（约90—168），古希腊天文学家。

好吧！1914 年的欧洲可能已到了这种现代主义的边缘。某一阶层的每一个人都是通向各种舆论的一个十字路口，任何一位思想家都是各种思想的一次普遍的展示。有一些精神方面的著作，其抵牾的冲动之丰富令人想到当时各首都的发疯的照明效果：眼睛发烫，不胜其烦——为了让这种狂欢成为可能、被确立为人类最高智慧和成就的形式，需要多少物质、劳动、计算、被掠夺的世纪和加在一起的异质的生命呢？

在这个时代的某本书里——而且并非最平庸者，人们毫不费力地发现：俄国芭蕾舞的影响，些许帕斯卡尔的阴郁风格，许多龚古尔式的印象，某种尼采的东西，某种兰波[1]的东西，与画家过从所产生的一些后果，有时则是科学出版物的口吻，一切都散发着一种无以名状的、难以确定其程度的英国味！……顺便看看这种大杂烩的每一种成分吧，人们肯定会发现别的东西。再去找这些东西是没有用的：那将是重复我刚才关于现代主义的言论，检点欧洲的全部精神史。

现在，站在艾尔西诺[2]的广阔的阶地上，从巴塞尔到科隆，直至纽波特的沙地、索姆河的沼泽、香槟省的白垩、阿尔萨斯的花岗岩，欧洲的哈姆雷特望着几千个鬼魂。

然而，这个哈姆雷特是一位知识分子，他思考着真理的生与死。我们讨论的所有对象都是他的幽灵，我们的光荣的所有名目都是他的悔恨；他被发现和知识的重量压倒，不能重新开始这种没有限制的活动。他考

① 兰波（1854—1891），法国诗人。
② 莎士比亚的《哈姆雷特》剧情发生的地方。

虑着重新开始过去给人带来的烦恼和想要永远创新的疯狂。他在两个深渊之间蹒跚，因为两种危险不断地威胁着世界：秩序和混乱。

他拿起一个骷髅，就是一个名人的骷髅。Whose was it 这个是雷纳尔佗[①]的。他发明了飞人，但是飞人并没有准确地为发明者的意图服务。我们知道，今天，飞人骑上他的大天鹅（il grande uccellee sopra del desso del suo magnio cecero）[②]，有了别的用处，不再是到山顶取雪，天气热的时候往城市的街道上撒……另一个骷髅是莱布尼兹[③]的，他梦想着普天下的和平。这个是康德的，Kantqui gemuit Hegel, qui genuit Marx, qui genuit…[④]

哈姆雷特不知道该拿这些骷髅怎么办。然而把它们扔掉如何！……他就不再是他自己了吗？他那极其清醒的精神凝视着从战争到和平的过程。这个过程比从和平到战争的过程更隐晦、更危险，所有的民族都因此而惶惶不安。“而我呢，”他对自己说，“我，欧洲的智力，我将变成什么？……什么是和平？和平也许是事情的这样一种状态，人之间的自然的敌对不是体现为战争造成的破坏，而是表现为创造。那是创造的竞争的时代，是生产的斗争的时代。而我，我不是疲于生产了吗？我不是耗尽了极端的探求的欲望了吗？我不是滥用过巧妙的混合了吗？应该将我的困难的责任和超人的抱负弃置一旁吗？我应该随波逐流，像波乐纽斯[⑤]那样吗，他现在领导着一家大报？像莱阿提斯[⑥]那样吗，他在某地开

---

① 不详。
② 意大利文，大意为：“一只大鸟骑在另一只大鸟的背上。”
③ 莱布尼兹（1646—1676），德国哲学家。
④ 拉丁文：“康德产生了黑格尔，黑格尔产生了马克思，马克思产生了……”
⑤《哈姆雷特》剧中人物，御前大臣。
⑥《哈姆雷特》中人物，波乐纽斯之子。

飞机？像罗森克兰兹①那样吗，他顶着一个俄国人的名字不知在干些什么？

“永别了，幽灵们！世界不需要你们了，也不需要我了。世界将它那朝着一个宿命的精确的倾向命名为进步，极力将死亡的好处和生命的恩惠联系在一起。某种混乱还占着优势，但用不了多久，一切都会清清楚楚；我们终将看到出现一个动物社会的，一个完美的、终极的蚁群。”

① 《哈姆雷特》中人物，廷臣。

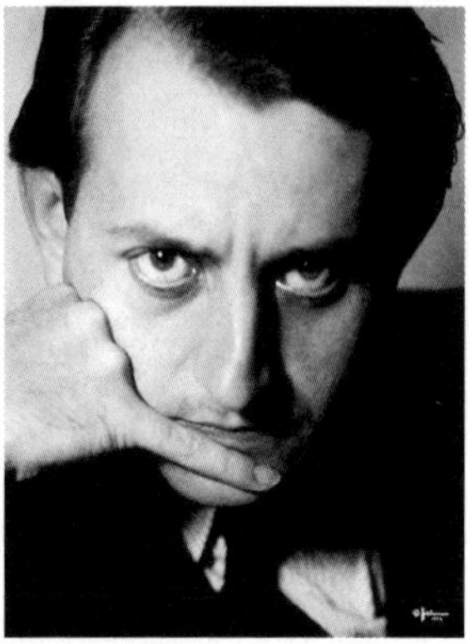

安德烈·马尔罗

1901—1976

马尔罗是一位积极参与政治生活的作家、评论家，第二次世界大战后成为戴高乐将军的忠实追随者。作为小说家，他主要写有《人类的命运》《希望》等，作品多阳刚之气。

这一篇《希腊礼赞》是他代表法国政府在雅典的一次纪念活动上的演说。庄重、典雅、雄辩，历史与现实相互交织，反复咏叹，加上某种特殊的语调和顿挫（马尔罗颇擅此道），听起来必然是一篇极富感染力的演说，读时亦觉得胸中有天风海雨鼓荡。

马尔罗的《反回忆录》素享盛名，艺术批评著作亦颇为人称道。

希腊礼赞

希腊的夜又一次揭去我们头上满天星座的面纱，这些星座，阿耳戈斯的守望者在特洛伊城陷落的信号发出时曾经仰望过，索福克勒斯在即将动笔写作《安提戈涅》时曾经仰望过，伯里克利在帕特农神庙的工地停止喧闹时曾经仰望过——然而这是第一次，透过千载悠悠的黑夜，西方的象征浮现了出来。很快，这一切将成为日常的景象；这一夜，亦将一去而不复返。雅典人民啊，在你那摆脱了大地上的黑夜的精神面前，欢呼那个自从升起于此地便萦绕于人类记忆而不曾被忘却的声音吧："尽管世间万物终有尽时，未来的世纪啊，当你们谈及我们的时候，你们可以说我们建造了最著名、最幸福的城邦……"

伯里克利的呼吁对于醉心永恒并且威胁过希腊的东方来说，可能是难以理解的；甚至在斯巴达，直到那时为止，也没有任何人对未来说话。许多世纪都听见了这一呼吁，然而今夜，他的话将传到美国，传到日本。世界第一个文明从此开始了。

由于它，雅典卫城大放光明；为了它，雅典卫城向它发问，任谁也不曾这样问过。希腊的精神几次出现在世界上，然而并非总是同一种面目。它在文艺复兴时代尤为光彩夺目，然而文艺复兴几乎不知有亚洲；

今天我们知道了亚洲，它就变得更加光彩夺目，也更加令人惶惑。很快，如今日这样的景象将照亮埃及和印度的古迹，让所有神明出没之地的幽灵们发出声音。然而雅典卫城乃是世界上唯一的地方，既有思想活跃，又有勇气贯穿。

面对古老的东方，我们今天知道希腊造就了前所未有的一种人。伯里克利——无论是这个人，还是与这名字有联系的神话，他的光荣在于他既是城邦之最伟大的仆人，又是一位哲学家，一位艺术家；埃斯库罗斯和索福克勒斯，倘若我们不记住他们也是战士，我们理解他们的方式便会不同。对于世界来说，希腊依然是倚着长矛沉思的雅典娜；而在她之前，艺术从未将长矛和思想结合在一起。

人们可以毫不过分地宣告：文化——艺术和思想的创造物之和——这个如此模糊的字眼，对我们来说，其含义乃是将文化作为一种培养人的重要途径，而这样做的光荣属于希腊。根据这一没有《圣经》的文明，智慧这个词意味着询问。从询问中产生出思想对于宇宙的征服，悲剧对于命运的征服，艺术和人对于神的征服。很快，古代的希腊将对我们说：

“我寻找真理，我却发现了正义和自由。我创造了艺术和思想的独立。我第一次让四千年来到处匍匐在地的人面对他的神站立起来。”

这是一种简单的语言，然而我们听在耳中，仍觉得它是一种永垂不朽的语言。

这种语言被遗忘了几个世纪，每一次我们重新听见它，它总是受到威胁。也许它从未像今天这样不可或缺。我们时代最重大的政治问题乃是调和社会正义与自由，最重大的文化问题乃是让最多的人接触最伟大的艺术作品。现代文明和古代希腊文明一样，也是一种发问的文明；但是它尚未找到堪为楷模的人的典型，哪怕是短暂的或理想的，舍此任何文明都不能形成。统治着我们的那些庞然大物仍在黑暗中摸索，似乎尚未想到一个伟大文明的主要目标不仅仅是力量，而且也是对人之所待的一种清晰的意识，这曾是被奴役的雅典的不可战胜的灵魂，它让亚洲沙漠中的亚历山大不得安宁："雅典啊，为了无愧于你们所受到的赞美，你们要遭受多少苦难啊！"现代人是所有那些试图共同造就现代人的人；思想不知有弱小的民族，思想只知有友爱的民族。希腊，还有法国，只有在对所有的人来说都是伟大的时候才更为伟大，而一个隐而不彰的希腊栖息在所有西方人的心底。我们都是思想的古老民族，我们不应该躲进我们的过去，我们应该创造未来，这是我们的过去对我们的要求。在这原子时代开始的时候，人又一次需要受到思想的培养。整个西方青年都需要记住，当人第一次受到思想的培养时，他是用长矛阻止了泽尔士[①]并为思想服务的。代表们问我法国青年的座右铭是什么，我回答他们是"文化和勇气"。让它也成为我们共同的座右铭吧，因为我是从你们这里得到它的。

在这希腊自觉地寻求其命运和真实的时候，你们比我更有责任把它给予世界。

因为文化不靠继承，文化靠的是争取，而且文化的争取有许多种方式，其中每一种都与孕育它的人相像。从此，希腊的语言是说给人民听

---

① 指泽尔士一世，古波斯帝国国王，大流士一世之子。公元前480年，率舰队远征希腊，德摩比利陆战获胜，萨拉米海战大败，仓皇溃退。

的。这个星期，雅典卫城的形象将受到比两千年间的观众还要多的人的瞻仰。这千百万人听见的语言，与昔日罗马的高级教士和凡尔赛的贵族老爷听见的语言是不同的；这千百万人也许会听得充分完全，倘若希腊人民从中认出它最深刻的稳定性，倘若业已消亡的最伟大的城邦中还回荡着活着的民族的声音。

我说的是活着的希腊民族，我说的是这个人民，雅典卫城首先向着它说话，而它则将其绵绵不断地在西方传布的精神体现奉献给它的未来，这些体现是得尔福的普罗米修斯世界和雅典的奥林匹斯世界、拜占庭的基督世界，总之，经过了那么多年的狂热崇拜，如今只剩下对自由的狂热崇拜。

然而，这个“在痛苦中依然热爱生活”的人民，它既是向着圣索菲亚大教堂[①]歌唱的人民，又是一边倾听俄狄浦斯的喊叫一边在山脚下兴奋激动、将要穿越世纪的人民。自由的人民，就是使抵抗成为悠久传统的人民，就是其现代历史成为一场无穷尽的独立战史的人民，这是唯一的人民，它欢庆“不”的节日。这昨日之“不”乃是米索隆基[②]之“不”，索罗莫斯[③]之“不”。在我国，则是戴高乐将军之“不”，也是我们的“不”。世界没有忘记它最初是安提戈涅的“不”，是普罗米修斯的“不”。当希腊抵抗运动的最后一位战死者紧靠在他将度过第一个死亡之夜的土地上时，他是倒在这样的土地上，在这片土地上，在这一天的夜里，在那些为死去的萨拉米人守灵然后注视着我们的星辰的照耀下，人类之最崇高、

① 拜占庭的著名大教堂，献给“神的智慧”。
② 希腊城市，以19世纪初抵抗土耳其的侵略而著称。
③ 索罗莫斯（1798—1857），希腊诗人，所作《自由颂》成为希腊国歌。

最古老的挑战诞生了。

我们是在为了同样的事业而抛洒的同样的鲜血中认识同样的真理的，那时候，自由的希腊人和自由的法国人在埃及战役中并肩战斗；那时候，我的游击队员用手帕做成小小的希腊国旗来纪念你们的胜利；那时候，你们的山村为了巴黎的解放而响起钟声。在所有的思想价值中，最富有成果者产生于团结和勇气。

它写在雅典卫城的每一块石头上："外邦人啊，到拉栖第梦去说，扑倒在此地的那些人是根据拉栖第梦的法律而死的。"今夜的灯光啊，去向世界说，德摩比利呼唤萨拉米，止于雅典卫城，只要人们没有忘记它。愿世界不要忘记，在雅典女神节，往昔和昨日之死者的庄严队伍在夜间布下隆重的岗哨，向我们发出无声的启示，这启示第一次与东方最古老的咒语合为一体："倘若此夜乃命运之夜，那就祝福它吧，直到黎明来临！"

让－保尔·萨特

1905—1980

让－保尔·萨特往往被看成“西方最后一个作为时代见证和社会良心的知识分子”，他的地位相当于18世纪的伏尔泰或19世纪的雨果，虽然有许多人对此表示怀疑。但是，他的这封《答加缪书》却令人多少有些失望，这封信把争论的焦点锁定在政治问题上，即对于苏联共产主义的态度上，却不把加缪作一个平等的对手看待，而采取的是一种教训的口吻，滔滔不绝，而语多讥刺。

1951年，加缪发表了《反抗的人》，核心思想是提倡一种中庸的“地中海思想”，佛朗西·尚松①在《现代》上撰文批判，加缪遂写信给《现代》的主编先生，即让－保尔·萨特，认为佛朗西·尚松歪曲了他的著作，萨特于是给他写了这封信。萨特是一个巨量的词语消费者，这封信让我们开了眼。

① 法国作家（Francios Jeanson），萨特的朋友和合作者，曾著文批判加缪的《反抗的人》。

答加缪书

亲爱的加缪：

我们的友谊并不轻松，但我还是感到惋惜。如果您今天断了它，无疑是它应该被断绝。使我们接近的事情多，使我们分离的事情少；但是，这少仍嫌太多。友谊也是，有趋向专制的倾向；要么完全一致，要么反目成仇，而无党派者如想象中的党派斗士那样行事。我不再重复了：这是题中应有之义。然而，正是为此，我更愿我们目前的分歧能触及根本，而不在其中掺杂些我无以名之的自尊心受到伤害的气味。谁这样说，谁就是以为，在我们之间一切都将以文人之争而告终，其中您扮演了特里索丹①，我扮演了瓦第乌斯②。我要说服谁呢？这个问题我不愿回答。肯定是您的敌人，也许是我的朋友。而您，您要说服谁呢？您的朋友，我的敌人。我们共同的敌人结成一伙，我们将受到他们的耻笑，这是肯定的。不幸的是，您把我牵扯进去，而且口气是那样令人不快，我不能丧失面子而保持沉默。我要回答，不含一点怒气，但也毫不客气，这是自我认识您以来的第一次。您的自满和虚弱总是使人不能对您说出全部真

---

① 莫里哀喜剧《女学者》中人物，表面上是个万事通，实际上是个伪君子。
② 《女学者》中人物。自诩博学的滑稽诗人。

理；其结果就是您成为一种沮丧的过分之牺牲品，它掩盖着您的内部困难，而我认为，您将其称之为地中海式的节制。或迟或早，有人会对您说的，这同我对您说是一样的。但是不必害怕，我不想描绘您的肖像，我不愿意招来您对尚松的那种不负责任的指责，我只谈您的信，如果必要的话，参考一下您的著作。

您的信充分表明——如果谈到您应该像反共派谈到苏联的话，唉，像您谈到苏联的话——您完成了您的热月政变[②]。加缪，默尔索哪儿去了？西绪福斯哪儿去了？今天那些虔诚的、鼓吹不断革命的托洛茨基分子哪儿去了？无疑，他们被杀害了，或被流放了？一种强暴而堂皇的专制在您身上建立起来，它依附于一种抽象的官僚主义，企图建立道德的统治。您一开头就告诉我们：您无意讨论人们对您的批评，也无意同您的反驳者进行辩论。您的话是教导。您想教育《现代》的读者，您的用意可嘉，您指出了尚松的文章，您在其中看出一种噬咬着我们社会的恶的苗头，您将其做成了一次卓越的治疗课的主题。我认为我看到了伦勃朗的画：您是医生，尚松是死人；您用手向吃惊的观众指点着他的伤口。不是吗，被指责的文章是否谈论了您的书，这与您无关，书不成问题，有上帝保证它的价值，那篇文章只是充作试金石，来显露出犯罪者的险恶居心。您屈尊进入这一期的《现代》中的同时，随身带来了一个便携式的台座[②]。的确，您中途改变了方法，您放弃了说教和您的“紧张的平静”，以便激烈地迁怒于我；但是您还没忘记说您并不为自己的理由

---

① 1794年7月27日（即共和二年热月9日）在巴黎发生反革命政变，雅各宾专政被颠覆，反动的热月党人上台。
② 台座本为安置雕像用，此处谓加缪自己将自己置于台座之上，受人瞻仰。

辩解：有什么用呢？只是尚松的批评——如此具有倾向性，不会损害到您——具有损害一些不可动摇的原则和一些令人敬仰的人物的危险；您捍卫的是这些人物和这些原则："他没有给予正确评价的不是我……而是我们生存的斗争的理由，而是我们战胜自己的矛盾的正当希望。至此，沉默已属不可能。"

但是，请告诉我，加缪，出于何种神秘，人们才能讨论您的作品而不剥夺人类生存的理由？由于何种奇迹，人们对您的异议立刻变为亵渎的行为？当人们认为莫里亚克[1]的《魔鬼的经过》(Le passage du Malin)是成功之作的时候，这您是知道的，我没有看到他在《费加罗报》上著文说批评使天主教的信仰处于危境。您是受了委托的，您讲过，您具以说话的名义"是这场苦难，它激怒了成千上万的律师，而从未激怒一个兄弟"。我们就此投降吧，如果真的是苦难发现了您，对您说"去吧，以我的名义说话吧"，我们只好闭嘴，倾听他的声音了。只是我承认，我没有弄清您的思想：您以它的名义说话，您是它的律师？兄弟？抑或律师兄弟？而如果您是受苦人的兄弟，您是怎样成为的呢？既然这不能出于血缘，那就得出于心。然而不，因为您对您的受苦人有选择，我不认为您是波伦亚的失业的共产党人的兄弟，或是在印度支那反对殖民者的悲惨的长工的兄弟。出于生活条件？您可能贫穷过，但您已不穷了，您是个资产者，和尚松一样，和我一样。那么是出于忠诚？如果它是间歇的，那我们现正靠近着布希科太太[2]和施舍，如果为了敢于自称是受苦

① 莫里亚克(Francios Mauriac，1885—1970)，法国著名作家。
② 法国19世纪著名慈善家。

人的兄弟，必须把生命的每时每刻都奉献给他们，那您就不是他们的兄弟；不管您的关怀多么深切，它也不是您唯一的动机，您远远不像圣凡尚·德·保罗[①]或一个穷人的“姐妹”。他们的兄弟？不。您是个律师，他说“这是我的兄弟们”，因为这个词有可能让法官流泪，您看，家长式的说教我听得太多了，请容忍我不相信这种家长作风。苦难并没有委托您什么。请听明白，我丝毫不想否认您谈论它的权利；但是，如果您谈论它，请像我们一样[②]自负其责，而且事先接受被反驳的可能性。

再说，这与您又有什么关系呢？如果人家剥夺了您的受苦人，您还剩有足够多的同盟者，比方说，老抵抗分子。可怜的尚松，他并没有冒犯他们的意思。他只是想说，对我们这样的法国人来说，1940 年的政治选择是不可避免的（那时我们是同一种人：同样的文化，同样的原则，同样的利益）。他并不想说抵抗是容易的，他在得益于您的教训之前，并非没有听说过酷刑、枪杀和流放。暗杀之后的镇压，某些人良心上的痛苦，这些东西人家都告诉过他，您想象得到。但是，这些困难产生于行动本身，而为了认识它们，首先就要参加进去。如果他确信抵抗的决定不难做出，他就不怀疑需要巨大的体力和精神上的勇敢才能坚持下去。然而，他却看见您突然向抵抗分子求援——我为您脸红——和提到死者。“没有人强迫他明白，抵抗运动……对于我，对于任何真正受过苦、在抵抗中杀人或死去的人来说，从来也不是历史的一种幸福或轻松的形式。”

---

① 圣凡尚·德·保罗（1581—1660），法国教士、办有大量慈善事业。
② 因为您得习惯于把自己的思想错误推给别人，才能相信尚松是以无产者的名义说话。——作者注

不，的确，没有人强迫他明白：那时他不在法国，而在西班牙的一座集中营里，因为他想参加非洲军团。让我们把这些光荣的称号放在一边吧。如果说尚松在集中营里险些死去，丢了一只胳膊，他的文章并不因此而好些或坏些；如果您没有参加抵抗运动的话，或您被流放了，《反抗的人》也并不会因此而好些或坏些。

但是这儿有另一个抗议者。尚松——他是他非，我不介入——指责您思想的无效；一声呼唤，老战士随即登场：是他，受到了冒犯。而您，仅仅是指给我们看，告诉我们您倦了。当然，您倦于接受关于效率的说教，尤其倦于看到这些说教是由懒鬼说给人父者听的。对于这一点，当然啰，人们可以回答说，尚松没有谈积极分子，年轻的或年老的，但是他贸然提出，这是他的权利，提出对人们称之为革命的工团主义这一历史事实的一种评价——因为，您看，人们可以将一个运动断为无效，而一面赞赏参加者的名气、事业心、忘我精神，甚至其效率——尤其是他说的您，您并不积极。如果我让一位积极的老共产党人饱受最足以令人感动的苦难，然后对您引用他的话，如果我让他登场，让他对您说这样的话："我看得累了，那些像您一样的资产者一心要摧毁党，它是我唯一的希望，而他们又没有能力用什么东西代替它。我并不是说可以免受任何批评，我是说得有批评它的资格。我不管您的节制，地中海式的或不是地中海式的，更不管您的斯堪的纳维亚式的共和国。我们的希望和您的希望不一样。您也是我的兄弟——博爱是多么不值钱，但您肯定不是我的同志。"何等的激情啊！嗯？是道高一尺，魔高一丈。您和我，我们将靠着布景的撑架，面对观众的掌声，感到一种健康的疲倦。但是，您知道得很清楚，我从未玩过这种把戏，我从来都是只以我自己的名义说话。而如果我累了，我觉得我耻于说出来，因为有那么多的人比我更累。如果我们累了，加缪，那就让我们去休息吧，既然我们有条件，但是不要希望搅得世界不安，让人们来估量我们疲倦的程度。

如何称呼这些手段呢？恐吓？讹诈？反正它们是想吓唬人的，不幸的批评者突然为一大群英雄和烈士所包围，最后垂手立正，仿佛一个不知所措的老百姓置身于军人之间一样。简直是滥用信任！这些战士、囚徒、抵抗分子、受苦人，您想让我们相信他们都站在您的背后吗？算了吧，是您站到了他们前面，您居然变化得如此厉害？您到处揭发暴力的运用，而您却以道德的名义，让我们经受合乎道德的暴力；您曾是您的道德主义的第一位仆人，而今反来利用它了。

您的信使人为难之处，是它太过雕琢了。我并不指责它的浮夸，这在您是自然的，我指责的是您悠然自如地玩弄您的愤怒。我承认我们的时代有其令人不快的方面，对于肝火旺的人来说，有时候可以拍桌大叫，出出气。但我很遗憾，您在这情有可原的思想混乱之上，建立了一套辞藻。对于无意的暴力所表示的宽容，人们却拒绝给予有领导的暴力。您以何等的诡计伪装平静，以便使您的霹雳更加震动我们；您以何等的技巧显示出您的愤怒，而立刻又将其深藏在假装宽慰人心的微笑之下！如果说这些手法使我想起了法庭，这可不是我的过错！事实上，只有总检察长才会及时发怒，在极度的冲动之中控制他的怒火，并在需要的时候将其变为大提琴的咏叹调。君子共和国任命您为它的公诉人了吗？

有人拉我的袖子，劝我不要太看重文章手法。我很愿意，只是很难在这封信中区分手法和不正当的手法。您称我为主编先生，而尽人皆知我们相交已有十年，我同意，这不过是一种手法，您对我说话，而您的话明明是反驳尚松，这是一种不正当的手法。您的目的不是要把您批评的对象变为一个物，一个死人吗？您谈到他，仿佛谈到一个汤碗或一把曼陀铃，但从不对他说话。这意味着他被置于人类之外，抵抗分子、囚徒、活动分子和穷人，代表您将他化为一块石头。有时候，您将他化为乌有，随手写出“您[1]的文章”这样的话，好像我是作者似的。您使用这一招已不是第一次了，埃尔维（Hervé）在一份共产党的杂志中攻击了您，有人在《观察家》中提到此文，用了“出色”一词，并无其他评论；您回答了《观察家》，您质问这家报纸的主编如何能够讲出他的合作者使用这个形容词的道理，您详细地解释埃尔维此文恰恰不是出色的。总之，您回答了埃尔维，但并未对他发话，难道可以跟一个共产党人说话吗？但是我问您，加缪，您是何许人，居然保持这样的距离？是什么给了您权利，对尚松摆出无人承认的优越？这与您的文学价值无关，您擅写，他擅长推论，或相反，这都关系不大。您自封的优越，给您权利不把尚松当成人的优越，该是一种种族的优越。尚松由于他的批评难道显示出他有别于您如同蚂蚁有别于人吗？难道有一种精神美的种族主义吗？您的灵魂高尚，他的丑恶，你们之间交流思想是不可能的。这里，您的手法变得令人不能容忍，为了证明您的态度是正当的，您得在他的灵魂中发现丑恶，而为了在其中发现丑恶，最简单的难道不是将丑恶置于其中吗？但究竟是什么呢？尚松不喜欢您的书，他说了出来，这使您不悦，这是完全正常的。您写文章批评他的批评，人们不能指责您，德·蒙泰

---

① 亦可理解为“你们的”。

朗[①]先生每天都这样干。您还可以走得更远些，说他什么也没理解，说我是个笨蛋，对《现代》的编辑们的智力统统表示怀疑，这也是光明正大的论战。但是，当您写道“您的合作者想要人们反抗一切，除了共产党和共产党国家”，我承认我感到不舒服，我认为我是发现了一个笔杆子，我与之打交道的是一位根据警方有倾向性的报告处理我们的事的法官。您只差把他当成潜水艇[②]了，但您还是把他当成了说谎者和叛徒：“作者装作理解错了他读到的东西……我（在此文中）既看不到宽宏也看不到正直，却看到了暴露一种立场的徒然的心机，而这种立场不经一场真正的辩论他是不能告人的！”您要揭露他的动机（当然是隐藏着的），这种动机促使他阉割您的文章，歪曲其主旨……让您说天是黑的，而您本来说天是蓝的，等等，回避真正的问题，向全法国隐瞒您的书所揭露的俄国集中营的存在。什么样的意图呢？啊，看呀！试图表明任何思想不是马克思主义的就是反动的。而归根结底，他为什么要这样干呢？这里，您不那么明确，但我认为我明白了，这位不光彩的马克思主义者害怕光明，他竭力用他笨拙的双手捂住您的思想的所有开口，挡住明显事实的耀眼光芒。因为，如果他彻底理解了您，他就不能再说自己是马克思主义者了。这可怜虫可以同时是马克思主义者和资产者：他脚踏两只船。您向他指明应该选择入党或像您一样成为资产者[③]，而这恰恰是他不愿看到的。以下就是这一番调查的结果：犯罪的意图，对他人思想的肆无忌惮的歪曲，居心不良，不断撒谎。您无疑是想象到，所有那些认识尚松

---

① 蒙泰朗（Henry de Montherlant，1896—1972），法国著名作家。
② 意为暗藏的敌人或暗中攻击别人的人。
③ 因为您是资产者，加缪，像我一样，您还能是别的什么吗？——作者注

以及他的诚实、正直、认真和他的酷爱真理的人们将以又惊又喜的心情接受这篇判词。但是，我想，人们尤为珍视的是您信中的这一段，其中您让我们供认不讳："你们在坦率地谈及这个问题时，证明这些集中营的存在是必要的，我认为这是正常的，几乎是勇敢的。不正常的，显出局促不安的，倒是你们根本没有谈及。"我们是在凯德索尔费佛[①]，警察来来去去，皮鞋咔咔作响，像在电影里一样："我跟你说，我们都知道了。可疑的是你的沉默。说吧，说你是同谋。你知道它们吗，那些集中营？嗯？说出来吧，说了就完了。法庭会考虑到你的招供的。"我的上帝！加缪，您是多么正经啊，借用您自己的话说，您是多么轻浮啊！而如果您弄错了呢？如果您的书只是表明了您在哲学上是外行呢？如果您的书是用匆忙搜罗的第二手知识写成的呢？如果您的书只是使特权者们心安理得，如同有一位批评家所写的"加缪先生的反抗变换了阵营"呢？如果您推论得不很正确呢？如果您的思想模糊而平庸呢？如果尚松只不过是惊讶于您的思想贫乏呢？如果他远非将您的光芒四射的事实弄得暗淡无光，而是打起灯笼，辨认出那些软弱的、晦涩的、模糊的观点的轮廓呢？我并不是说事情就是这样，但是您不能有一刻想到事情可能是这样吗？您是这样害怕异议吗？应该匆匆忙忙地降低一切看看您的人的身价吗？您只能接受那些低垂的头颅吗？维护您的观点，坚持认为它是正确的，而同时理解别人认为它是错误的，这在您是不可能的吗？您维护历史中的风险，为什么在文学中却拒绝它呢？为什么您求得一个具有不可移易的价值的世界的保护而不是在没有上天干预的情况下反驳我们或同

① 法国司法警察总署所在地，用来指该机关。

我们一起斗争呢？您曾写过：“我们在那些认为自己绝对正确的人们中间感到窒息，无论是他们的手法还是他们的思想。”这是千真万确的。但是我怕您已经站到窒息者的营垒中去了，永远地抛弃了您的那些被窒息的老朋友了。

但过分的是，您采用了一种最近有人还在一次集会中揭露的方法——我认为用的是大杂烩一词，这个会您也是参加了的。在某些政治审判中，如果有好几个被告，法官就混淆控诉的要点，以便能够混淆其惩罚，当然，这种事只发生在专制国家中；然而这是您选择的方法：您在算账的过程中把我和尚松混为一谈。怎么办呢？很简单，但也得认真考虑，您玩弄辞藻，迷惑读者，甚至让他们不知道两人之中您指的是谁。第一步，我是杂志的领导人，因此您对我说话，这是无可指责的；第二步，您要我承认我对杂志上发表的文章负有责任，这我也同意；第三步，因此，我赞同尚松的态度，于是，这种态度也就是我的态度；从此，知道文章出自谁手就无关紧要了，反正文章总是我的。“大杂烩”以巧妙地使用人称代词[①]作结：“你们的文章，你们本该……你们有权利……你们无权既然你们说……”尚松只消按我画的草图飞针走线即可。这真是一举两得：您把他表现为我的文奴和卑劣营生的执行者，您于是报了仇；另一方面，我于是也成了罪人，是我侮辱了战士、抵抗分子和受苦人，是我在人们谈论苏联的集中营的时候捂住耳朵，是我试图熄灭您的火炬。仅仅一个例子就足以揭露您的手段：人们看到，一件小罪，当人们把它归于真正的犯人时，它就失去了全部实质；当人们以此来指责并未犯过

① 法语中“您”与“你们”是同一个词。

的人时，它就变成了大罪。

当您写道“对我的书的任何批评都不能对事实（俄国的集中营）弃置不顾”，这是对尚松一个人说的。您指责批评者在其文章中对集中营不置一词。也许您有道理，也许尚松可以回答您说，作者决定批评者应该说什么是很滑稽的，再说，您在书中也并未怎么谈集中营，人们看不出为什么您突然让别人将其摊在桌面上，除非是不灵通的消息提供者使您以为您置我们于窘境。无论如何，这是一场可以出现在您和尚松之间的正当争论。但是，当您写道“你们有相对的权利否认苏联存在集中营的事实，只要你们不触及革命的意识形态，具体地说，即由马克思主义所产生的问题。如果你们触及这些问题，在谈论我的书时触及这些问题，你们就毁了马克思主义”，或者“……证明这些集中营的存在是必要的，我认为这是正常的”，您这里指的是我。那好，我对您说，这种称谓是骗人的，因为您利用了一个不可否认的事实，即尚松在论及您的书时没有谈到苏联的集中营，这也是他的权利，您就此暗示说我，一个声称具有倾向性的杂志主编，从未涉及过这个问题，这的确是有损正直的严重错误。只是这并不是事实：卢塞（David Rotusset）发表声明后几天，我们就针对集中营发表了一篇社论和好几篇文章，对此我负有完全的责任；而如果您对照一下日期，您会看到这一期是在卢塞介入之前编就的。这没关系，我只是想说明，我们提出了集中营的问题，我们在法国舆论发现了集中营的同时就申明了立场。几个月之后，我们又在一篇社论中谈到这个问题，并在几篇文章和注释中明确了我们的观点。这些集中营的存在可以使我们愤怒，引起我们的反感，也可以使我们不得安宁，但为什么它要使我们陷入窘境呢？关于共产党人的态度，当要说出我之所想的时候，我什么时候退缩过呢？如果我是一艘潜水艇，是一个秘密成员，是一个不光彩的同情者，何以他们恨的是我而不是您呢？但是，我不要去吹嘘我们引起的仇恨吧，我坦率地对您说，我为这种敌视感到深深的遗憾，有时候我甚至嫉妒他们对您表示的巨大冷淡。但是，除非我不再说出我认为是真理的东西，我又能如何呢？您写道："你们有相对的权利否认……"等等，您想干什么呢？或者您暗示说尚松并不存在，那是我的一个笔名，这当然很荒唐；或者您声称我未对集中营说过一个字，而这则是诬蔑。是的，加缪，我像您一样认为这些集中营是令人不能接受的，但是，"资产阶级新闻，每天进一圈，最后，这儿和那边，我们既是拧者又是被拧者。美国使用的那一套也同样是令人不能接受的"。我不说马尔加什[①]比土库曼重要，我是说不应该利用加于土库曼的痛苦来为我们让马尔加什所受的痛苦辩护。我看到反共分子对这些苦役犯监狱的存在感到高兴，我看到他们利用这一点来安慰自己的良心，我没有感到他们要去援助土库曼，但我感到他们利用其不幸，正如苏联利用劳动一样。这就是我称之为土库曼的 full employment[②]的东西，让我们严肃些，加缪，请您告诉我，卢塞的揭露在一个反共分子的心中能够激起的是一种什么感情，失望？悲痛？做人的羞耻？算了，算了！一个法国人难以设想处在一个土库曼人的位置上，难以对从这里看到的土库曼这个抽象的人怀有同情之心。至多，我承认对德国集中营的回忆在最优秀的法国人中激起了一种自发的厌恶，当然，还有恐惧。但是，您看，除去与土

① 原马尔加什共和国。
② 英语："充分就业"。

库曼的一切联系之外，该引起愤怒，也许是失望的，是想到一个社会主义的政府竟能够依靠一大批官员有步骤地使人受奴役。而这一点，加缪，不能使反共分子感到痛心，他们本来就相信苏联什么都干得出来。这些消息在他们身上引起的唯一感情——这值得我说一说——是快乐，因为他们终于拿到了证据，人们将有好戏看了。采取行动不应对着工人——反共分子不是疯子，而应该对着所有处于左翼的正直的人们，应该恐吓他们，让他们胆战心惊。如果有人张嘴抗议某种讹诈，立刻就有人让我们闭嘴："那集中营呢？"有人催促大家谴责集中营，否则就是同伙。绝妙的一招：要么教不幸的家伙与共产党人反目，要么就说他与"地球上最大的罪行"同流合污。我是到了这种时候才开始发现这些骗子的卑鄙的；因为我认为，集中营的丑闻牵连到我们大家，您和我，还有所有其他的人。铁幕只是一面镜子，世界的两半各自反映着另一半；这儿螺帽动一圈，那边螺丝就卧进一圈，最后，这儿和那边，我们既是拧者又是被拧者。美国的强硬，表现为变本加厉地搜捕女巫[①]，就引起苏联的强硬，可能表现为加紧武器生产和增加强迫劳动者的数目；当然，也可能反之亦然，今天谴责别人的人应该知道，我们的处境可能迫使他明天干更坏的事情。当我在巴黎的墙上看到这样的玩笑："到自由的国度去度假吧"，同时画着铁栏和它后面的阴影，我觉得可恶的不是俄国人。请听明白，加缪，我知道您曾上百次地竭尽全力揭露和谴责过佛朗哥的暴政和我国政府的殖民政策，您获得了相对的权利谈论苏联的集中营；但我要指责您两点：在一本严肃的、旨在向我们提供一种对当今时代的解释的

---

① 意为搜捕共产党人等进步人士。"搜捕女巫"是政治迫害的同义语。

著作中提到集中营，这本是您的本分和您的义务，我认为不能接受的是，您今天利用它作为一种政治会议的论据，您也利用土库曼和库尔德以便更可靠地压垮一个没有恭维您的批评者。我感到遗憾的是，您制造您的论据大棒，为一种拒绝区分主人的寂静主义[①]辩护。因为您自己说过，混淆主人和混淆奴隶是一个整体；而如果您不在后者中进行区别，您势必对他们只有一种原则的同情，而尤其是“奴隶”常常是您称为“主人”的一些人的同盟者。这就解释了印度支那战争何以置您于窘境。如果应该实行您的原则，越南人是被殖民化的，因而是奴隶，但他们是共产党人，因而又是暴君。您谴责欧洲的无产者，因为他们没有公开地表示反对苏联人；但您也谴责欧洲政府，因为他们将要接纳西班牙进联合国教科文组织。在这种情况下，我看您只有一条出路：加拉帕戈斯群岛[②]。相反，我认为，帮助那边的奴隶的唯一途径是站在这里的奴隶一边。

我要结束了，但重读您的著作，我认为您的清算也涉及我们的思想[③]。事实上，一切都表明，您使用“无限制的自由”这个词是针对着我们关于人类自由的观念的。我会以相信这个词出于您之手而侮辱您吗？不，您不可能犯这样不合逻辑的错误，您是从特洛阿封丹神甫的研究中拣来的，至少，我还与黑格尔有相同之处，而您没读过我也没读过他的

---

① 16世纪西班牙神学家莫里诺斯的神秘理论，认为基督教的完善表现为一种持续的寂静以及与上帝结合的状态，而灵魂对于活动甚至对自身的得救都漠然置之。

② 属于厄瓜多尔的一个群岛，岛上多巨型蜥蜴（鬣蜥）。此处似有讽为“世外桃源“之意。

③ 我没有什么可为马克思的思想辩护的，但是请允许我对您说，您声称令马克思陷于其中的两难处境（或者他的“预言”是真的，或者马克思主义只不过是一种手段，并未触及马克思主义的全部哲学和我（并非马克思主义者）所认为的它的深刻真理。

东西。但您不去追本溯源的习气真是根深蒂固。不过，您知道得很清楚，一种限制只能加于世界的实在的力量之上，人们限制一种物体的物理作用是通过作用于限定该作用的因素之一来实现的。而自由不是一种力量，这不是我想如此，而是这个词本身的定义。它是或者不是，如果它是，它就不受因果关系的制约，它属于另一个领域。如果有人谈论伊壁鸠鲁的无限制的 clinaman[①]您不感到可笑吗？自这位哲学家始，决定论的观念，由此而来的自由观变得有些复杂了；但是思想出现了分裂、脱节和中断。我不敢劝您参考一下《存在和虚无》，读这本书对您来说无用而艰难，您痛恨思想的艰深，您匆匆宣布没什么可理解的，以便事先逃避人家指责您没有读懂。我恰恰需要解释的是这种分裂的条件。如果您花几分钟思考一下别人的思想，您就会看自由是不能被限制的，因为它没有轮子。它既无爪子，也无颌可放嚼子，由于它决定于自身的行动，它的限制存在于这种行动的肯定的、必然是完成了的性质之中。我们都介入了，必须进行选择；计划给我们启发，在境况中获得意义，但同时它也不过是某种境况，亦即理解境况的方式。我们的计划就是我们自己，在它的照耀下，我们与世界的关系明确了，向我们反射出事物的敌对和我们自己的结局的目的和工具也就显现出来了。这一点说过了，随您把这种唯一能够建立您自己的要求的自由称为“无限制的自由”好了，加缪（因为，如果人不是自由的，他怎么能够“要求有一种意义”？只是您不喜欢想到这一点而已）。但是，如果您说没有食道的自由或者您说没有盐酸的自由，也并没有更多的含义，只是表明了您像许多人一样，混淆

① 拉丁文：欲望。

了政治和哲学。没有限制，当然啦。没有警察，没有法官。如果人们让饮用含有酒精的饮料而未规定界限，醉汉的有德行的妻子将会如何呢？但是，1789 年的思想比您的思想更明确，一种权利（就是说一种自由）的界限，就是另一种权利（也就是说仍是自由），而不是我不知道的什么“人性”，因为“性”不管它是不是“人”的——可以消灭一个人，但不能活生生地使一个人处于物的状态；如果人是物，那是对另一个人而言的。正是这两个我也认为是难以理解的思想，即人是自由的，人是人因之而成为物的存在，确定了我们现在的状况，使我们得以理解压迫。您以为——根据谁的信仰？——我先给我们同类一种天堂里的自由，然后又将他们推入牢狱；我距此甚远，以至于我在周围只看见已被奴役的自由，它正试图从固有的奴役中解脱出来。今天，我们的自由仅仅是自由选择为了自由而斗争。这种说法的奇特面貌只是表现了我们历史的命运的奇特。您看，问题不在于将我们同时代人关进牢笼，他们已在其中了；相反，是要我们与他们相结合，砸碎铁栏。因为我们也一样，加缪，我们也处于牢笼之中，如果您真的想阻止一场人民运动蜕变为暴政的话，不要以不可挽回的判决和退入荒野的威胁为开始，何况您的荒野从来只是我们这个牢笼中较少有人去的一部分而已。为了配得上对斗争着的人们施加影响的权利，首先应该参加他们的战斗；如果想试图改变一些东西，首先应该接受许多东西。“历史”所提供的景况很少有比我们的景况更令人绝望的，正是这一点使预言情有可原。如果一个人在目前的斗争中只知道看见两个同样卑劣的怪物的愚蠢决斗，我认为这个人已经离开了我们，因为他一个人躲在角落里赌气；我远不觉得他像一名仲裁人那样高踞于他所背离的时代之上，而是看到他完全受制于时代，遇到了一种非常历史性的怨恨在他身上引起的拒绝。您可怜我良心不宁，这并非如此，但当我完全为羞耻所败坏的时候，我将感到不像您那样精神错乱而比你还不受约束，因为要保持良心平静，您需要谴责；应该有一个罪人，如果不是您，那就是宇宙。您宣读了您的判词，而世界一声不响；但一旦涉及它，您的判词即化为乌有，总是要重新开始。如果您停下来了，您可以看见您自己；您是注定要谴责的，西绪福斯。

对我们来说，您曾经是——明天您仍可能是——人格、行动和作品的令人钦佩的结合。那是在 1945 年，人们发现了加缪，抵抗分子，如同人们发现了加缪，《局外人》的作者一样。当人们让地下《战斗报》的编辑贴近那个正直到拒绝说他爱母亲、爱情妇，而被我们的社会处以死刑的默尔索的时候，特别是当人们知道您既非前者亦非后者，这个表面的矛盾使我们加深了对自己和对世界的认同的时候，您几乎是一个榜样。因为您在您身上概括了时代的冲突，您通过热烈地经历这些冲突而战胜了它们。您是一个人物，最为复杂，最为丰富，最后一位，也是来得最为及时的夏多布里昂的继承人，一种社会事业的最坚定的捍卫者。您具有所有的运气和所有的优点，因为您将关于伟大的感情结合于对美的热烈爱好，将生之欢乐结合于对死亡的感觉。战前，面对着您称之为荒诞的辛酸的经验，您就选择了通过蔑视来自卫；但是您同意“任何否定都包含着肯定的繁荣”，您愿在拒绝的深处发现赞同，“完成爱情和反抗的协调”，“据您看，人只有幸福才完全是他自己”。什么是幸福如果不是一个人和他所过的生活的完全协调？什么更正当的协调能把人和生命结为一体，如果不是对继续下去的希望和必死的命运的双重意识？幸福既不全是一种状态，也不全是一种行动，而是死的力量和生的力量之间、接受和拒绝之间的那种紧张局面，人据此确定了现时——也就是说，同时是此刻和永恒——和成为他自己。这样，当您描写了一种实现了人与自然之间暂时的协调，自卢梭至布勒东[①]向我们的文学提供其主题之一的特殊时刻的时候，您能够引给人一种全新的道德色彩。幸福，就是从事人的营生，您为我们发现了“幸福之责任”。这种责任与人是世界上唯一具有意义的存在，“因为只有他才要求有意义”，这一断言融为一体。对于幸福的经验，类似巴塔伊[②]的痛苦，但更复杂，更丰富，使您挺身面对一个不存在的上帝，如同一种指责，也如同一种挑战：“人应该肯定正义以反对永恒的非正义，应该创造幸福以抗议不幸的世界。”不幸的世界不是社会的，至少不首先是社会的；人在其中是局外人，注定要死的是冷漠而空虚的自然；一句话，是“神明的永恒沉默”。这样，您的经验把暂时和永恒紧紧地连在一起了。您意识到您是要消失的，所以您要只与“应该腐朽的”真理打交道。您的身体就是其中之一。您拒绝灵魂和思想的骗局。但是，用您自己的话说，既然非正义是永恒的，这就是说，既然在历史的变动中上帝的不在是经常的，那么，向这位永远沉默的上帝要求有一种意义（就是说要求给予自己这种意义）的人类之间的直接、总是重新开始的关系，本身就是超越历史的了。人借以实现自己的紧张局面——这同时也是人的直觉的快乐——因此是一种真正的转变，它使人摆脱日常的“骚动”和“历史性”，以便使他最后与他的命相一致。不能

① 布勒东（Andre Breton，1896—1966），法国作家、超现实主义者。
② 巴塔伊（Ceorges Bataille，1817—1962），法国作家。

走得更远了，在这种暂时的悲剧中不能有任何进步。马拉美[①]在他还是个未定型的荒诞派的时候已经这样写道："(悲剧)立刻结束，只有表现出迅如闪电的失败的工夫。"我觉得他事先给予了您戏剧的钥匙，他写道："主人公把创造了他并在舞台上复原的(母性的)赞歌从隐藏着它的神秘中解放出来。"总之，您遵着我们伟大的古典传统，从笛卡儿开始，除去帕斯卡尔，这个传统就一直是完全敌视历史的。但是，您在美感的享受、愿望、幸福和英雄主义之间，在充实的观照和责任之间，在纪德[②]式的充实和波莱德尔[③]式的不满足之间进行了综合。您用一种严峻的道德主义完成了梅纳尔克[④]的非道德主义，但内容没有变："这世界上只有一种幸福。紧抱着一个女人的肉体，这也是紧抱着那种朝着大海从天而降的奇特的快乐。刚才，当我痛饮苦艾酒以便其香味进入我的身体时，我可能以为打破了一切成见，实现了一个真理，它是太阳的，也将是我的死的真理。"由于这个真理是一切人的真理，由于它的极端的特殊性正好造成了它的普遍性，由于您打碎了纳塔那埃尔[⑤]在其中追求上帝的那个纯粹现时的外壳，并把它向"世界的深处"也就是说向死亡打开，您也就在这阴暗的、孤独的快乐的尽头发现了一种伦理的普遍性和人类的友爱。纳塔那埃尔不再是一个人了；这对生活的爱，比死还强的爱，他"清醒地、骄傲地与种族分享"，当然，一切都以不幸告终：世界吞没了不可调

① 马拉美(StéphaneMallarme，1842—1899)，法国著名诗人，象征派代表。
② 纪德(André Gide，1869—1951)，法国著名作家。
③ 波德莱尔(Charles Baudelaire，1821—1867)，法国著名诗人和评家。
④ 纪德的小说《地粮》中的人物，非道德论者。
⑤ 《地粮》中的主人公。

和的放任。而您喜欢引用《奥伯尔曼》[①]的这段话："让我们抵抗着死去，如果留给我们的是虚无，那我们不要使之成为正义。"

因此，不要否认，您不是因为受了历史的苦，在恐怖中发现了它的面目才拒绝历史的；您在一切经验之前就拒绝了它，因为我们的文化拒绝它，因为您把人类的价值置于人"反对上天"的斗争之中。您选择了自己，创造了自己，如您思考着不幸和不安一样，这不幸和不安是您个人的遭遇，而您给予的解决办法是一种苦涩的智慧，它竭力否认时间。

但是，战争来了，您毫无保留地投身于抵抗运动；您进行了严峻的斗争，没有光荣，没有炫耀，危险也不那么激动人心，甚至更糟，还冒着失去尊严和价值的风险。这种总是艰难的，常常是孤独的努力势必要表现为一种责任。对您来说，您与历史的第一次接触具有牺牲的一面。何况您也这样写过，您说过您斗争"为的是那种将牺牲和神秘分开的色彩"。请听明白，如果我说"您与历史的第一次接触"，这并非意味着我有另一种接触，而这种接触比您的好。我们这些知识分子，当时只有这种接触；而如果我说"您的"，那是说您比我们当中许多人（和比我）更深刻更全面地经历过，这并不妨碍这种斗争的环境使您坚信有时应该向历史纳贡，以便日后有权利回到真正的责任上去。您指责德国人把您从您反对上天的斗争中拉出来，迫使您参与人类的暂时的斗争："多少年来，你们试图让我进入历史……"还说："你们做了应该做的事，我们进入了历史。五年中，没有可能享受鸟儿的鸣叫。"历史，那时是战争；对

---

① 法国作家塞南古（Etienne de Senancour，1770—1864）的著名自传体小说（Obermann，1804）。

您来说，那是别人的疯狂。它不创造，它破坏：它使草不能生长，鸟不能歌唱，人不能恋爱。的确，外部环境似乎证实了您的观点，您在和平中进行着一场针对我们命运之不公的永恒斗争，而据您看，纳粹就是站在不公一面的，他们是宇宙间盲目力量的同党，试图毁灭人类。如您所写，您“为拯救人的概念”[①]战斗过。总之，您没有想过要“创造历史”，像马克思说的那样，您想的是阻止它形成。证据是，战后，您打算恢复原状：“我们的命运（仍是）令人绝望的。”盟国的胜利在您看来“是获得了两三种色彩，除了或许帮助我们中的几个人更好地死去，别无他用”。在历史中生活了五年之后，您想可以回到（所有的人都跟您一起）人们应从中争取幸福的绝望中去，通过再度投入人为反对“其令人愤慨的命运的绝望斗争”来“证明人不应经受这样多的不公”。（在谁看来？）我们那时多么爱您。我们也是历史的新参加者，我们怀着次恶的心情经历了它，并不明白1940年的战争正好和过去的岁月一样，是历史性的一种方式而已。我们在您身上用了马尔罗[②]的一句话：“让胜利归于进行了战争而不爱它的人们。”我们重复这句话时，对自己也产生了一些柔情；那时节，我们受到了威胁，像您一样，威胁也落在您身上，但我们并未意识到。常常是文化在其消失之际产生出最丰富的作品，这些作品来源于旧价值和新价值的必亡的结合，后者使前者受孕而后杀之。在您试图进行的综合中，幸福和赞同来自我们古老的人道主义；但是反抗和绝望是外来之物，它们来自陌生人怀着仇恨观望着我们欢庆精神节日的外界。

---

① 引自《给一位德国友人的信》。
② 马尔罗（Andre Malraux，1901—1976），法国著名作家、批评家。

您借用了他们的这种眼光来估我们的文化遗产，是他们的赤裸裸存在使我们平静的享乐成了问题。当然，对命运的挑战，对荒诞的反抗，这一切都来自您，通过您；但是，三四十年前，人们会将这些不驯之举置之不顾，您也可能成为唯美派或教会一流。您的反抗所以重要，仅仅是因为您受到了这个默默无闻的群众的激动，您几乎没有时间使您的反抗步入歧途，而您对上天的反抗本来是要迷失在天上的。您表现出来的道德要求不过是出现在您周围并被您截获的实在的要求的理想化而已。您实现的平衡只能出现一次，一时，在一个人身上；您有个运气，反对德国人的共同斗争在您和我们的眼中象征着全人类反对非人的厄运的团结。德国人选择了不公，就自己置身于自然的盲目力量之中；而您能够在《鼠疫》中让细菌代表德国人，人人都意识到了这种神秘化。总之，您在几年中曾经可以被人称为阶级友爱的象征和标志。这也是抵抗运动所表现的东西，是您在您的早期作品中表达的东西："人重新发现了他们的友爱，以展开反对其令人愤慨的命运的斗争。"

这样，环境的帮助，一种在某些时候使一个人体现了一种真理的罕见的协调，使您看不到人对自然的斗争同时是另一种斗争，为此付出了代价。我想象得到您比许多人都更接近过某种死亡的原因和结果，这种斗争同样古老，同样冷酷：这就是人对人的斗争。

某种匮乏，我想您该是尝到过真正的贫穷，如果不是苦难的话。您反抗死亡，但是，在环绕城市的充满暴力的地带中，其他人起而反对提高死亡率的社会条件。一个孩子死了，您谴责世界的荒诞和那个又聋又瞎的上帝，这个上帝，您是为了能够唾他而创造的；但是孩子的父亲如果是失业者或非技术工人，他就会对人进行谴责，因为他知道我们命运的荒诞在帕西和比扬古[①]是不一样的。总之是人们几乎对他掩盖了细菌：在贫民区，儿童的死亡要比富人区多出两倍，既然另一种收入分配可能会救活他们[②]，穷人中的死亡的一半就仿佛是受了极刑，而细菌不过是刽子手罢了。您想在您身上，通过您自己，用一种道德的紧张实现所有人的幸福；我们开始发现的阴沉沉的群众却要求我们放弃幸福，以便让他少痛苦一些。一下子，德国人不算什么了，有人甚至可能说，他们从来就没算过什么；我们曾以为抵抗的方式只有一种，有人却发现看待抵抗运动有两种方式。当您对我们来说还是刚刚过去的那个时代的代表，甚至可能是近期未来时代的代表的时候，您对一千万法国人来说就已经成为一个享有特权的人了，他们在您的理想的反抗中认不出自己过于实在的愤怒。那死亡，那生命，那土地，那反抗，那上帝，那是与否，那爱情，有人对您说："那是王子的游戏。"[③]另一些人甚至竟说："马戏团的把戏。"您写过："只有一种东西比痛苦还悲惨，那是幸福的人的生活。"还有："绝望中的某种持续性可以产生快乐。"还有："世界的这种光辉，我不能肯定它没有证明那些人有道理，他们知道贫穷的极点总是连接着世界的奢华和丰富。"[④]当然，我跟您一样，也是个享有特权的人，我懂得您想说什么，我认为您为此付出了代价。我想象得到您比许多人都更接近过某种死亡和某种匮乏，我想您该是尝到过真正的贫穷，如果不是苦难的话。您笔下的这些话没有莫里亚克先生或德·蒙泰朗先生书中同样

---

① 巴黎的两个区，前者为富人区，后者为贫民区。
② 这不全对。某些人无论如何是要完的。——作者注
③ 可以理解为：建筑在别人痛苦之上的快乐。
④ 三段引文出自《婚礼集》。——作者注

的话所表达的意思；而且，当您写出来的时候，它们像是自然的。然而，最根本的是，今天它们已经不像了，因为人们知道，需要的如果不是舒适，起码也得是文化这种不可估量的、不公正的财富，方能在穷困的深处发现奢华。人们认为，是您的生活环境，甚至是最痛苦的环境，挑选出您来证明个人的解放是人人都能得到的；而人人心中占上风的思想，即威胁和仇恨的思想，却只有几个人才可能有。仇恨的思想，我们又能如何呢？它噬咬着一切；拿您自己来说，您甚至不愿仇恨德国人，但是您的书中有对上帝的仇恨，可以说您不是无神论者，而是反有神论者。一个被压迫者自认所能有的一切价值，他都放进了他对别人的仇恨之中。他对同志的友情通过他对敌人的仇恨表现出来，您的书和您的榜样对他一无用处，您教给人的是一种生活的艺术，一种“生活的学问”，您教我们重新发现我们的身体，而他的身体，当他晚上重新发现它时——整个白天他的身体被人偷走，它仅仅是一种困扰着他、羞辱着他的大灾难了。这个人是由其他人造就的，他的头号敌人是人，如果他在工厂和工地重新发现的奇怪的本质使他还想到人的话，那么这人是那些把他变成服苦役者的人。

您还有什么要干的？部分地改变您自己，以保留某些您所忠于的东西，同时满足被压迫群众的要求。如果他们的代表没有出于习惯侮辱您，您也可能会这样做了。在您身上发生的逐渐转变戛然而止，您通过一种新的挑战，顽固地在所有的人面前表现出人类面对死亡和阶级友爱的团结，而阶级已经在您的眼前重新展开了斗争。这样，曾经一度是典范的现实的东西变成了一种理想的完全无用的证明，尤其是这种骗人的友爱已经变成了您心中的斗争。您怪罪历史，而不去解释历史的进程，只在其中看到了又一种荒诞。实际上，您只是又采取了您最初的态度。您从马尔罗、卡鲁日，还有其他许多人那里借用了什么“人的神化”的思想；您在谴责人类的同时，同他一起挺身而出，却又离开他的行列，像最后一个阿班色那瑞人[①]一样。只要有事件供给养料，您的人格就是真实的，活生生的，现在它正变成幻影；1944 年，它那时代表未来，1952 年，它已成了过去，而在您看来最令人愤慨的不公，就是这一切来自外部，而您丝毫未变。您觉得世界提供的财富与过去一样，是人们不再愿意看到了；那好，您试试伸出手吧，您将看到是不是一切都化为乌有，甚至自然都改变了意义，因为人同它的关系变了。您剩下的是回忆和一种越来越抽象的语言，您只有一半生活在我们中间，您试图完全离开我们，躲进某种孤独中去，您在其中能够新发现悲剧，它应该是人类的，而不再是您的了，也就是说，您不过要躲进一个低于技术文明的社会中去。在这一点上，您的遭遇是完全不公正的；但从另一点上说，这又是纯粹的公正；如果您愿意是您自己，那就该变化，但您害怕变化。如果您觉得我冷酷，请不要害怕；我很快就要说到我，而且用同一种口吻。您徒然地试图伤害我，但请相信，我将留心为这一切付出代价。您令人完全不能忍受，但是环境使然，您毕竟还是我的“邻人”。

像您一样，我已被卷入历史，但我看待它的方式与您不同。我不怀疑，对于那些从地狱中看它的人来说，它有一副荒诞而可怕的样子，因为他们与创造它的人已无任何共同之处了。如果它是一种蚂蚁和蜜蜂的历史，我肯定我们将把它看作是一连串滑稽可笑、阴森可怖的大罪、讥

---

① 夏多布里昂著有《最后一个阿班色那瑞人历险记》。

讽和谋杀；但如果我们是蚂蚁的话，我们也许会有另一种看法。我在重读您的《给一位德国友人的信》之前，不理解您何以为“或者历史有一种意义或者它没有……”而进退维谷；但是，当我发现了您对一个纳粹士兵说的“多年来，你们就试图让我进入历史”这句话，一切就都清楚了。“当然啰，”我心里说，“既然他认为置身局外，他在进入之前提出条件，那是正常的。”完全像一个小姑娘用大脚趾试着水说：“水热吗？”您以不相信的目光看着历史，您伸进一个手指，很快就抽回来，问道：“它有一种意义吗？”1941年，您没有犹豫，那是人们要求您做出牺牲。问题只不过是要阻止希特勒疯狂破坏一个对某些人来说孤独的兴奋在其中尚有可能的世界，您同意为您未来的兴奋付出代价。今天，情况不同了。问题不再是维持现状了，而是要改变现状；您要有最明确的保证才能接受。如果我认为历史是一个满是泥和血的游泳池，我想我会像您一样，我在进入之前要看两遍；但请设想我已在其中，您的赌气本身就是历史性的证明。请设想人们像马克思那样回答您：“历史什么也不创造——是人，真实的、活的人创造一切；历史不过是追求着自身目的的人的活动而已。”如果这是真的，那么，自认远离历史的人就不再与他的同时代人有同样的目的了，而仅仅感到人类骚动的荒诞性。如果他攻击这人类的骚动，他就从此处违反自己心愿地进入历史的循环，因为他并非有意地向意识形态上处于守势的（即其文化奄奄待毙的）一方提供了使另一方气馁的证据。相反，与具体的人具有同样目的的人，将必须选择朋友，因为在一个被内战撕碎的社会中，一个人不能同时接受所有人的目的，也不能同时拒绝所有人的目的；但他一经选择，一切就有了意义，他知道敌人为什么抵抗，自己为什么战斗。人们是在历史的行动中理解历史的。历史有一种意义吗？您问，历史有一种目的吗？对我来说，这个问题是没有意义的，因为离开了创造它的人之外，历史只是一个抽象的、僵死的观念，不能说它有目的或没有目的。问题不在于认识它的目的，而在于给予它一种目的。说到底，没有人只为历史而行动。事实上，人们投入的是一种短期的计划，而照耀它的却是遥远的希望。这些计划毫无荒诞之处：这里，突尼斯人奋起而反对殖民者；那里，矿工们举行罢工或支持罢工。人们不会讨论是否有超越历史的价值，人们只是注意到，如果有的话，这些价值是通过人的活动表现的，而人的活动之最根本特点就是其历史性。对人来说，这个矛盾是基本的：他为了追求永恒而使自己成为历史的，却在目的为一种特殊结果的具体行动中发现了普遍的价值。如果您说这世界是不公正的，那您就输了，因为您在比较一个没有正义的世界和一个没有内容的正义的时候就已经置身局外了；但是，您将在您为完成您的事业，为使您的同志们分承负担、为使您听从于纪律或执行纪律而做出的每个努力中，发现正义。而马克思从未说过历史有一个目的，它怎么能有呢？正如说有朝一日人没有了目标。他只是谈论过史前时期的目的，即是说一种历史内部可实现的目标，像其他目标一样可以超过的目标。问题不在于知道历史有无意义和我们是否肯进入历史，而是当我们全身都在其中的时候，试图给它一种我们认为最好的意义，同时不绝地给予任何必要的具体行动以帮助，不管我们的帮助多么微薄。

恐怖是一种抽象的暴力。您抛弃了历史，而当历史抛弃了您的时候，您就变得恐怖和粗暴，也就是您只不过成了反抗者的抽象了。您对人的怀疑使您推定任何被告都首先是个罪人，从中产生了您对待尚松的警察般的方式。您的道德首先是变成了道德主义，今天它只不过是空话，明天则可能变为不道德。我们要变成什么，我倒不知道，也许我们会站在同一个阵营中，也许不。时代是冷的，混乱的；但无论如何，我能够对您说出我之所想，这总是好的。杂志对您是开放的，如果您愿意回答我的话，但是我，我不再答复您了。我说了您对我曾经是什么，您对我现在是什么，但无论您能够对我说什么和做什么，我拒绝反驳您。我希望我们的沉默将使人忘却这次论战。

阿尔贝·加缪

1913—1960

加缪的随笔大致可分为两类，一类近乎时评政论，一类乃为抒情散文；后者多是见景生情，由情入理，或者反其道而行，出理入情，因情见景，这里可以比诸叶燮所谓“足以穷尽万有之变态”的“理、事、情”了。尤有妙者，叶燮谓“总而持之，条而贯之者，日气”，而“三者藉气而行者也。得是三者，而气鼓行于其回，氤氲磅礴，随其自然”。加缪的文章不乏是气，表现为对人与万有之关系的深切的忧虑，由忧虑而生出急迫的思考，从思考进而为尖锐的批判，批判中洋溢着热烈的追求。其文厚重质实，间有逸气，形象丰富，时见隽语，故明晰而不轻浮，简练而不枯涩，含蓄而不晦涩，极富感染力、

加缪于 1957 年获诺贝尔文学奖，评语是“因他的重要文学作品透彻认真地阐明了当代人的良心所面临的问题”。

蒂巴萨的婚礼

春天，蒂巴萨住满了神祇，它们说着话儿，在阳光和苦艾的气味中，在披挂着银甲的大海上，在深蓝色的天空中，在铺满了鲜花的废墟上，在沸滚于乱石堆里的光亮中。在某个时辰，田野被太阳照得黑乎乎一片。眼睛什么也看不见，只能抓住在睫毛边上颤动的一滴滴光亮和色彩。芳香植物浓郁的气味直刺嗓子眼儿，在酷热中让人透不过气来。极远处，我只能勉强看见舍努阿山那黑黑的一团，这山的根在环绕村庄的群山里，它平稳而沉重地摇晃着，跑去蹲在大海里。

我们穿过村庄，这村庄已经开向海滩了。我们进入一个黄色和蓝色的世界，迎接我们的是阿尔及利亚夏天的土地的芬芳而辛辣的气息。到处可见，玫瑰花越出别墅的墙外；花园里，木槿还只有淡淡的红色，而一片繁茂的花，其茶红色却奶油一般浓，还有一片长长的蓝色鸢尾花，其边缘弯得极为精巧。石头都是热的。我们走下金黄色的公共汽车时，肉店老板们正坐着红色的车子进行早晨的巡回，他们吹响喇叭呼唤着居民。

港口左侧，有一条干燥的石头小路，穿过一片乳香黄连木和染料木，通向废墟。道路从一座小塔灯前经过，然后深入田野。灯塔脚下，已经有开着紫色、黄色和红色的花的肥大植物爬向海边的岩石，大海正吮吸着，发出阵阵亲吻似的响声。我们站立在微风中，头上的太阳只晒热了我们的脸颊的一面，我们望着光明从天上下来，大海没有一丝皱纹，它那明亮的牙齿绽出微笑。进入废墟王国之前，这是我们最后一次做旁观者。

走了几步，苦艾的气味就呛得我们喉咙难受。它那灰色的绒毛盖满了无际的废墟。它的精华在热气中蒸腾，从地上到天上弥漫着一片慷慨的酒气，天都为之摇晃了。我们迎着爱情和欲望走去。我们不寻求什么教训，也不寻求人们向伟人所要求的那种苦涩的哲学。阳光之外，亲吻之外，原野的香气之外，一切对我们来说都微不足道。对于我，我不想一个人独自来到这里。我经常和我喜欢的那些人一起来，我在他们脸上看到了明媚的微笑，那是充满爱的脸呈现出的微笑。这里，我把秩序和节制留给别人去说。这是自然的大放纵，这是大海的大放纵，我整个儿地被抓住了。在这废墟与春天的结合中，废墟又变成了石头，失去了人强加于它的光滑，重新回到自然之中。为了这些回头浪子，自然毫不吝惜鲜花。在广场的石板中间，天芥菜长出了它那白色的圆脑袋，红色的天竺葵把它的血洒在昔日的房屋、庙宇和公共广场上。如同许多的知识将一些人引向上帝，许多的岁月将废墟又带回母亲的家园。今天，它们的过去终于离去，什么也不能使它们与这种深厚的力量分开，这力量把它们引向尘世间的事物的中心。

多少时间在碾碎苦艾，抚摩废墟，试图让我的呼吸与世界骚动的叹息在相配合之中过去了！我深深地沉入原野的气味和催人入睡的昆虫合唱之中，对着这充满着热的天空那不堪承受的雄伟睁开了双眼。成为自己，找到深藏的能力，这并不那么容易；然而，望着舍努阿山那结实的脊梁，我的心平静了，洋溢着一种奇异的信心。我学会了呼吸，我融合了我自己，我完成了我自己。我攀登过一座又一座山丘，每一座都给了我奖赏，如同那座庙宇，其圆柱度量着太阳的行程，人们从那里可以看见整个村庄，它的白色、粉红色的墙，它的绿色的阳台。也如同东山上那座大教堂，它还保留着墙，其周围很大范围内摆着出土的石棺，大部分刚刚被发掘出来。它们曾经收容过死者，现在则长出了鼠尾草和野萝卜。圣萨尔萨教堂是基督教的教堂，然而每一次从窗洞望出去，我们看见的都是世界的旋律：长满松柏的山丘，或是滚动着一群二十米长的白犬的大海。背负着圣萨尔萨教堂的山丘顶部平坦，风通过柱廊吹得更为畅快。在早晨的太阳下，空中摇荡着一种巨大的幸福。

需要神话的人们是很可怜的。在这里，神祇充当着岁月流逝的河床或参照物。我描绘，然后我说："这是红色，这是蓝色，这是绿色；这是大海，这是高山，这是鲜花。"我无须提到狄俄尼索斯①就可以说我喜欢把鼻子紧贴着乳香黄连木的花球。我还可以无拘无束地想到那首献给得墨忒耳②的古老颂歌："世上活着的人中看见这些事情的人是幸福的。"看见，而且在世上看见，这教训怎能忘记？对于厄琉西斯③的神秘，只消沉思就够了。就在这里，我知道我接近世界永远是不够的。我应该精赤条条，然后带着大地之精华的香气投入大海，在后者之中洗刷前者的精华，在我的皮肤上牢牢地系上一条纽带，为了这纽带，大地和大海嘴对嘴地

① 希腊神话中的酒神。
② 希腊神话中丰产和农业女神，司谷物成熟。
③ 希腊神话中的英雄。

呼吸了那么久。进入水中，先是一阵寒战，然后是一种又凉又浑的胶上升，然后是两耳嗡嗡作响，流鼻涕，嘴里发苦——这是游泳，两臂出了海像添了一层水，再在太阳底下晒，每一块肌肉都在扭曲中磨炼；水在我身上流，我的腿在一片骚动中占有了波浪——天际消失了。上了岸，跌进沙滩，委身于世界，重新回到我的血肉的重力之中，太阳晒得我昏头昏脑，我渐渐看见胳膊上水流了下去，干了的皮肤露出金黄色的汗毛和沙砾。

我在这里明白了什么是光荣，那就是无节制地爱的权利。在这个世界上只有一种爱情。抱紧一个女人的躯体，这也是把从天空降下大海的那种奇特的快乐留在自己身上。刚才，当我想扑向一丛苦艾，让它的芬芳进入我的身体时，我应该不顾一切偏见地意识到，我正在完成一桩真理，这既是太阳的真理，也是我的死亡的真理。从某种意义上说，我在这里玩耍的，正是我的生命，这生命散发着火热的石头的气味，充满了大海和刚刚开始鸣叫的蝉叹息。微风是清凉的，天空是蔚蓝的。我无保留地爱这生命，愿意自由地谈论它，因为它使我对我作为人的处境感到骄傲。然而，人们常常对我说：没有什么可骄傲的。不，确有可以骄傲的东西：这阳光，这大海，我的洋溢着青春的心，我的满是盐味儿的身体，还有那温情和光荣在黄色和蓝色中相会的广阔的背景。我必须运用我的力量和才能来获取的正是这一切。这里的一切都使我完整无损，我什么也不抛弃，我任何假面也不戴，我只需耐心地学习那困难的生活本领，这抵得上所有那些生活艺术。

快到中午了，我们穿过废墟回到港口边上的一家小咖啡馆。阳光和色彩的铙钹在我们的脑袋里轰响，好凉快啊，那阴影幢幢的大厅，那绿色的、冰镇的大杯薄荷茶！外面，是大海和飞扬着尘土的公路。我坐在桌前，试图在闪动睫毛间捉住热得发白的天空那炫目的五颜六色。我们的脸上满是汗水，轻薄的衣裳下面的身体却是凉爽的，我们都炫耀着与世界进行了一天的婚宴所感到的幸福的疲倦。

在这咖啡馆里吃得不好，然而有大量的水果，尤其是桃子，我们一口咬下去，果汁顺着腮往下流。当我的牙咬住了桃子的时候，我听见了我的血汩汩地涌上耳朵，我全神贯注地看着。海上，是中午的无边的寂静。任何美的东西都为自己的美感到骄傲，今天的世界让它的骄傲在各个方面流露出来。在它面前，我为什么要否认生之快乐呢，如果我知道不能把一切都包容在生之快乐中，幸福并没有什么可以让人感到羞耻的。然而今日蠢人为王，我把那些怯于享受的人称为蠢人。关于骄傲，人们对我们说了那么多：你们知道，骄傲是撒旦的罪孽。他们喊道：小心，你们会迷路的，会失去你们的力量的。事实上，我是从此才知道某种骄傲的……其他时候，我总是禁不住要求整个世界都在设法给予我这种生之骄傲。在蒂巴萨，我看到的和我相信的完全一致，我绝不固执地否认我的手能触摸、我的唇能够亲吻的东西。我没有感到需要将其制成一件艺术品，但我感到需要讲一讲，这是不一样的。在我看来，蒂巴萨就像那些人物，人们描绘他们是为了间接地表明一种对于世界的看法。它像他们一样地作证，并且是强有力地作证。它今天成了我的人物，在抚爱它、描绘它的时候，我的陶醉好像变得无穷无尽了。有生活的时间，也有为生活作证的时间；同时也有创造的时间，这就不那么自然了。对我来说，用我全部的身体生活，用我全部的心作证，这就足够了。首先是体验蒂巴萨，然后自然会有作证和艺术品。这里有一种自由。

我在蒂巴萨的停留从未超过一天。看风景不可看得过久，时间长了就会觉得看够了。高山、天空、大海，就像人的面孔，有时看到的是一片荒芜，有时则是一片辉煌，这取决于是盯着看还是一眼就看见。所以，任何面孔，要想富于内涵，都必须历经某种更新。人们常常抱怨很快就感到厌倦，而这时恰恰应该赞赏世界，因为曾经被遗忘过而显得常见常新。

傍晚，我进入位于国家公路旁的公园，那里花木井然，更见秩序。我走出混乱的芳香和阳光，在因夜晚而凉爽的空气中，精神平静下来，松弛的躯体品味着因爱情得到满足而产生的内心寂静。我在一张椅子上坐下。我看着田野渐渐地变圆。我心满意足。头上，一棵石榴树垂下花蕾，还没有张开，满布着棱纹，仿佛一只只握起的小拳头，其中包容着春天的一切希望。身后是一丛丛迷迭香，我只闻见了一阵酒香。山丘嵌在树间，再远些，大海如带，上面是一角天空，仿佛抛锚的帆船，安详而温柔。我的心中涌起一种奇特的快乐，就是那种产生于良心安宁的快乐。演员都体验过一种感情，那是当他们意识到演好了一个角色的时候，更确切地说，他们使自己的姿态和所演人物的姿态互相吻合，以某种方式进入一种事先谋划好的意图之中，而且又一下子使之与自己的心一起跳动。我感觉到的正是这个：我演好了我的角色。我做了人应该做的事，虽然一整天都感到快乐这件事并不是一桩非凡的成功，但却是一种处境的充满了感情的完成，在某些场合中，这使得幸福成为我们的一种义务。于是，我们又感到了孤独，然而是在满足之中。

现在，树上站满了鸟雀。大地缓缓地叹息着，渐渐遁入黑暗。很快，黑夜将随同第一批星辰降临在世界的舞台上。白天的明亮的神祇们将返回每日一次的死亡之中；但又会有别的神祇出现，他们的脸色阴暗、憔悴，一定是出生于大地的心脏之中。

至少是现在，一阵阵波浪穿过颤动着金色花粉的空间扑到我的脚下，在沙滩上散开。大海、原野、寂静、土地的芬芳，我周身充满着香气四溢的生命，我咬住了世界的这枚金色的果子，心潮澎湃，感到它那甜而浓的汁液顺着嘴唇流淌。不，我不算什么，世界也不算什么，重要的仅仅是使我们之间产生爱情的那种和谐与寂静。我不想只为我一个人要求这爱情，我知道并且骄傲地与整个人类来分享；这人类生自太阳，生自大海，活跃而有味儿，它从纯朴中汲取伟大，它站在海滩上，向它的天空那明亮的微笑送去会心的微笑。

海伦的放逐

地中海有其太阳的悲剧性，它不是阴霾的悲剧性。某些晚上，在海上，在山脚下，在一个小海湾的完美的曲线上，夜降临了，从平静的水上升起了一种饱满的焦虑。在这些地方，人们可以理解，如果希腊人触到了绝望，那总是通过美和美所包含的使人感到抑郁的东西。在这种金黄色的不幸中，悲剧性达到了顶点。相反，我们的时代却在丑和痉挛中滋养着它的绝望。这就是为什么，如果痛苦可以是卑鄙的话，欧洲就是卑鄙的。

我们放逐了美，而希腊人为她拿起了武器。这是第一个区别，其来远矣。希腊的思想总是固守着界限这一观念。它什么都不推向极端，无论是神圣，还是理性，因为它什么都不否定，无论是神圣，还是理性。它考虑到整体，用光明平衡黑暗。相反，我们的欧洲投入了总体的征服，它是过度的女儿。它否定美，正如它否定一切它不赞扬的东西。尽管它以不同的方式仅仅赞扬一个东西，即理性的未来王国。它把永恒的界限拉回到它的疯狂之中，而眼下，阴郁的厄里倪厄斯[①]正向它扑来，撕裂着它。涅墨西斯这适度的女神，却警戒着，并不复仇。那些超过限度的人

① 希腊神话中的复仇三女神。

必因此而受到无情的惩罚。

希腊人就什么是正义探讨了几个世纪，根本不理解我们关于正义的观念。对他们来说，公正意味着一种界限，而我们整个大陆却狂热地追求一种所谓的全面的正义。在希腊思想的初期，赫拉克利特[①]就已经设想过正义给物质世界本身设置了种种界限。“太阳不会超越它的界限的，否则守护着正义的厄里倪厄斯就会发现。”我们偏离了宇宙和精神的轨道，嘲笑这种威胁。我们在一个陶醉的天空中任意地点燃太阳。但是，界限毕竟存在，而且我们也知道。在我们的极端的荒唐中，我们幻想着一种平衡，可是它已被我们置于脑后，我们天真地相信在我们的错误的尽头会再度找到它。真是幼稚的假定，而这解释了为什么一些不成熟的民族正引导着我们的历史，他们是我们的疯狂的继承者。

归于同一个赫拉克利特名下的一个残句只是说：“自负，进步的倒退。”许多个世纪之后，爱非齐人苏格拉底在死刑的威胁下只承认一件高于一切的事情，那就是他不知道的东西，他不以为他知道。在这些时代里，最可作为榜样的生活和思想是骄傲地承认无知。忘记了这一点，我们就忘记了我们的力量。我们更喜欢假装伟大的权势。先是亚历山大，接着是罗马征服者，我们的那些教科书的作者们以一种无与伦比的精神上的卑鄙教导我们去仰慕他们。现在轮到我们去征服了，我们移动了界限，控制了天和地。我们的理性造成了一片虚无。最后，我们终于在一片荒漠上建立起我们的王国。大自然平衡着历史、美和善，就是在血腥的悲剧中也带来和谐的音乐，在这种高级的平衡中我们能有什么

① 赫拉克利特（Heraclitus，约公元前540—480/470？），古希腊哲学家。

样的想象力呢？我们背弃了自然，我们为美感到羞耻。我们的可怜的悲剧带着一种办公室的气味，它流淌着的血带着油腻的墨水的颜色。

这就是为什么今天我们宣称是希腊的儿子是可耻的，或者应该说我们是逆子。当我们把历史置于上帝的座位上的时候，我们就走向了神权政治，希腊人往昔是把他们称作野蛮人的，与他们在撒拉曼海上[①]进行了殊死的战斗。如果想真正抓住我们之间的区别的话，应该求助于我们的一些哲学家，他们是柏拉图的真正的对手。黑格尔竟敢写道："只有现代城市能够提供给精神一块自己意识到自己的土地。"我们生活在一个大城市的时代里。世界被坚决地切除了使它永久存在的东西：自然，大海，山丘，傍晚的沉思。只有在街道上才有意识，因为在街道上才有故事，这就是法令。跟着它，我们的最有意味的作品证明了同样的偏见。人们在自陀思妥耶夫斯基以来的欧洲文学中找不到风景。故事解释不了先于它的自然界，也解释不了高于它的美。于是它就选择了无视自然界和美。柏拉图包容一切：荒谬、理性和神话，而我们的哲学家只有荒谬或理性，因为他们对剩下的一切闭上了眼睛。

基督教开始用灵魂的悲剧取代对于世界的沉思。但是，至少它还以精神性作为参照，通过这种参照，它还保持着某种凝视。上帝死了，只剩下历史和权力。很久以来，我们的哲学家的所有努力只想着如何用形势来取代人性的概念，用偶然性的混乱的冲动和理性的无情的运动来取代古老的和谐。希腊人为意志设立了理性的界限，而我们则为了结束意志的冲动在理性的中心设置边界，这种边界造成了大量的死亡。对于希

---

① 希腊人曾在撒拉曼海上大败波斯人。

腊人来说，价值先于我们的行动而存在，价值正标志着界限。现代哲学置价值于行动的终点。价值不是自在的，而是变成的，在历史完成的时候我们才能认识价值的全部。界限连同价值一起消失了，因为在价值是什么上面有着不同的观念，因为没有同样的价值的约束，斗争就无休无止，所以今日的救世主降临说就互相对抗，其喧哗建立在众王国的碰撞之中。赫拉克利特说，过度是一场大火。大火蔓延，尼采被超越。欧洲不再用榔头而是用大炮来讲理了。

然而，自然一直在那儿。它用平静的天空和澄明的理智对抗人类的疯狂。直到原子燃起了大火，历史在理性的胜利和人类的挣扎中完成。但是，希腊人从未说过界限不可被越过。他们说它存在，竟敢超越界限的人将受到无情的打击。在今日的历史中，没有什么能反驳他们。

历史精神和艺术家两者都想重塑世界。但是艺术家由于其本性的义务知道界限，而历史精神则不知道。这就是为什么后者止于暴政，而前者的激情则是自由。今天所有那些为自由而战的人们最终都是为了美而战。当然，保卫美并不是为了美本身。美离不开人，我们只有在我们的时代的不幸中跟随它才能给予它伟大和宁静。从此我们不再孤独。但是同样，人也不能离开美，而这正是我们的时代装作不知道的。它坚决地要达到绝对和建立王国，要在耗尽世界之前改变它的面貌，要在理解它之前安排它的顺序。不管它说的是什么，它把这个世界变成了一个沙漠。尤利西斯可以在卡吕普索①那里选择长生不老或者故乡的土地。他选择了土地，同时也选择了死亡。一种如此简单的伟大如今对我们已是陌生的

---

① 尤利西斯从特洛伊回国，长期漂泊之后登上俄古癸亚岛，卡吕普索即其女主人。

了。还有一些人会说我们缺乏谦卑。但是，无论如何，这个词是暧昧的。同陀思妥耶夫斯基笔下的小丑一样，他们夸耀一切，爬上星星，终于在一到公共场所的时候就暴露出他们的耻辱，我们只是缺乏人的骄傲，这个人忠于他的界限，这个人对于他的命运有一种明智的爱。

“我恨这个时代。”圣埃克絮佩里在他死之前写道，为了一些与我说到的理由距离不很远的理由。一个因人具有可赞之处而热爱人的人发出了这声喊叫，但是，无论这声喊叫多么震撼人心，它也不在我们的考虑之内。然而，在某些时候，远离这个沉闷的、干巴巴的世界是一种多大的诱惑啊！但是，这个时代是我们的时代，我们不能彼此仇恨地生活。它所以堕落到如此程度，仅仅是因为过分的美德，同样也因为重大的缺陷。我们将为其来源久远的美德之一而斗争？什么美德？帕特洛克罗斯[①]的战马为其在战场上死去的主人哭泣。一切都完了。但是，阿喀琉斯来了，战斗重又开始，胜利在即，因为友谊被谋杀了：友谊就是美德。

承认无知，拒绝狂热，世界和人的界限，被爱的脸庞，还有美，这就是我们和希腊人在一起的阵营。从某种意义上说，明天历史的意义并不是那个人们所相信的意义。它存在于创造和宗教裁判所之间的斗争中。不管空空如也的双手使艺术家付出什么样的代价，人们可以指望他们的胜利。黑夜的哲学将再一次消失在明亮的海上。南方的思想啊，特洛伊战争将在远离战场的地方展开！这一次，现代城市的可怕的城墙还要倒塌，解放海伦的美，“灵魂像平静的大海一样从容”。

1948 年

---

① 希腊神话中阿耳戈斯王的兄弟，战死在底比斯。

重返蒂巴萨

你怀着一颗愤怒的灵魂，离家远航，穿过海上的岩礁，定居在异国的土地上。

——《美狄亚》

五天来，阿尔及尔一直下雨，最后竟连大海也打湿了。下不完的大雨，厚得发黏，从仿佛永不干涸的天空的高处，朝着海湾扑下来。大海像一块灰色的、柔软的海绵，在迷茫的海湾里隆起。但是，在持续的雨中，水面看起来似乎并不动；只是远远地有一种不易察觉的、宽阔的鼓荡，在海上掀起一片朦胧的水汽，朝着被围在湿漉漉的林荫道之中的港口漫去。城市本身也升起一片水汽，掠过水淋淋的白墙，去和海上的水汽相会。人无论朝哪个方向，呼吸的似乎都是水，空气终于能喝了。

面对这被水汽团团裹住的大海，我走着、等着，这 12 月的阿尔及尔，对于我仍然是一座夏天的城市。我逃离了欧洲的黑夜，逃离人间的寒冬；然而这座夏天的城市也失去了笑声，只给我一些隆起的、发亮的脊背。晚上，我躲在亮得刺眼的咖啡馆里，从那些认得出却叫不出的人的脸上看出了我的年龄。我只知道他们跟我一起年轻过，而现在已不再年轻了。

然而我依旧固执地等着，也不大知道等什么，也许是重返蒂巴萨的时刻吧。当然，重返度过青年时代的地方，希望四十岁时重新体验爱过或二十岁时极大地享受过的东西，不啻是一种巨大的疯狂，而且几乎总要受到惩罚。不过我对这疯狂已有经验。我已经回过蒂巴萨，那是在战后不久，而那战争的年代，在我正标志着青年时代时结束。我想我那时是希望重获一种不能忘怀的自由。的确，在这个地方，二十年前，我常常整整一个上午都在废墟间徜徉，闻苦艾的气味，靠着石头取暖，寻找小小的玫瑰花，这些玫瑰谢得很快，只能活到春天。只是在正午，蝉也因不堪酷热而缄口，我才逃离吞噬一切的光明燃起的那一片贪婪的大火。入夜，我有时睁着眼睛躺在繁星密布的天空下。那时候，我是在生活。十四年后，我又看见了我的废墟在距离海浪几步远的地方，我沿着这座已被遗忘的小城的街道走着，穿过长满苦涩的树木的田野；在俯视着海湾的高地上，我像以往一样抚摩着焦黄的圆柱。然而，废墟已被围上了铁丝网，人们只能从被特许的入口进去。由于一些似乎被道德认可的理由，夜间在那里散步也被禁止了；白天，人们则会遇见一位宣过誓的守卫。大概是出于偶然吧，那天早晨，废墟上也下着雨。

我感到困惑，我在荒僻、潮湿的田野里走着，至少试图重获那种力量；这力量直到目前还是忠实的，它帮助我接受那些既成的东西，在我一旦承认不能加以改变的时候。的确，我不能在时间之流中逆行，不能把我爱过的，已在很久之前骤然消失的面貌重新给予世界。事实上，1939年9月2日，我没有去希腊，我原本是应该去的。相反，战争来了，后来战火又燃遍了希腊。那一天，在积满了黑水的石棺前，在沾满了污泥的柽柳下，我在自己身上又发现了那阻隔在炽热的废墟和铁丝网之间的距离和岁月。我先是在美的景象——唯一的财富中长大，又以丰富为开端，接着来的却是铁丝网，我说的是暴政、战争、警察、反抗的时代。不能不习惯于黑夜，因为白天的美仅只成了回忆。而在这泥泞的蒂巴萨，回忆本身也正越来越淡薄。这里说的就是美、丰富、青春！在熊熊大火的照耀下，世界顿时现出了它的皱纹和创伤，旧的和新的。它一下子老了，我们也一样。我来这里寻求的那种冲动，我知道它只能激起那种连自己也不知道就要迸发出来的冲动。没有点儿无邪，就绝不会有爱；然而无邪安在？王国崩溃了，民族和人互相揪住脖子噬咬，我们的嘴被玷污了。我们原先是无邪而不自知，现在则是有罪而不自愿：神秘随着我们的知识一道增长。这就是为什么我们关心起道德来了，真可笑啊。我因孱弱而梦想着美德！在那无邪的年代，我不知道德为何物。现在我知道了，但我不能根据它来生活。在我曾经喜欢的高地上，在倾颓庙宇的潮湿圆柱间，我仿佛跟着什么人在走，我听得见石板和瓷砖上的脚步声，却永远也赶不上了。我又去了巴黎，数年之后才回家。

然而，那些年中，我隐隐地感到缺了点儿什么。当人们一旦有机会强烈地爱过，就将毕生去追寻那种热情和那种光明。放弃美，放弃与美相连的官能幸福，专一地为不幸效劳，这要求一种我所缺乏的崇高。但是，无论如何，任何强迫人们排斥一方的东西都是不真实的。孤立的美最后要变成丑，孤独的正义最后要变成压迫。谁想为一方效劳而排斥另一方，就将不为任何人效劳，也不为自己效劳，最终将双倍地为不义效劳。有朝一日，由于过分地僵硬，将不再有什么东西引起人们的赞叹，一切都不足为奇，生活就要重新开始。那将是流放的时代，生命干枯的时代，灵魂死灭的时代。为了再生，必须有一种恩惠、忘我和一个祖国。有几个早晨，在路的拐角，一滴美妙的露珠落在心上，随即便消散了；然而那清凉还在，而心所一直要求的正是这清凉。我又该出发了。

在阿尔及尔，我第二次在同样的、仿佛从我以为是最终的离去那时候起就没有停过的雨中走着，在一种无尽的、散发着雨水和海水的气味的忧郁中走着；尽管天空大雾弥漫，背影在骤雨中逝去，咖啡馆的流光改变了人们的面容，我仍固执地希望着。难道我不知道阿尔及尔的雨看似无穷无尽却终有一刻要停止吗？就像我家乡的那些河流，两个小时内膨胀起来，淹没大片农田，却转眼间就干涸了。果然，一天晚上，雨停了。我又等了一夜。一个水淋淋的清晨从纯净的海上升起，光彩照人。天空像眼睛一样新鲜，被水洗了又洗，露出最细最疏的经纬，从那儿射下一道颤动的光，给了每幢屋、每棵树一个鲜明的轮廓、一种令人赞叹的新奇。在世界的早晨，大地也该是从一片类似的光明中冒出来的。我又踏上了通往蒂巴萨的道路。

对于我，这条六十九公里的路，没有一公里不铺满了回忆和感受。狂暴的童年，卡车轰鸣中少年的梦幻，清晨，鲜丽的姑娘，海滩，总是处于巅峰状态的年轻的肌肉，晚上一颗十六岁的心的淡淡的焦虑，生之欲望，光荣；还有那岁岁年年总是一样的天空，充满了汲不尽的力量和光明，永不满足；一连数月，一个一个地吞噬着在正午那阴郁的时刻摆在海滩上的呈十字状的祭品。当道路离开萨赫尔及其长满古铜色葡萄的山丘而向着海岸伸展下去的时候，我立刻就在天际看见了那总是一样的、在早晨几乎是不可察知的大海；可是我并没有停下来看它，我想看的是舍努阿这座沉重而结实的山，它是整整的一块，沿着蒂巴萨海湾向西延伸，然后进入大海。人们在到达之前，远远地就能看见它，裹在一片还与天空混沌不分的蓝色的、轻柔的水汽中。随着人们走近，它渐渐凝聚，直到获得包围着它的海水的颜色，仿佛不动的大浪，其神奇的奔涌突然被凝固在陡然平静下来的大海之上。再近些，快到蒂巴萨的时候，就看见它那高耸的主体，泛着棕色和绿色，这是一尊无可动摇的、浑身披着苔藓的老神灵，是它的儿子们的庇护所和避风港，而我正是它的儿子。

我一面望着它，一面穿过铁丝网，进入废墟间。在12月耀眼的光亮中，我又发现了我前来寻找的东西；尽管光阴流逝，世事沧桑，在这片荒凉的大自然中，这些东西的确是只奉献给我一个人的；人的一生倘若有这么一两次，也就可以认为是圆满的了。从长满橄榄树的广场上，可以看见下面的村庄。那儿无声无息，只有轻烟在明净的天空中升起。大海也不声不响，仿佛在灿烂而冰冷的光的不断冲洗中窒息了。只有远远地来自舍努阿的鸡鸣在赞颂这白昼的脆弱的荣光。废墟那边，极目望去，也只能在一片水晶般透明的空气中看见斑痕累累的石头、苦艾、树木和完美的圆柱。在一段无法计数的时刻内，清晨仿佛凝固了，太阳仿佛站住了。在这光明、这寂静中，多少年的愤怒和黑夜慢慢地消融了。我在我身上听见了一种几乎被忘却的声音，仿佛我那久已停歇的心又开始轻轻地跳动了。现在我醒了，我一个一个地认出了寂静造成的难以察觉的声音：鸟儿的持续的低音，悬崖下大海轻而短促的呻吟，树的颤动，圆柱的盲目的歌唱，苦艾的摩擦，倏忽即逝的蜥蜴。我听见了这一切，我也在倾听我身上涌起的幸福的波涛。我好像终于进了避风港，至少是一段时间，而这段时间将从此不再结束。不过，片刻之后，太阳明显地在天上又爬了一段。一只乌鸦唱出简短的前奏，紧接着四面八方就爆发出一阵鸟鸣，有力、热烈，带着欢快的杂乱和无限的陶醉。白昼重新上路了，它要带着我直到晚上。

正午，我站在半沙半土的山坡上，望着大海。山坡上长满了天芥菜，那一片片的天芥菜，仿佛近几个月激浪退下时留下的水沫。大海这时已筋疲力尽，翻腾不动了。我消除了两种干渴，这两种干渴是不能长久欺骗的，除非个人变得冷酷无情。这两种干渴就是美和赞叹。因为唯有不被爱才是厄运，唯有不爱才是不幸。今天，我们大家都死于这种不幸；因为鲜血和仇恨使心失去血肉，对于正义的长久要求耗尽了爱，而正义却恰恰产生于爱。我们生活在喧嚣中，在这喧嚣中，爱是不可能的，而只有正义也是不够的；因此，欧洲憎恨白昼，只知道给自己以不义。但是，为了不使正义变得萎缩，变成一枚果肉干而涩的橙子，我在蒂巴萨重新认识到，必须在自己身上保留一种新鲜和一股快乐的源泉，使之不受污损，必须钟爱逃脱了不义的白昼，必须怀着这种争得来的光明投入战斗。我在这里重新发现了过去的美和一片年轻的天空，我掂量着我的运气，终于明白了，在我们的疯狂肆虐的那些年里，对于这一片天空的回忆从未离开过我。是这回忆最终使我不绝望。我一直清楚蒂巴萨的废墟比我们的工地和瓦砾都年轻。在这里，世界每天都在一片常新的光明中重新开始。啊，光明！这是古代戏剧中所有人物面对着命运发出的呼喊。这最后的依靠也是我们的依靠，我现在明白了。在隆冬，我终于知道了，我身上有一个不可战胜的夏天。

我又离开了蒂巴萨，又看见了欧洲和她的斗争；然而，对这一天的回忆仍然支持着我，帮助我以同一种心情接受令人振奋的东西和令人沮丧的东西。在我们所处的这一困难时刻，除了不排斥任何东西，学会用白线和黑线打同一根绷得要断的绳子，我还能希望什么？在迄今我所有做过的事和说过的话中，我觉得我清楚地认出了这两种力量，就是在它们相互对立的时候也是如此。我不能否定我生于其中的光明，但是我也不愿拒绝这个时代的奴役。在这里用其他一些更响亮更残暴的名字来与蒂巴萨这甜蜜的名字相对抗，简直是太容易了；今日之人有一条内心之路，这条路我很熟悉，因为我在两个方向上都走完过，它从精神的山丘通向罪恶的都会。无疑，人们可以永远休息，酣睡在山丘上，或者寄居在罪恶之中；然而，倘若人们放弃存在的一部分，他就必须放弃存在，也就必须放弃生活或者直接的爱。于是就有了一种不拒绝生活的任何东西的生之意志，而生活是我在这个世界上最敬重的美德。我的确希望我已经发扬过这一美德，哪怕是相隔很久。既然很少有时代像我们的时代这样要求人们以同样的态度正视甘与苦，我就愿意不回避任何东西，准确地保留这双重的回忆。是的，有美，也有屈辱。无论做起来多么难，我愿永不背叛任何一方。

然而，这仍像是一种道德，而我们活着是为了一种比道德更深远的东西。假使我们能说出它的名字，那将是怎样一种寂静。在蒂巴萨东面的圣萨尔萨山上，晚上是有人的。说真的，天还很亮，但是在这亮中已有一种看不见的衰弱宣告了白昼的结束。起风了，夜一般黑，突然，无浪的大海朝着一个方向，如一条平静的大河般从天际的一端向另一端流去。天暗下来了。这时，出现了神秘，夜之精灵和快乐之彼岸。然而如何解释这一切？我从这里带走的一枚小钱币有一面很清晰，是一张美丽的女人面孔，它向我重复着我在那一天里知道的一切，另一面已经锈蚀了，我在归途中于指间感觉得到。这张无唇的嘴能向我说些什么，除了另一个神秘的声音告诉我的东西，这声音在我身上，它每天都让我知道我的无知和我的幸福。

“我所寻找的秘密深藏在一条长满橄榄树的山谷里，在草下，在冰冷的堇下，一幢古旧的、散发着葡萄嫩枝气味的房屋周围。二十多年中，我跑遍了这条山沟，跑遍了相像的另一些山沟，我询问过沉默的牧羊人，我敲过无人居住的废墟的大门。有时，在天空第一颗星缀上还很亮的时候，在一片细腻的光雨下，我以为我明白了。我也的确明白。也许我一直是明白的。然而没有人愿意要这秘密，大概我自己也不要，但我离不开我的秘密。我生活在我的家庭之中，这个家庭以为统治着富有而丑陋的、用石头和雾建立起来的城市。日日夜夜，她高声说话，万物在她面前折腰，而她不向任何东西折腰，因为她对任何秘密都充耳不闻。她的力量支持着我，却使我厌烦，有时她的呼声令我疲倦；然而她的不幸就是我的不幸，我们流着同一种血。我也是孱弱的、吵闹的，和她一个鼻孔出气，我不也是在乱石间呼喊过吗？所以，我竭力忘却，在我们的铁与火的城市中徜徉，我对着黑夜勇敢地微笑，我呼唤风暴，我将是忠诚的。我果然忘了，从此变得活跃，但却两耳失聪。也许有一天，当我们准备因衰竭和无知而死去的时候，我将能放弃我们的刺眼的坟墓，去躺在山谷中，沐浴着同一种光明，最后一次学会我已经知道的东西。”

艺术家及其时代

——1957年12月14日的瑞典演说

一位东方的智者总是在他的祈祷中要求神明使他避开一个不甘寂寞的时代；我们不是智者，神明放不过我们，我们正经历着一个不甘寂寞的时代，无论如何，它不允许我们对这个时代漠不关心。今日的作家知道这一点。如果他们说话，立刻就受到批评和攻击；如果他们变得谦虚而闭口不言，人们就将只跟他们谈论他们的沉默，吵吵嚷嚷地指责他们。

在这一片喧嚣之中，作家再也不能希望置身局外继续其心爱的沉思和想象了。到目前为止，弃权在历史上好歹总算还是可能的；但是今天一切都变了，沉默本身也具有了一种可怕的意义。从弃权本身被看作是一种选择那一刻起，为此而受到惩罚或称赞的艺术家就被卷入了，不管他愿意与否。在这里我认为卷入比介入更恰当。实际上，对艺术家来说，问题不在于一种自愿的介入，确切地说，是一种义务兵役。今天，每一个艺术家都登上了时代的帆桨战船。他必须顺从，尽管他认为这船有鱼腥味儿，苦役犯看守也的确太多了，更糟糕的是，航向选择得还不对。我们身处满潮的海上。艺术家得像其他人一样划桨，如果能的话就不要死，这就是说，要继续活着和创造。

说真的，这并非易事，我理解艺术家们怀念他们往日的舒适。变化是有些突然。的确，在历史的竞技场里总是有受难者和狮子：前者靠永恒的安慰来支撑，后者靠的是带血的历史食物。但是，此前艺术家一直是坐在座位上，他无目的地歌唱，为他自己，或者至多是为了鼓励受难者和稍许缓解狮子的饥肠；现在不同了，艺术家站到了竞技场中，他的声音肯定不是原来的了，远非那么自信了。

人们清楚地看到这种不变的义务使艺术失去的是什么。首先是悠然自如，还有莫扎特作品中洋溢着的那种神圣的自由。人们更好地理解了我们的艺术品的惊慌而固执的神情、忧心忡忡的愁容及突如其来的崩溃。人们明白了我们之间何以记者多于作家、画匠多于塞尚，明白了粉色图书和黑色小说何以取代了《战争与和平》和《巴马修道院》。当然，人们总是可以用人道主义的悲叹来与这种状况相对，成为《群魔》中的斯切潘·特罗菲莫维奇极力要成为的那种东西：谴责的化身。人们也可以像这个人物一样发泄一番国民的忧郁；然而，这种忧郁丝毫无改于现实。依我看，最好是加入这个时代，既然时代那么强烈地要求他加入，最好是坦然地承认，有着心爱的大师、戴茶花的艺术家和坐在安乐椅上的天才的时代，已经一去不复返了。今天，创造就是危险地创造。任何发表都是一种行动，而这种行动会引起一个什么也不饶恕的时代的激烈的情绪。因此，问题不在于知道这是否有损于艺术。对于一切没有艺术或没有艺术的含义就不能生活的人们来说，问题仅仅在于知道在如此多的意识形态（多么多的教堂，怎样的孤独啊！）的治安之中，创造的奇特的自由如何才是可能的。

就此只说艺术受到了国家政权的威胁是不够的，如此则实际上问题就简单了：艺术家或是战斗或是投降。然而一旦人们觉察到战斗就在艺术家内心中发起时，问题就变得更为复杂了，也更为致命了。我们的社会不乏憎恨艺术的好例，这种憎恨今天所以有如此的效力，只是因为它受到了艺术家本人的维护。先前的艺术家的怀疑与他们自己的才能有关；今天的艺术家的怀疑却关系到他们的艺术的必要性，因此也关系到他们的存在本身。拉辛写了《蓓蕾尼丝》而没有为保卫南特敕令进行斗争，在1957年就得请求原谅。

艺术家对艺术的这种怀疑有许多理由，我们只需记住其中最是高尚的。这种怀疑可以由现代艺术家可能会有的一种印象来解释，即：假使他不考虑到历史的苦难的话，他就是在撒谎或者无病呻吟。事实上，我们这个时代的特点是群众及其悲惨处境突然涌现在现代的意识面前。现在人们知道群众是存在的，但以前却倾向于忘掉他们。而如果说现在人们知道这一点，那并不是因为杰出人物、艺术家或别种人变得更好了，不，请放心，而是因为群众变得更强大了，不允许人们忘记他们。

艺术家的这种失职还有其他理由，有些是不那么高尚的；但是，无论这些理由如何，都是为了达到同一目标：通过攻击其基本原则，即艺术家对自己的信念，来阻止自由的创造。爱默生精辟地说：“一个人对自己的才能的服从，这是最好的信念。”19世纪的另一位美国作家补充说：“只要人忠于自己，一切就都顺乎自然，诸如政府、社会、太阳、月亮和星辰。”今天，这种不可思议的乐观主义似乎已经死亡了。在大多数情况下，艺术家自惭形秽，如果他有特权的话，则为他的特权感到羞愧。他首先应该回答他向自己提出的问题：艺术是一种骗人的奢侈吗？

一

人们可以做出的第一个诚实的回答是：事实上艺术有时候是一种骗人的奢侈。我们知道，人们总是可以站在帆桨战船的艉楼上歌唱星辰，而苦役犯们正在底舱划桨，累得力尽筋疲；人们总是可以记下竞技场观众席上进行的风雅的谈话，而牺牲品正在狮子的牙齿间咔嚓作响。人们很难提出什么来反对这种曾在过去取得巨大成功的艺术，除非说事情已有了一些变化，特别是苦役犯和受难者的数目在地球上不可思议地增加了。在如此众多的苦难面前，这种艺术如果还想继续是一种奢侈的话，那在今天就得承认它同时也是一种谎言。

那么事实上它将要说些什么呢？如果它要符合我们的社会的大多数要求的话，它就将是没有意义的消遣。如果它闭上眼睛一味拒绝，如果艺术家决定幽居在他的梦幻之中，那么它将只表达一种拒绝而别无其他。这样，我们有的将是一种逗人开心者的作品或者形式的专家的作品，这两种作品都导致一种脱离活生生的现实的艺术。大约一个世纪以来，我们生活在一种社会里，这种社会甚至连金钱（金银可以引起有血有肉的情欲）社会都不是，而只是一种金钱的抽象象征的社会。商人社会可以定义为：事物为了符号的利益而消失的社会。当一个领导阶级不再用地亩和金条而用与某种数量的交换活动确切相应的数字来衡量其财富的时候，它就同时把某种类型的神秘化置于它的经验和它的世界的中心了。一个建立在符号之上的社会在本质上是一个人为的社会，在这个社会中，人的有血有肉的真实被神秘化了。于是，这个社会选择了一种其原则徒具形式的道德作为它的宗教，既可在它的监狱又可在它的金融庙堂上写下自由和平等的字样，就不令人感到惊讶了。然而，人是不能滥用词语而不受到惩罚的。今日最受诽谤的价值肯定是自由的价值。一些思想正统的人（我一直认为有两种智力：一种是聪明的智力，一种是愚蠢的智力）认为自由不过是真正的进步道路上的一个障碍而已。如此庄严的蠢话能够被高声道出，是因为一百年来商品社会对自由进行了单方面的排他性的利用，把它视为一种权利而非一种义务，肆无忌惮地尽量把一种原则上的自由拿来为一种事实上的压迫服务。这样，这个社会不要求艺术成为解放的工具而只要求它成为没有多大后果的活动和仅仅成为一种消遣，这有什么可奇怪的呢？整个上流社会，这个人们最关心的是钱、唯一的烦恼是感情的上流社会，就满足于它的风流小说家和最无聊的艺术；关于这种艺术，奥斯卡·王尔德在尝到铁窗风味之前，想到自己时曾经说过，最大的罪孽是肤浅。

欧洲资产阶级的艺术匠们（我还没有说艺术家）在 1900 年前后就这样接受了不承担责任，因为承担责任意味着与他们的社会之间的一种令人疲惫不堪的决裂（真正与之决裂的是兰波、尼采、斯特林堡，人们知道他们付出的代价）。为艺术而艺术的理论就是从这时开始的，这不过是要求这种不承担责任而已。为艺术而艺术，这种孤独的艺术家的消遣，恰恰是一个人工的、抽象的社会的艺术。它的合乎逻辑的结果是沙龙艺术，或者纯粹形式的艺术，以矫揉造作和抽象空想为营养，最终将毁灭全部现实性。某些作品使某些人愉快，而许多粗俗的玩意儿败坏了许多人。最后，艺术置身于社会之外，切断了自己的活的根子。渐渐地，甚至很受欢迎的艺术也变得孤独了，或者只有通过报刊或广播才为国人所知，而报刊和广播给予人们的是一种方便的、简单化的概念。实际上，艺术越是专门化，庸俗化就越是必然。于是，成千上万的人以为知道当代的某位大艺术家了，因为他们通过报纸知道他养金丝雀或者他每次结婚从不超过六个月。今天，最大的名声在于不被阅读而受到赞赏或憎恶。任何一位想在我们的社会中出名的艺术家都应该知道，出名的不是他，而是顶着他的名字的某个人，最终将要摆脱他，也许有一天要在他身上除掉真正的艺术家。

这样，在 19 世纪和 20 世纪的商业的欧洲所创造出来的几乎一切有价值的东西，例如在文学上，都是反对当时的社会的，就不足为奇了！可以说，直到临近法国革命的时候，活动着的文学大体上说是一种赞同的文学。从产生于革命的资产阶级社会稳定下来的时候起，却发展起来一种反抗的文学。官方的价值被否定了，比方说在我们这里，或者被从浪漫派到兰波那样的革命价值的传播者否定，或者被贵族价值的保持者否定，维尼和巴尔扎克就是他们的优秀代表。平民和贵族是一切文明的两大源泉，他们都反对当时的虚假的社会。

然而，这种拒绝坚持得过于长久，僵化了，也变成虚假的了，导致了另一种贫乏。恶魔诗人这一主题产生于商业社会（《查铁敦》是最好的说明），它僵化为一种偏见，结果认为只有反对当时的社会才能成为伟大的艺术家，而不管是什么社会。当这一主题断言一个真正的艺术家为金钱世界创作时，它是合理的；然而，当人们就此得出结论说，一个艺术家只有反对一切才能成功，这时，这一原则就是错误的了。因此，我们有许多艺术家希望受人诅咒，否则就心中有愧，他们既盼望着掌声，又盼望着嘘声。当然，社会今天是累了或者是冷漠了，它只偶尔地鼓一下掌或喝一声倒彩。我们时代的知识分子为了使自己高大起来就不断地使自己更强硬。然而，由于拒绝一切，甚至拒绝他的艺术的传统，当代的艺术家幻想着创造自己的法则，最终以为自己就是上帝。同时，他也以为能够自己创造自己的现实。但是，远离社会，他只能创造出形式的或抽象的作品，作为经验来说是动人的，却缺乏真正的艺术所特有的丰富性，而真正的艺术的使命是团结。总之，当代的精微或抽象与托尔斯泰或莫里哀的作品之间的差别，指望尚未看见的麦子来贴现的票据和布满犁沟的肥厚的土地之间的差别，这两者是一样的。

二

如此说来，艺术可以是一种骗人的奢侈。因此人们不必惊奇，有些人或艺术家想要倒退，返回到真实上面去。于是，他们不承认艺术家有权离群索居，他们向艺术家提议不要把自己的梦幻而要把众人经历过、承受过的现实作为主题。这些人确信为艺术而艺术从主题到风格都不能为群众所理解，或者根本不表达真实，他们希望艺术家以为了大多数人、描写大多数人为己任。他要用普通人的语言表达普通人的痛苦和幸福，这样他就会获得普遍的理解。作为绝对忠于现实的奖赏，他将获得人与人之间的全面的交流。

这种普遍交流的理想实际上是一切伟大的艺术家的理想。与流行的偏见相反，如果说某人无权离群索居，那恰恰是艺术家。艺术不能是一种独白。一个孤独的、不为人知的艺术家，当他诉诸后世的时候，他只不过是重申他的深刻的使命罢了。当他认为与充耳不闻或心不在焉的同代人不可能对话时，他就寄望于和后世人有更多的对话。

但是，为了谈论一切人，诉诸一切人，就应该谈论众所周知的东西，谈论我们共有的现实。大海、雨、需要、欲望、与死亡的斗争，这些就是把我们大家团结起来的东西。我们在我们共同看见的东西之中、在我们共同承受的东西之中是彼此相像的。梦幻随人而异，但世界的现实是我们共有的祖国。所以，现实主义的抱负是合理的，因为它与艺术的冒险深深地连在一起。

那就成为现实主义者吧，更确切地说，努力成为现实主义者吧，只要现实主义是可能的。因为这个词是否有意义，并不是很可靠的；尽管现实主义是合乎愿望的，但它是否是可能的，却并不很可靠。首先我们要想一想艺术上的纯现实主义是不是可能。根据上世纪的自然主义者们的声明，现实主义是现实的准确复制；因此，它（指现实主义——译者）之于艺术就如同摄影之于绘画，但前者是复制，而后者却是选择。然而，摄影复制了什么？现实又是什么？无论如何，即便是最好的摄影，其复制也不够忠实，也还不够现实主义。比方说，在我们的世界中有什么比一个人的生活更为现实呢？有什么能比一部现实主义的电影更能再现它呢？然而，在什么条件下这样一部电影才是可能的呢？在一些纯粹想象的条件下。事实上得假定有一架理想的摄影机日日夜夜对准这个人，不间断地记录下他的最细小的动作；其结果将是得到一部电影，放映它的时间和这个人的生命一样长，观看它的只能是那些观众，他们肯牺牲自己的生活来专门关心另一个人的生活细节。即使在这种条件下，这样一部难以想象的影片也不是现实主义的。道理很简单，人的生活的现实并不单单存在于他所在的地方，它也存在于其他给予此人的生命以一种形式的生命之中，首先是所爱的人的生命，也得拍摄下来，还有其他不相识的人，有权有势的或悲惨可怜的，同胞，警察，教授，矿山和工地上的无形的伙伴，外交家或独裁者，宗教改革者，创造了一些对我们的行为起决定作用的神话的艺术家，还有控制着最有条理的生活的至高无上的偶然性所派出的那些卑微的代表。所以，只有一部可能的现实主义影片，就是用一部看不见的机器对着世界这银幕在我们面前不间断地放映的那部影片。唯一的现实主义艺术家将是上帝，如果他存在的话，其余的艺术家肯定是不忠于现实的。

于是，拒绝资产阶级社会及其形式的艺术，想要谈论现实并且只谈论现实的艺术家就处在一种痛苦的绝境之中：他们应该做一个现实主义者，然而却不能够；他们想使他们的艺术服从现实，却不进行选择就不能描写现实，而这种选择就使现实服从某种艺术的独特性。俄国革命初期的美丽而悲壮的作品就向我们清楚地展示了这种痛苦。此时俄国的布洛克、伟大的帕斯捷尔纳克、马雅可夫斯基、叶赛宁、爱森斯坦以及最初一批描写水泥钢铁的小说家们给予我们的是一种形式和主题的壮丽的实验室，一种内涵丰富的不安，一种探索的疯狂。不过应该做出结论了，应该说明人们如何成为现实主义者，虽然现实主义是不可能的。专制在这里和在别处一样，是一针见血的；在它看来，现实主义首先是必要的，其次是可能的，条件是它愿意是社会主义的。这种命令是什么意思？

实际上，它坦率地承认，不进行选择就不能复制现实；它拒绝了 19 世纪所提出的那种现实主义理论，剩下的只是要找出一个选择的原则，而世界将据此组织起来。它找到了，但不是在我们知道的那种现实里，而是在未来的那种现实里。为了复制好现在，必须也描绘将来。换句话说，社会主义现实主义的真正对象，恰恰是还不是现实的那种东西。

这个矛盾相当妙。然而说到底，社会主义现实主义这一表达方式本身就是矛盾的。事实上，现实并不完全是社会主义的，社会主义现实主义如何能是可能的呢？比方说，过去的现实不是社会主义的，现在的也不完全是。回答很简单：人们在今日或昨日的现实中将选择出准备和有助于建立未来的理想国的东西。因此，一方面，人们执意否定、谴责现实中不是社会主义的东西；另一方面则颂扬社会主义的或将要成为社会主义的东西。我们不可避免地要得到宣传的艺术，包括其好坏两方面，要得到一种粉色的图书，它像形式的艺术一样，也脱离了复杂的、生动的现实。终于，这种艺术将是社会主义的，而恰恰不是现实主义的。

这种想要成为现实主义的美学于是成了一种新的理想主义，对于一个真正的艺术家来说，它跟资产阶级的理想主义一样不结果实。现实被公然地置于至高无上的地位只是为了被消除得更干净。艺术被化为乌有。它为什么东西服务，因为服务而被奴役。唯有那些留心不去描绘现实的人才被称作现实主义者而受到称赞，其他人则在前者的掌声中受到指责。在资产阶级的社会中，出名就在于不被人阅读或被人不正确地阅读；而在极权的社会中，出名则在于阻止别人被人阅读。在这里，真正的艺术受到歪曲或钳制，正是那些最热情地希望普遍的交流的人反而使之变成不可能。

面对这样一种失败，最简单的是承认所谓社会主义现实主义与伟大的艺术毫无关涉，为了革命的利益，革命者应该寻求另一种美学。相反，人们知道，社会主义现实主义的捍卫者们大声疾呼除此之外不可能有艺术。他们确是这样大声疾呼的。但是，我深信他们自己也不相信，他们认为艺术的价值应该服从革命行动的价值。如果这些东西被明确地说了出来，讨论将变得更为容易。人们可以尊重一些人的这种伟大的弃绝，他们对于普通人的不幸和有时给予艺术家的命运的特权之间的对立感到太痛苦了，他们拒绝这种令人不能忍受的距离，即受到苦难压制的人们和其使命就是表达自己的那些人之间的距离。人们可以理解这些人，试着同他们对话，例如告诉他们取消创造的自由也许并不是战胜奴役的好办法，在等待着为一切人说话的时候放弃至少可以为某些人说话的权利是愚蠢的。是的，社会主义现实主义应该承认它的亲缘关系，应该承认它是政治现实主义的孪生兄弟。它为了一种与艺术无关的目的牺牲了艺术，而艺术在价值的等级中是可以处在更高的位置上的。总之，它为了首先建立公正而暂时地取消了艺术，在一种还不清晰的未来中，有了公正，艺术就会复活的。这样，人们就在有关艺术的事情中实行了当代智慧的这种金科玉律，即不打破鸡蛋就做不了摊鸡蛋。然而，这种不可抗拒的理智骗不了我们。为了做一盘好的摊鸡蛋，不必打破成千上万个鸡蛋，我觉得不能根据碎蛋壳的数量来判定厨师的质量。我们时代的艺术厨师应该唯恐打翻了比他之所愿更多的鸡蛋篮子，唯恐摊鸡蛋再也做不出来以及艺术终于并不能复活。野蛮从来也不是暂时的，它是不可分的，它从艺术扩展到风俗也是正常的。于是，人们看到从人的不幸和鲜血中产生出毫无意义的文学、好名声的报刊、拍照的肖像和仇恨取代了宗教的教育戏剧；艺术在这里达到了强制的乐观主义的顶点，这恰恰是最坏的一种奢侈，最可笑的一种谎言。

这有什么可奇怪的呢？大的痛苦是个高贵的主题，除非像济慈那样，据说他敏感到可能会用手去触摸痛苦本身的程度，否则是没有人能去碰这个主题的。当一种遵命文学想要给这种痛苦以官方的安慰的时候，人们就清楚地看到这一点。为艺术而艺术的谎言装作不知道恶，这样它就承担了责任；然而现实主义的谎言，如果说它有勇气承认人的现时的不幸的话，却因利用它颂扬一种未来的幸福而同样严重地背叛了这种不幸，谁都对那种幸福一无所知，所以它可以允许任何神秘化。

两种美学长期对立，一种要求全面拒绝现时，一种声称抛弃一切非现时的东西，最后是远离现实，在同一种谎言和对艺术的取消中汇合了。右的学院派不知道苦难，左的学院派则加以利用。然而在这两种情况下，在艺术被否定的同时苦难都变得更为深重。

三

应该得出结论说这种谎言就是艺术的本质吗？我要指出，我上面说到的那两种态度之所以是谎言，只是因为它们与艺术没有多大关系。那么究竟艺术是什么呢？一切都不那么简单，这是肯定的。而在那么多热衷于把一切都简单化的人的喧嚣之中知道什么是艺术就更加困难了。一方面，人们希望天才既辉煌灿烂又离群索居；另一方面，人们又要求他与众人相像；可实际上更为复杂。巴尔扎克用这样一句话让人们感到这一点：“天才像一切人，而没有人像他。”艺术就是这样，没有现实，它就什么也不是，而没有艺术，现实也就微不足道了。事实上，艺术怎么能脱离现实，又怎么能服从现实呢？艺术家选择对象正如它被对象所选择。在某种意义上说，艺术是对世界中流逝和未完成的东西的一种反抗：

它只是想要给予一种现实以另一种形式，而它又必须保持这种现实，因为这种现实是它的激动的源泉。从这一点看，我们都是现实主义者，而又都不是。对现存的东西来说，艺术既不是完全的拒绝也不是完全的赞同，它同时是拒绝和赞同，这就是为什么艺术是一种不断更新的分裂。艺术家总是处在这种模棱两可之中，既不能否认现实，又永远要批评它那永远是未完成的东西。为了画一幅静物画，画家和苹果要相互对立、相互修正。如果说没有光，形式就什么也不是，那么形式也为这光增添了些什么。真实的世界因其光辉而使形体和雕像得以产生，同时也从它们那里获得了固定住天空的光的第二种光。伟大的风格就这样处于艺术家和他的对象之间。

因此，问题不在于知道艺术应否脱离或服从现实，而仅仅在于知道作品应该准确地装有多少真实才不至于消失在九霄云外或者穿着铅底鞋蹒跚而行。每个艺术家都尽其所感与所能地解决这一问题。一个艺术家对世界的现实的反抗越是强烈，使他得到平衡的真实的重量就可能越大；然而这重量永远也不会窒息艺术家对孤独的要求。正如希腊悲剧、麦尔维尔、托尔斯泰或莫里哀的作品，最上乘的作品永远是那种使真实和人针对这真实而提出的拒绝获得平衡的作品，它们使对方在一种不断的喷涌中活跃起来，而这种喷涌正是快乐而痛苦的生活的喷涌。于是渐渐出现一个新世界，与日常的世界不同，却仍然是同一个世界，既特殊又普遍，充满了无邪的不安全感，它是由天才的力量和不满一时地产生出来的。是这样，又不是这样；世界什么也不是，又什么都是；这就是每个真正的艺术家的双重的、不断的呼声，这呼声使他站立，总是睁大双眼，渐渐地为那些处在沉睡的世界中心的人们唤醒一种现实的转瞬即逝、瞬息万变的形象，这形象我们认识却从未遇见过。

同样，面对时代，艺术家既不能弃之不顾也不能迷失其中。如果他弃之不顾，他就要说空话。但是，反过来说，在他把时代当作客体的情况下，他就作为主体肯定了自身的存在，并且不能完全地服从它。换句话说，艺术家正是在选择分享普通人的命运的时候肯定了他是什么样的个人。他不能摆脱这种暧昧状态。艺术家从历史中取得的是他可以在自己身上看到的东西，或者，他直接或间接地容忍严格意义上的现时以及现在活着的人，而不是这种现时和活着的艺术家不能预见的未来之间的关系。以尚未存在的人的名义评判当代的人，这是预言的角色；艺术家只能估量人们根据其对活着的人的影响向他提出的那些神话。宗教或政治的预言家可以绝对地进行评判，而人们知道他是免不了的，但是艺术家不能。如果他绝对地进行判断，他就将不分轩轾地把现实分为善与恶，他就将陷入情节剧之中。相反，艺术的目的不在立法和统治，而首先在理解。由于理解得深刻，它有时也统治。然而，从未有过一部天才的作品是建立在仇恨和轻蔑之上的。这就是为什么艺术家在其行将终了时总是宽恕而不是谴责。他不是法官，而是辩护者。他是活生生的创造物的永远的辩护人，因为创造物是活生生的。他真正地为爱邻人进行辩护，而不为那种对于远方的爱辩护，那种爱将当代的人道主义降为法庭上的信条。相反，伟大的作品终将使一切法官哑口无言。因此，艺术家既向最伟大的人物致敬，又在最卑劣的罪犯面前低下头去。王尔德在狱中写道："与我一起关在这悲惨的地方的不幸者中，没有一个不和人生的秘密有着象征的关系。"是的，而这人生的秘密和艺术的秘密是相吻合的。

150 年间，商业社会的作家们除极少数例外，都认为可以生活在一种幸福的不承担责任之中。事实上，他们是在孤独中生，在孤独中死。我们20世纪的作家，我们绝不会再孤独了；相反，我们应该躲避大家共同的苦难，而我们唯一的辩护，如果有的话，就是尽我们的能力为那些不能说话的人说话。然而我们实际上应该为所有那些人这样做，他们此时正因压迫着他们的政府和政党而感到痛苦，不管它们过去或将来是多么强大：对于艺术家来说，并没有什么拥有特权的刽子手。这就是为什么，美在今天，尤其是在今天，不能为任何政党服务；它只能在或遥远或邻近的日子里为人的痛苦和自由服务。唯一的介入艺术家是那种艺术家，他绝不拒绝战斗，但至少拒绝加入正规军，我指的是自由射手。他从美中得到的教训，如果这教训是正当地得出的话，就不是一种利己主义的教训，而是一种艰难的博爱的教训。这样孕育出来的美从未奴役过任何人，相反，几千年来，它每时每刻都减轻了几百万人的奴役，有时甚至永远地解放了某些人。最后，也许是在美和痛苦、对人的爱和创造的疯狂、不堪忍受的孤独和使人疲乏不堪的人群、拒绝和赞同之间的这种永久的紧张状态之中，我们触及了艺术的伟大。它在无聊和宣传这两大深渊之间行进。伟大的艺术家在这条山脊线上前进，每一步都是一种奇遇，都是一次极端的冒险；然而艺术的自由正是，也仅仅是处在这种冒险之中。这自由是艰难的吗？它更像是一种苦行的纪律吗？有哪一位艺术家会否认这一点呢？有哪一位艺术家敢自称胜任这一永无休止的任务呢？这自由意味着心灵和肉体的健康，意味着就像是灵魂的力量的一种风格，意味着耐心的冲突。它像一切自由一样，是一种不断的冒险、令人疲惫的奇遇，这就是为什么人们今日就像逃避苛求的自由一样逃避这种冒险，以便拥向各式各样的奴役，这至少可以获得灵魂的舒适。然而，假使艺术不是一种奇遇，那它又会是什么呢？它的理由何在呢？不，自由的艺术家和自由的人一样，不是舒适的人。自由的艺术家是那种非常困难地建立起自己的秩序的人，他要整理的东西越是杂乱无章，他的规则就越是严格，他就越是肯定了他的自由。纪德有一句话我一直是赞同的，尽管它可能引起误解："艺术以束缚为生，而死于自由。"确是如此。但是，不应该因此就认为艺术可以是被操纵的。艺术只是以它为自己规定的束缚为生，它死于其他的束缚；相反，假使它不受自己束缚，它就要胡说八道，成为影子的奴隶。因此，最自由的艺术，最富反抗的艺术，就是最古典的艺术；它将使最大的努力成功。只要一个社会及其艺术家不赞成这种最大的努力，只要他们追求消遣的舒适或因循的舒适、为艺术而艺术的把戏或现实主义的艺术的说教，它的艺术家们就将停留在虚无主义和贫乏之中。这样说，就是说今日之复兴取决于我们的勇气和我们的富有远见的意志。

是的，这种复兴在我们每一个人的手中。西方能否产生出一些反亚历山大者，这取决于我们，这些反亚历山大者应该重新联结上文明的戈耳工之结，这个结曾被剑砍开[①]。为此我们必须承担自由的一切风险和工作。问题不在于知道我们在追求正义的过程中能否保持住自由；问题在于知道，没有自由我们将一事无成，既要丧失未来的正义，又要丧失已有的美。只有自由才能使人摆脱孤独，而孤独只能飞翔在孤独的人们的头上。由于这种我试图加以确定的自由的本质，艺术在暴政使人分离的任何地方使人团结，因此，它成为任何压迫的公开的敌人，这有什么可

① 据古希腊神话，戈耳工所系之结，牢固难解，后被亚历山大用利剑斩开。

令人惊奇的呢？艺术家和知识分子成为现代暴政（不管是右的还是左的）的首批牺牲品，又有什么可令人惊奇的呢？暴君知道艺术品中有一种解放的力量，只有对那些不崇拜艺术品的人，这种解放的力量才是神秘的。每一种伟大的作品都使人的面目更加令人赞叹，更加丰富，这就是它的全部秘密。成千上万的集中营和监狱铁窗并不足以模糊这种令人震惊的尊严的证据。这就是为什么，人们不能为了准备一种新文化而哪怕是暂时地中止文化。人们不能中止人对其苦难和高贵的不间断的见证，人们不能中止呼吸。不存在一种没有遗产的文化，我们不能也不应该拒绝我们的即西方的遗产。无论未来的作品是什么样，它们都将包含着同一个秘密，由各时代各民族的成千上万个艺术家的勇气、自由和胆识造就的秘密。是的，当现代暴政向我们显示出，艺术家就是局限在其职业之内也是公众的敌人时，它是有道理的；然而，这样它也通过艺术家向人的一种形象表达了敬意，迄今为止，任何东西也未能粉碎这一形象。

我的结论很简单，就是在我们的历史的喧嚣和疯狂之中大声疾呼："让我们高兴吧！"的确，让我们因看到一个说谎的、舒适的欧洲死去，我们面对严酷的真理而感到高兴吧，让我们作为人而高兴吧；因为一个长期的神秘崩溃了，我们看清了威胁着我们的东西。让我们作为从昏睡和耳聋中解脱出来的，必须挺立在苦难、监狱、鲜血面前的艺术家而高兴吧。如果面对这种景象我们能够记住过去的岁月和人的面孔，如果面对世界的美我们能够不忘受屈辱的人们，那么，西方的艺术就会逐渐重获它的力量和优势。可以肯定，艺术家面对这样严峻的问题，在历史上罕有其例。然而，恰恰是因为词句，哪怕是简单的词句也要付出自由和鲜血的重价，艺术家才学会了有节制地使用它们。危险带来了经典性，总之，任何伟大的东西都根植在风险之中。

不承担责任的艺术家的时代已经过去了。我们为了一些小小的幸福而怀念这个时代。然而我们也知道承认这一考验同时也有助于我们获得自身的真实性，我们接受这种挑战。当艺术自由只意味着保证艺术家的舒适时，它是不那么珍贵的。为了使一种价值或一种品质在一个社会中扎根，应该不欺骗它，也就是说，应该尽可能地为它付出代价。如果自由变得危险，那么它就将不再被出卖了。例如，我不能同意有些人抱怨今日智慧正在衰退。从表面上看，他们言之有理；然而，智慧曾经是某些皓首穷经的人文学者的不担风险的快乐，实际上，它从未像这时这么衰退过。今天，它终于面对真正的危险了，相反，它却有了机会重新站立起来，重新获得尊敬。

人们说，尼采在和鲁·萨洛美决裂之后，陷入一种决定性的孤独之中，瞻望他的在毫无帮助的情况下完成的规模巨大的作品，既感到力不从心，又感到精神振奋。一天夜里，他在俯瞰热那亚湾的山中散步，点燃了一大堆树枝和树叶，眼看着它们慢慢燃尽。我时常梦见这大火，有时想把某些人和某些作品置于火前，让它们接受考验。那么，我们的时代就是这样的一堆大火，它的令人难以承受的火苗无疑将把许多作品化为灰烬！然而，对于那些留下来的作品来说，它们的金属完好无损，我们可以毫无保留地投入智力的这种至高无上的快乐之中，这快乐名曰“赞叹”。

人们当然可以希望一种更温和的火，一种缓解，一种有利于梦幻的停顿，我也希望如此。然而，对艺术家来说，也许除了一种处在最激烈的战斗之中的和平之外并没有其他的和平。爱默生说得好：“凡墙都是门。”不要在我们的生活所对的墙之外寻找门和出路，相反，让我们在有缓解的地方寻找缓解吧，我的意思是说，就在战斗之中。有人说过，伟大的思想是附在鸽子脚上来到世间的。也许那时候，如果我们洗耳恭听的话，我们就会在帝国和民族的喧嚣声中听见生命和希望的温和的骚动声，仿佛轻微的羽翼声掠过。有人说这希望是由一个民族带来的，有人则说是由一个人带来的；我认为正相反，是成千上万孤独者激起、活跃、保持了这希望，他们的行动和作品每日都在否定历史的边界及其最粗俗的表象，以便让始终受到威胁的真理在一瞬间闪出光辉，而这真理是每个人为了大家树立在各自的痛苦和欢乐之上的。

米歇尔·图尼埃

1924—2016

这是一篇作家写的文论，长了些，但颇耐咀嚼。把书比作吸血蝠，够新奇，也许残酷了点儿，但谁能不佩服这比喻的贴切？设问，阐发，论证，不见多少专门的术语，仿佛厨下说盐、酱，闲谈似的把文学的几个基本问题或某某理论的基本原理说得清清楚楚、头头是道，胜却多少压死人的纸砖头！又随意点染，信手拈来，几个不见经传的新鲜小例，使文章平添多少动人春色！

图尼埃的小说富有哲理性，追求神话的深度，代表作有《星期五或太平洋的边缘》《桤木王》等。

飞翔的吸血蝠

大概许多作家写作如同呼吸，仿佛蜜蜂酿蜜，这样来实现一种自然的，也许对他们的平衡不可缺少的功能。对这些人来说，读者绝不是作为不可或缺的接受者而出现的，甚至，极而言之，发表的概念可以与他们不相干。他们形成一派——从蒙田到马塞尔·茹昂多[①]，似乎他们的作品即使不能永远地湮没无闻，也能在黑暗的抽屉或秘密的保险柜里安身立命。保尔·瓦莱里在《泰斯特先生》一书中捍卫这样一种观点，即名人——作家，还有音乐家、画家、数学家——因为人所知而沦为二流天才，其他的名人因未曾犯下披露自身这种原始错误并且宁肯“无言而死”而成为真正的名人。

也许吧。我们是提到了蒙田和茹昂多，不过，这恰恰是因为他们发表了作品，从而进入——也许是不情愿地，迂回倒退地——另一类作家之列，即为发表作品而写作，仿佛在家里干活的手艺人。

因为他们毫不犹豫地制作一件手工的物品——一般地说，他们的确是首先用手写，为某一类公众而设计，并要在某种讲究的外观下出售

① 马塞尔·茹昂多（1888—1979），法国作家。

他们自己设计封面、题目、插图、写在护封上的文字，选择合适的日子——因为不可能在7月份推出一本圣诞故事集。不应该蔑视他们。作为手艺人，他们具有职业的诚实和良心。就我而言，我声明属于这一派而并不感到羞耻。如果我知道不能发表，我就一个字也不写。我要睡得安稳，我拿出来的书就必须是好的、地道的货色，无论如何也不能让我的买主惋惜他为此而花去的钱。然而有一天，我收到一个包裹，里面是一本我的小说《流星》，已撕成碎片。附信向我简要说明如下："我相信了广告，买了您的书。刚读了几页，就感到恶心。五十法郎白扔了！"很遗憾，此类信件几乎总是匿名的。他们究竟害怕什么，这些不满意的顾客？我很想把这位先生白扔的五十法郎退给他……

是的，书的自然的、不可遏止的志愿是离心的。它写出来就是要发表、传播、推广、被人买、被人读。那赫赫有名的作家的象牙之塔实为一座发射塔，总是要从那里回到读者，如同回到作家之不可或缺的合作者一样。一本书不是只有一个作者，而是有无数的作者。因为在创造行为中，读过的人、正在读或将要读的人之总和有充分的权利加诸那个写的人身上。一本书写出但尚未被阅读，其存在是不完全的，它只拥有半个存在。那是一种潜在性，一个没有血肉的、空的、不幸的生命。它要活起来就要呼唤帮助。一个作家出版一本书的时候，他知道他是朝着一群无名姓的男人和女人放出一大群纸鸟，一大群干瘪的、渴望着血的吸血蝠，它们散开来寻找读者，碰上谁是谁。一本书一旦冲向一个读者，就立刻因他的热、他的梦而鼓胀起来。它绽开花朵，越开越盛，终于实现了自身：一个充满想象的世界，其中不加分别地混杂着——如同孩子脸上有父亲和母亲的特征——作家的意图和读者的幻觉。接着，阅读结束，书被榨干，被读者扔掉，它又等着另一个活人，以便再次使他的想象力活跃起来。假使这书有幸实现其志愿，它就会从一只手上传到另一只手上，仿佛一只公鸡连续地使无数的母鸡下蛋。

这样，任何创造从根本上说都想使自己具有感染性，于是就呼唤着读者的创造性，正如耶和华以自己的面目创造了人，也就同时把他的创造力给了人。当然，这意味着作家要尊重其读者的创造自由。根本的问题是：在文学的创造中读者的部分有多大？

这里应该在虚构性作品——小说、戏剧、诗——和非虚构性作品（文献、论文、回忆录）之间做出重大的区分。我们只谈前者，只有此类作品明确地是有创造性的。因为非虚构性作品与一种外在的现实有关，它们也试图成为其真实的形象即依附性的形象。它们也包含有创造的部分，但它们不承认，其行为的暧昧不能不含有一种自欺。“我不杜撰，我依据事物的本来或将有的样子加以复制。”历史学家、物理学家、理论家异口同声地说。（这种态度摄影家亦有，他们要求照片的作者资格，同时又宣称他们忠实于拍照时的现实。）这种非虚构性作家对其创造部分的否定伴随着对读者方面的任何创造性的预先否定。非虚构性作品的读者应该完全地接受，只需有记忆、智力，尤其是服从。

虚构性作品的作者则全然不同。他与现实的关系是复杂的、暧昧的，甚至是处处设有陷阱的。我有时去学校同孩子们对话，他们常常向我提出小说引起的那个最根本的问题：您的故事里有真事儿吗？我知道，如果我回答说一点儿真事儿也没有，那我就完了；然而，我若不这样回答，而说我的故事的细枝末节都取自历史、报刊专栏或社会新闻，那我也完了。对这个可怕的问题，唯一完美的回答是让·科克多的回答：“我是一个总是说出真相的说谎者。”要说明这一点，可以很容易地举出一百个例子。我很愿意说说《鲁滨孙漂流记》的情况。达尼埃尔·笛福的小说有过——现在仍然如此——众所周知的巨大反响，然而它与给他以灵感的那条真实的社会新闻——舵手亚历山大·赛尔科克被抛弃在一个荒岛上——的真实关系几乎无人知晓，这如何能解释？我有另文试图分析使小说具有深入我们内心的力量的那种神秘关系，我认为这种关系具有神话性质。还有，神话这概念本身就是模棱两可的：一个神话，既是体现了人的基本经历的一个美丽而深刻的故事，同时又是一个智力低下者讲述的可悲的谎言，而这智力低下者恰恰是个“有说谎癖的人”。这第二解说明了那个不断被重复的错误的看法，即认为“现实高于虚构”，“最美的小说是某个历史人物实际经历过的那些小说”。

我们可以在虚构和非虚构之间指出一种时间上的取向差异：“文献的”真实总是回顾性的，而“虚构的”真实总是面向未来。我们甚至还能在大部分伟大的虚构作品中发现神秘的部分，这种神秘赋予预言的幻象一种回顾的表象。试举两例。

歌德在1773年写了《少年维特的烦恼》。当时法国在路易十五治下，普鲁士在腓特烈大帝治下。狄德罗和达朗贝尔正出版《百科全书》。此时距浪漫主义的宣泄尚有百里之遥。歌德的书呈现出一种完全个人的或私下的忏悔的面貌，出之以第一人称。然而这本薄薄的小说将放射出耀眼的光芒。它将以其月光、冲动、欲望、自杀成为一代青年的浪漫爱情的宪章，甚至维特的服装亦成为一种集合的标记。一言以蔽之，这是一部真正的幻想小说。

福楼拜的《包法利夫人》出版于1857年。故事始于1835年，正值路易–菲利普当政，而且还是在远离首都的诺曼底乡村。但是，折磨着爱玛·包法利的那种“忧郁”却是世纪末的典型特征，尤其郝麦先生这个人物——科学主义者、共和党人和反教权者——比第三共和国[①]的支柱之一的激进社会党人超前了50年，而且激进社会党人1902年才以艾米尔·孔博为首掌握政权。

应该赞叹歌德、福楼拜的先知的天才，还是他们对后代人接受新的模仿对象所具有的那种自信力呢？似乎还有第三种假设，即读者的创造部分的介入。歌德和福楼拜启动了某种非常结构化、风格化、模式化的东西，在这些初露端倪的东西中，读者混入了他们自己的东西——无定型的、模糊的、初步的，然而是活生生的，于是他们眼看着产生出浪漫的爱情和激进社会党人。这两个前途远大的人物产生于歌德和福楼拜与他们各自的读者之间的合作。我们已是《少年维特的烦恼》和《包法利夫人》的第十代或第二十代读者，我们不能分清哪些属于作者，哪些属于作品的第一次、第二次、第三次阅读；反正，无论我们处于这张年表的哪个位置，我们总是可以为这两部小说增加我们的阅读的创造性部分，从这些思考中可以抽出一条美学原则，任何虚构性作品的作者都应注意。在非虚构性作品中，作家针对读者的权威性行为是理所当然的；而在虚构性作品中，读者的创造自由则不应受到作家不适宜的介入的损害。应该从这个角度来解决著名的“使命”问题。一部虚构性作品能够负载一种使命（主张，政治理论，等等）吗？对一部非虚构性作品来说，这一

① 指1870—1940年间的法国政府。

点是可以无保留地予以肯定的。没有人敢指责拉莫奈[①]或马克思赋予他们所写的东西一种使命，因为这正是其存在的理由。然而，如果是一首诗、一部小说、一出戏、一种主张被明确地呈现出来，毫不含糊地让人接受，那就会严重地损害作品的价值。正是这一点使属于宗教感化或“社会主义现实主义”的小说注定是平庸的。一部小说当然可以包含一种主张，但必须是由读者而非作家放进去；因为解释——有倾向性或没有倾向性——完全是读者的事，而大部分解释——极而言之，有多少读者就有多少解释——衡量着公众之诗的、小说的、戏剧的创造的价值和丰富性。

大部分伟大的小说家感觉到了必须尊重其读者的自由，注意不去侵犯他们的特权。巴尔扎克和左拉都知道如何遵守这一条克制法则；相反，维克多·雨果则不断地自认有权现身说法，在他们叙述的前台耳提面命，然而他也知道他的小说因此受害不浅。

值得注意的是，如果说巴尔扎克和左拉避免在小说中介入，却不惮在理论性文章和书信中表明宗教或政治主张，于是，他们所捍卫的理论就颇为奇特了，往往直接与人们在小说中发现的东西背道而驰。巴尔扎克特别表明，他只在“王座和祭坛这两支火炬的照耀下”写作，似乎宣告了一种极为保守、极为正统的作品，总之是一种德·迈斯特或德·波纳尔[②]式的作品。幸好情况完全不是这样，他的小说来自一种强有力的、咄咄逼人的现实主义，其破坏力是可怕的，并在他心爱的人物、绰号“鬼

---

① 拉莫奈（1782—1854），法国作家、思想家。
② 德·迈斯特（1754—1821）和德·波纳尔（1754—1840）是法国两位反动政论家。

上当”的伏脱冷身上得到最好的体现。至于左拉，他的小说美学如果存在的话，则是更为反动，因为他声称在《卢贡-马加尔》系列中通过二十来个全然不同的人物来展示一种唯一的、同样的决定其命运的遗传缺陷所走过的道路。如果说左翼思想竭力通过环境的影响解释个人，那么把一切都标在遗传的账上则是不折不扣的右翼思想，此种偏见被推到极端，就导致最彻底的种族主义。当然，左拉写小说的时候，很快便将他的“遗传论”抛诸脑后，向我们展现出一些深陷在无情的环境中、在一种社会性而非生理性的束缚中挣扎的男男女女。

福楼拜的情况同样明显。在《处境Ⅱ》中，让-保罗·萨特引述了福楼拜书信的若干片段，其中《包法利夫人》的作者大肆诅咒、粗暴谩骂卑贱者，首当其冲的是巴黎公社的起义者。的确应该指出，福楼拜和他的朋友们不断地向他们所谓的“资产者”进行的猛烈攻击和马克思在同一时期关于资产阶级和无产阶级所提出的理论关系不大。在福楼拜的“资产者”和马克思的“资产阶级——食利者（福楼拜无可争议地属于这个阶级）——之间存在着整整一个意识形态世界。若是这种空泛的、反动的意识形态在他的短篇小说和长篇小说上打上印记，必将使之完全不堪卒读，然而情况并非如此。《情感教育》所反映的1830年革命的形象是无可指责的，《一颗简单的心》这篇故事的无与伦比的价值得之于福楼拜寄于全福这个淳朴、不识字、神秘而孤独、爱着一只鹦鹉的老用人的尊重和温情。在这幅图画中只要有一处调子错了——那个政治的、易怒的、反动的福楼拜流露出恼怒之情，一切就都完了；然而没有，可以说，作品包含着自身的道德——与它的美学相一致——并且善于让人接受而小说家则没有任何失误，尽管他可能有完全相反的观点。

我们说过，形象是无可指责的。那么在谁的眼中是无可指责的？是在我们这些读者的眼中。这是不是说我们就以伟大的经典作品的评判者自居了？事情并非仅此一端，我们充分地感觉到我们是这些作品的共同作者，我们要求它们符合我们的道德甚至政治的观念。如果一部作品完全抵牾，我们就会说它过时、不堪卒读，意思是说我们拒绝成为联署人。

相反，若阅读使我们确信一部作品是伟大的、深刻的、普遍的、热情的、使人丰富的，情况又将如何呢？这是一个不可能给以满意的回答的大问题，因为我们尚未发现杰作的标准乃至秘诀。保尔·瓦莱里写道："倘若有美学的话，艺术品肯定在它的面前消失，也就是在其自身的本质面前消失。"至少，我们可以依据前面的思考试着大致做出回答。

我们可以这样说，一本书和它的读者的婚姻越是幸福美满，它就越有文学价值。这中间当有两种现象产生。首先是读者和人物之间的认同过程，体现在所有人物身上的所有情感——恐惧、歆羡、欲望、爱情、野心，等等——应该具感染性，并在读者心中再现。然而根据第二个过程，这些情感在从虚构人物到读者即真实的男人和女人的过渡中应该得到激励、提高和升华；因为，如果在这些情感和感受到这些情感的人物——两者皆源于虚构——之间有一种本体的同一性，那么当两者出现于读者——活生生的人——的心中时，其虚构的性质就变得显而易见，并将其置于另一个层面上。换句话说，书传达给读者的情感具有一种新的方面，即虚构的方面，由此产生出所传达的情感的价值和美。

在《蓓蕾尼丝》的序言中，拉辛提到过"那种构成悲剧全部乐趣之庄严的悲哀”。我们可以将这一定义与萨沙·吉特里[1]讲的故事做一比较。他给了女门房一张票，让她去看他的一出通俗喜剧《四对舞》或者《别听，女士们》。第二天他问女门房。女门房说那晚上过得很满意，但又说：“可是，我说的戏可不是那样儿。”萨沙·吉特里颇感兴趣，请她不吝赐教，说说她认为戏是什么样儿，他得到的回答如下：“戏嘛，吉特里先生，那是有一位王后，她很不幸……”乍一听，这与拉辛的定义惊人地一致。的确，“一位王后，她很不幸”和“庄严的悲哀”可以被看作是同义词。但是，这实际上不过是一种假象。因为从女门房的定义中可以得出结论，任何对于“一位王后，她很不幸”的表现——而且是唯一的表现——都可以构成好戏，而根据拉辛的定义却并非如此。事实上可以是这样，一位王后的悲哀可以毫不庄严；庄严的悲哀可以来自一位打字员或一位鱼贩子。关键在于才能。因此，必须知道在何种条件下拉辛提出的三个选项汇集一处：悲哀 + 庄严 + 乐趣。

首先让我们把问题普遍化，方法是用任何一种情感，诸如欢乐（在喜剧中）、焦灼（在正剧中）、色情、温情等能在一部文学作品中表达并感动一位“接受者”（观众或读者）的情感取代悲剧特有的悲哀。说莎士比亚的《李尔王》透出一种庄严的恐怖，这并非误解了此剧；说莫里哀的《恨世者》透出一种庄严的欢乐（如缪塞所言，“那种男性的快乐”），也没有误解此剧。那么，这“庄严的”一词是什么意思？词典告诉我们：一种令人肃然起敬的严肃之显示。这与滑稽并无任何相悖之处：两个词相互加强，只是为了表明对观众或读者的控制。他被“抓住了”。他逃不

① 萨沙·吉特里（1885—1957），法国作家。

脱人家向他呈现的东西。然而他并不痛苦，若控制是物质性的或催眠性的，他可就感到痛苦了。他有足够的自由，不致抱怨成为一种暴力的“牺牲品”，哪怕处于心醉神迷的状态中。恰好相反，如拉辛所说，他从中发现了乐趣；而莫里哀则更进一步，提出戏剧的唯一法则乃是愉悦。然而如何在向心灵传达种种原本令人不悦的情感时取悦或者令人愉快呢？回答很简单：使心灵自己进行创造——或者与作家或剧作家共同创造——这些情感。这就是虚构性的方面：接受源自作者的形象和印象的人与作者进行共同创造。因此，对接受者来说，戏剧或小说的人物，其动作、其激情、其欢乐、其痛苦，总是保留着某种闪光的、轻盈的，总之是令人愉悦的东西，这只不过是因为他知道这一切都出自他自己的创造。从这一点看，杰作的标准不难确立：参与它提供给读者的快乐。

从作者一边看，情况就复杂得多。根据考察的是作者本人还是作品，情况可分为两种。让我们回到保尔·瓦莱里的观点，即那些“无言而死”的无名伟人。人们可以反驳他说，所有伟大的作品都已被泄露、接受，并启发了无数的人。尤其容易的是指出那种情况，即作品的巨大名声掩盖了作者。我总是对玛格丽特·米切尔的情况感到迷惑不解，她在《罗贝尔百科词典》中的专名部分占有两行字：

> 美国女小说家（1900 年~1949 年，乔治亚州亚特兰大，同地）《飘》* 的作者。

我对“同地”一词感到欣喜若狂，它告诉我们她死于出生地（她大概不喜欢旅行），而《飘》上的星号让我们去读列在这个字下的关于书及电影改编情况的十二行文字。要做到同样完全地被湮没于所著之书的后面，那是很困难的。

也许只有爱德蒙·哈罗古尔（1857—1941）在同样的情况中有过之而无不及。据说，这位小官吏退休时去向上司告别，对他说："我要走了，但我不时会来看您。"那上司向他背诵了一句很有名的诗：

走了，就死了一点点。

"那么，"哈罗古尔立刻问道，"您知道这句诗出自谁人之手吗？"

"大概是中世纪的一位行吟诗人或文艺复兴时期的一位诗人吧。"

"不，先生，"哈罗古尔生气了，反驳道，"这是我写的，可是谁也不知道！"

事实是哈罗古尔的诗歌作品属于最不为人知的那一类，只有一句神秘地逸出，印在人们的记忆中。然而，总起来说，我认为这种挫折要比相反的不平衡来得更有尊严，我说的这种不平衡是那种"大作家"的可笑，他们被接受、被颂扬、被授予勋章，然而没有人想到要去读他们的作品。

为谁写作？对这个根本问题，作家们长期这样回答：为我们的资助人。莫里哀的主要观众是路易十四和宫廷，因此他的喜剧不可能具有反王权动摇王权的力量。那时，文学是一个很狭窄的阶层的事情，即"文士"阶层，文学是这个阶层的职业，也为它所垄断。他们被孤立在文盲的江洋大海中的识字者小岛上，他们只是圈子里的一些人为另一些人写作。阅读和写作在同一些人中交替进行，如同说与听在谈话艺术中交替进行一样。过了一百年，博马舍用他的喜剧震撼了王权。何以故？一个“开明的”乡绅阶层出现了，这是法国文学的第一批真正的读者大众，是法国文学借以发生影响的支撑点。从此，作家的名声和作品的名声常常并肩而行，但也可能互相遮掩。某些创作者绝对讨厌露面，出风头，在劳作之外取悦于人。他们确是不擅此道，不会应酬。佛罗伦萨曾长时期成为米开朗琪罗和拉斐尔之间激烈竞争的舞台。有一天，米开朗琪罗心情郁悒，也像平时一样穿着黑衣服，看见有一帮快活的衣着华丽的人走过。那是拉斐尔和他的朋友们。“总是像个王子那样前呼后拥。”米开朗琪罗低声咕哝道。拉斐尔听见了，就反唇相讥：“米开朗琪罗，总是一个人，像个屠夫！”某人在阿尔的公共广场看见弗雷德里克·米斯塔尔的雕像，就想到了布法罗·比尔：同样的神气活现的小胡子，同样的睥睨一切的目光，同样的宽檐草帽。相似是惊人的。最奇怪的是，布法罗·比尔真的到过阿尔，也受到过诺贝尔奖获得者米斯塔尔的隆重接待。阿尔是法国最喜欢斗牛的城市，理应对大名鼎鼎的野牛猎手表示敬意。对于布法罗·比尔的普罗旺斯之行，现在还有一个石头的见证：坐落在马亚纳的米斯塔尔的坟上刻有一狗头，让人想起这位美国人路过时赠送给《米洛依》的作者的那条狗。然而，我们想到当时在圆形剧场举行的欢迎当时最有名的两位髭须客的活动却有另一个理由。就在同时，两位默默无闻、饥肠辘辘的艺术家正在这座阿尔城溜墙根走着，他们是凡·高和高更，城市不大，我们有理由相信这两对人曾擦肩而过。两个吹牛大王受到热烈欢呼，而两位画家的作品引起的只是哄笑和蔑视。这四个人如果知道后人如何在他们之间分配真正的天才和普通的才能，一定会大吃一惊的。

我们刚刚写下两个大词：天才和才能，这两个词支配着创造和交流。如果我们查《小拉鲁斯词典》，我们会发现“才能”这个词的第一个意思是：“在一种活动中的特殊能力，尤指艺术和文学领域。”第二个意思是：“塔兰，古代东方和古希腊的重量单位及货币单位。”细考起来，这个顺序正和年代及词源相反。因为当人们谈到一位作家或画家的才能时，作为参照的是福音书的比喻，福音书讲道，一个主人给三个仆人一些“塔兰”（一笔钱），然后离去，回来时问他们那些钱是如何用的。才能这概念最初是与金钱相联系的，人们把那些受到社会欢迎、作品能卖上好价钱的画家称为有才能的画家。当然，应该对“卖”这个词作最宽泛的、行话的理解，包括一切接触和宣传的行为。研究一下“才能”这个词的历史沿革和社会学是很有意义的，我是说创作者的作品被同代人接受或拒绝的方式。才能是那种使环境具有传导性的东西，这个环境就是创作者生活并使他能够得到社会理解的环境。然而这种传导性并非没有危险，因为它在两个方向上起作用。这就是为什么，一个有才能而无天才的人像海绵一样把一切他所能及的东西都吸进去。他什么都懂，什么都模仿——往往有过之，他赋予社会向他提供的原生状态的思想、感情、梦幻以形式。他受到欢迎，成功接连不断，他富有，然而他的作品却有可能慢慢地被证明不过是一个共鸣箱而已。总之，这位作家可能得到的要比付出的多。他可能成为一个社会的镀了金的玩具，受宠的奴隶，而并非它的主人。

我们人人都经受着社会这机体的压力，它使我们的行为、意见直至外貌变成一系列模式。创造者的本质在于抵制这种奴役，以便反其道而行之，使自己的典范流行起来。尽管如此，他们也往往不能不依附于一定的社会，有时是通过残缺、畸形、令人羞愧的同谋表现出来。我特别想到堪称典范的维多利亚时代的两位英国大作家。

首先是吉卜林。人们不能不怀着柔情提及他的《正是如此的故事》《基姆》或者两部《丛林之书》，那真是想象力和精神的奇观。然而人们很难接受这位英殖民帝国的官方歌手以及吉卜林的俗权，即巴登-波威尔勋爵将军，布尔战争的英雄。在吉卜林身上，有一种对性的病态的厌恶，作为不可避免的后果，同时又有一种对军队和战争这所“阳刚”学校的赞颂，一种旨在通过让人力尽筋疲的行军来克服“坏思想”的童子军式教育。要去死、不要去做爱：相互厮打吧，这可使你们不去相互温存！

然而影子毫不留情出现了，争斗的兄弟，一样地可笑，但是在一个直接相反的方向上：奥斯卡·王尔德，一位反吉卜林、戴单眼镜的沙龙常客，肥臀胖脸的浪荡子，嘴像鸡屁股，一口黑牙，冒出来的是“残酷的话”。

这两位作家我都欣赏，他们的作品对我都有所裨益，然而我惋惜一位教母，罗锅卡拉[1]俯身在他们的摇篮上，在他们的才能中吹进的那种丑恶，这个维多利亚女王，肥胖却没有心肠，她那癞蛤蟆眼看不见社会——她是其象征——把十岁的孩子送进约克郡的煤矿里挖煤。吉卜林和王尔德由于其才能而进了维多利亚社会的圈套。人们本来更希望他们的天才起而反对它。

至于天才，很大部分是由后世给予的。让·科克多说：“维克多·雨果乃是一个自以为是维克多·雨果的疯子。”的确，真的疯了才会自以为是维克多·雨果……哪怕他确实是维克多·雨果。一位作家可以有成为

---

① 传说中的长着大罗锅的丑恶仙女。

一个好作家的野心，这只取决于他的职业良心和他的工作；至于成为一个伟大的作家，这就是别人的事了，不是他周围的人的事，甚至也不是他的同时代人的事。如果他认为他正在写的东西是天才的，他是在胡说八道，哪怕他是维克多·雨果。一部作品的天才性包含在读者对作品的实现中。我读《特利斯当与伊瑟》、贝洛、圣西蒙，我认为这些作品是天才的，那是根据阅读对我当时的世界观所产生的扩大、加深、丰富、解放的效果。保尔·瓦莱里说，灵感不是诗人要写诗而处的状态，而是他希望通过他之所写产生的效果使读者进入的状态。作家对读者说："我把我的书给你，让它使你成为一个有灵感的人，而你让我成为一个天才的作者吧。"

这本书就是在这种借来的灵感中写成的，也许它能对这命令做出回应。

小珠篇

不朽者的“行头”

法兰西学士院的成员是终身的，其人数是固定的，四十位，除特殊情况，只能死一位补一位，故称不朽者。我认识的作家居尔蒂斯 1986 年被选进学士院，成了一位不朽者。可是我觉得这位不朽者一点儿不朽的感觉和打算也没有。

1987 年 10 月，我在巴黎又见到了居尔蒂斯。一天下午，他带我去参观法兰西学士院。学士院位于塞纳河的左岸，正对着卢浮宫，中间有艺术大桥相连。艺术大桥于 1803 年开通，它是塞纳河上的第一座铁桥，也是第一座步行桥，木板桥面，桥上有座椅，中间还有两个花房，养有奇花异草，可以遮风避雨。站在桥上，向河的上下游望去，景色十分壮丽，难怪桥上常有人作画。上游，不远处即河心小岛，沿绿树成荫的尖角弗尔加朗向上望去，依次是新桥（名为新桥，实为旧桥，桥龄几达四百年，它第一次为步行者留出了便道），硕大的法院，辉煌的巴黎圣母院和它的高耸的塔尖；下游，则是卢浮宫和卡鲁塞尔桥，尤其是黄昏，一抹斜阳下，缓缓的流水泛着金光，树木和建筑分外清晰，葱茏的绿色中呈现出一片片温馨的灰色，令人遐想联翩，有尘虑尽释，心旷神怡之感。

法兰西学士院1635年由红衣主教黎塞留首相建立，初无定所，1672年迁入卢浮宫，1806年迁入现址（此地原是首相马扎兰主教的私邸），名为法国国家学院，右边一半是国家学院，左边一半是马扎兰图书馆，法兰西学院是五个国家学院之一，就在右边一半中。学院建筑有一绿色的穹顶，极丰满，颇壮观。学院不接受自由的观光客，我因为有学士院院士的带领，自然不在此列。那天是星期一，学院里静悄悄的，不见有人走动，只一个老华人来给我们开门。老华人极瘦，居尔蒂斯告诉我，那是一个广东人，大概不会说中国话。居尔蒂斯说："我带你去看看接待大厅吧！"接待大厅就在穹顶的下面，身临其境，倒不觉得多么宽敞，甚至有局促之感。果然，有幸聆听老院士的欢迎词和新院士的演讲的，四百人而已。站在穹顶之下，我突然想起了莫洛亚在他的《回忆录》里说到的情景。1965年，他去聆听经济学家、哲学家吕埃夫的演说，他看到的是："入院典礼的那一天，吕埃夫请来了他过去和现在的所有头头。在穹顶下，在听众席的第一排就坐的既有保尔·莱诺、安东尼·比耐，也有顾夫·德姆维尔、克里斯蒂安·福歇、佩雷菲特和帕洛斯基。先前科克托请的是一地的女王，而今他请的是一地的大臣。"我问居尔蒂斯："你请的是什么人？"他答道："我可不想请那么多的大人物。你原说去年来的，我已经在前排给你预定了位置。真遗憾……"我笑了："是啊，我不是大人物，不然的话，也就说来就来了。"说毕，两人大笑。

出来的时候，远远地碰见一个瘦高的老人，居尔蒂斯先生说，那就是大名鼎鼎的克洛德-列维-斯特劳斯。我说："我很想拜访他。"居尔蒂斯先生说："你跟他说就是，他很平易近人的，而且他肯定很高兴见你。"说不上什么原因，直到我离开法国，我也没有同他联系。

在我看来，居尔蒂斯已经是个大作家了，如今又进入不朽者的行列，成了列维-斯特劳斯等大学者的同事，不说自得吧，有些欣然之感也不为过。然而不，他非但无炫耀的意思，说起来做起来竟还有些不敬呢。就在几天前，在他家里，他应我的请求（我究竟有些好奇）拿出那套不朽者的“行头”给我看。那是一件黑色的斗篷和一件呢子大氅，大氅很漂亮，简直可以说是华贵，蓝色，绣着浅绿色的细长的树叶，完全是手工缝制。他很坦率：“这套东西花了我十万法郎，我还真付不起呢，幸亏有几位朋友帮忙。哦，等一等，还有我的剑呢。”他说着就双膝跪在地上，从沙发底下拖出一柄长剑。是了，院士阁下是着大氅，佩长剑的。院士们的大氅倒是没有明显的区别，而长剑的剑柄却各个不同，其造型全在个人的设计和选择，皆有其特殊的寓意。居尔蒂斯自柄端至护手依次选的是翎毛、沙漏和老虎。翎毛指的是亨利四世的盔饰。亨利四世在一次战斗中对手下人说：“如果你们被打败，你们就朝着我的白翎毛靠拢。”居尔蒂斯是法国西南部贝亚恩人，亨利四世之同乡也。沙漏，细长小壶状，内盛细沙，漏以记时。这说明时间在他的作品中的重要性，故有批评家称之为“时代的编年史”。老虎来自英国诗人威廉·布莱克的一首诗，居尔蒂斯曾用作小说《夜森林》的题词：“虎，虎，烧个通红，在这夜森林之中。”这是他喜爱的一个形象，多次在作品中使用。这剑柄的造型的确设计得好，形象好，意思也好，只是长年蜷缩在沙发底下，是否太委屈它了？我对他说，何不挂在墙上？他笑了，说不必，又把它塞进沙发底下。

居尔蒂斯告诉我，院士们每周四下午三点聚会，讨论学士院的工作和编词典，而编词典是学士院最重要的工作，虽然学士院的词典并不为民众所广泛使用。每位新选院士所承担的那个词就是此前已经编到的那个词，居尔蒂斯入院的时候，词典编到的词是“不敬”。他说到这里时，不禁大笑，说：“来得正好！”编词典可不是一件轻松愉快的工作，他说不尽然，编到“大腿”这个词的时候，老先生们就足开了一通玩笑。有一个大家常讲的故事：有一次编词典，霞飞元帅睡着了，正好编到“机枪”这个词，一位院士叫醒了他，问道：“元帅阁下，机枪是一种什么枪？”元帅答道：“是一种放起来嗒嗒嗒的枪。”说完，又睡着了。词典诚然是一种严肃的著作，但是词典的编者毕竟也是人，在严肃的工作中表现出稍许的不敬，只有法国人才做得出，我很理解。

我问：“什么人可以进学士院呢？”他说：“没有任何资格的限制，就是说，任何法国公民都可以申请和进入学士院，所以学士院的组成有政治家、军事家、哲学家、医学家、经济学家、作家、诗人，等等。最初学士院的组成是由国王任命的，从1672年开始，新院士是通过老院士选举进入的，最后由国王和总统批准，国王和总统享有否决权。例如，拉封丹1684年选举通过，由于路易十四的否决，1693年才举行入院仪式；保尔·莫朗是由戴高乐总统否决的，十年之后才重新当选。新进的院士就坐在他所接替的院士的那把椅子上，而椅子摆放的位置是固定的。”那么院士的选举能够保证院士的质量吗？不要紧，著名作家让·杜图尔是个院士，他说得好：“学士院保持四五个笨蛋，是一件有利于学士院健康的事。”所以才有“第41把椅子”这个说法。我忙问其故，居尔蒂斯说：“1855年，阿尔塞纳·胡塞发表了一篇幽默随笔，题目叫作《法兰西学士院的第41把椅子》，举出了53个杰出人物，而他们都不是学士院院士。

1894年，胡塞再版了这篇文章，更名为《法兰西学士院的第41把椅子的故事》，减去6个人，加上4个人，总数为51个。1971年，莫里斯·热纳福瓦又提出了13个现代作家的名单，将其列为应该坐上第41把椅子的人。这其中有的拒绝申请，例如笛卡尔、帕斯卡尔、狄德罗、福楼拜等，有的虽申请而不得入，例如巴尔扎克、左拉等。”我说：“听说一个著名的新小说家正在申请进入学士院。”他说：“这一点儿也不奇怪。”

法兰西学士院虽然曾被戏称为“赋闲的国务活动家的清谈馆”，一位作家或诗人若进入学士院，往往会被一些激进人士看作创作生命的“结束”，一句“他完了”就把他打发了，口气颇为不屑。居尔蒂斯先生正是如此，有过类似的经历：曾经有龚古尔学士院主席邀他入院，可是他当时已经申请了法兰西学士院，不得不回绝了他。如果他入了龚古尔学士院，他在当今文学界的地位就会不同。他说：“这无所谓。一个作家的地位取决于他的作品，而不取决于他所获得的荣誉。再说，作家的地位，不应该是一个作家关心的事情。”不过，院士中毕竟多为各个领域里的杰出人物，当个不朽者无论如何是一种难得的荣耀，然而真正不朽的不是那套行头，而是那种并非朽者和不朽者都有的淡泊和谦逊，是那种对待庞然大物的适度的“不敬”。

他拒绝了龚古尔奖

1985年，法国作家于连·格拉克先生已经75岁了，那一年的1月14日下午，我拜访了他。

于连·格拉克原不在我的访问名单中，但是，让-路易·居尔蒂斯先生（他已于1995年去世，我国出版了他的《夜森林》和《一对年轻夫妇》）对我说，一定要见一见于连·格拉克，依他所见，格拉克是现在依然健在的法国最负盛名的作家，对于批评他也有很好的见解。他不愿意抛头露面，很少接受记者的采访，从不出现在电视屏幕上。但是他肯定很愿意见你，我可以介绍你去。

果然，1985年1月14日下午5点钟，我坐在了于连·格拉克先生的面前。

对于于连·格拉克先生，我是只闻其名，未读其书，见他之前，心里不免有些紧张，不知他是何等样人，是否十分严肃，十分高傲，乃至于刻板僵硬，他毕竟是拒绝了法国文学中威望最高的龚古尔奖的人啊。当我敲响了他的门，见到他时，心中的疑虑顿时化作烟云，消失得无影无踪。原来他是一个十分谦和的老人，个子不高，除了鼻梁高一些，眼窝深一些，竟与东方人一般无二。客厅不大，极简朴，墙上挂着一幅铅笔画，一面大镜子，其余的是沙发、茶几之类，还有一张很小的写字桌，与我在居尔蒂斯先生家里见到的相差无几，给我很深的印象，以至于我不由得想：难道法国的大作家都有一张与他们的成就不相称的桌子吗？

我说："于连·格拉克先生，您是一位大作家，见到您我感到很荣幸。"

他微微一笑，说："我一点不忙，很少出门，很容易见的。"

他认为，法国目前的文学正处在一个"空洞贫乏的时代"，其标志是没有重要的作品，没有大作家，通常像他这样年长的作家理应退出文坛，在一边看着年轻一代展示才华。但是，他并没有这样的感觉。他放眼望去，觉得身后是一片空白，没有人把接力棒传下去。一般地说，应该由40岁左右的人占据文坛的前沿，而现在似乎是一群老人在支撑着局面。尤瑟纳尔70多岁才出名，杜拉斯也已70岁了，科恩出名的时候已经80岁，他已于几年前去世了。

法国目前也没有什么文学运动或文学思潮，而运动或思潮是一种法国式的怪癖，人们只有在抱成一团或结为一党时才觉得互相有了依靠，才觉得有力量。法国人喜欢党同伐异，没有运动，没有思潮，文坛上就不那么热闹了，人们也感到了寂寞，二次大战以来，新小说曾经很有势力，引起了学院派批评家的注意，他说的学院派是一些在大学里当教授的新派批评家，在国外特别是美国引起了浓厚的兴趣，但是对大众并没有什么影响。他认为新小说太过重于技巧了，而文学应该在"感觉"上对读者施加影响，引起一种"感觉上的变化"，例如浪漫主义就是一种使读者有了"全新的感觉"的文学运动，超现实主义也是一种有过一定影响的文学运动。就是现在，人们还说某种事情或某些东西是超现实主义的，它改变了人们的感觉，这才是文学的真正的动人之处。

当前的批评过于重视科学性，而在文学的动人之处上则有所忽视。文学批评并不能代替文学创作，一个批评家应该打开通向文学感受的道路，而不应该试图控制和操纵作家的创作。一个作家最重要的是他说话时的口吻，这比形象的美还要重要，这是一种他称呼某些确实独为他所有所见的事物的特殊的口吻。批评家的使命就在于发现这种口吻，而所谓科学的批评于此是无能为力的。一个作家有一批喜欢他的书的读者，是他的幸运，哪怕这样的读者很少。真正的读者是自由的读者。是能与作家结成“秘密会社”的读者，他说，他的读者不会超过一万个，而一万个读者，在他看来，已经是个不小的数目，他很高兴为他们写作。法国人读书不多，却很喜欢谈书。他们把自己的阅读的自由交给了官方的批评家和各种文学奖的评选者和获得者。

于连·格拉克先生谈到了“文学奖”，但只是一带而过，并不想停留，不过我知道，他是唯一拒绝接受龚古尔文学奖的人。

龚古尔文学奖是上千种法国文学奖中资格最老、威望最高、影响力最大的文学奖，奖金虽然只区区 50 法郎，但它可以保证获奖作品发行至少十万册。获奖不仅可以保证作者的文学地位，也可使他获得可观的收入，因此，角逐龚古尔文学奖竟可以成为某些作家写作活动的首要目标，还有他的出版人，也在一旁摇旗呐喊，擂鼓助威，甚至搞点幕后活动。求之不得，遑论拒绝？可于连·格拉克偏偏是一个拒绝的人。

1950 年 1 月，于连·格拉克在《昂佩多克勒》杂志上发表了一篇措辞尖锐的文章《胃里的文学》，反对文学的评奖活动和文学的商品化市场化，对文学的功利主义和意识形态化进行了猛烈的抨击，引起了极大的震动。他认为真正的文学不在胃里，而在心里，文学的价值不在意识形态，不在市场，更不在某个评奖委员会的裁断。过了一年，1951 年 9 月底，于连・格拉克在科尔蒂书局出版了一本小说，名为《西尔特海滩》，立刻以其瑰丽的想象、诡秘的用词和深奥的内涵引起评论界的注意，被誉为战后法国文学中的第一流的杰作。紧接着，媒体开始风传龚古尔学士院对《西尔特海滩》发生兴趣，本来于连・格拉克并无意于龚古尔奖，特别是他发表了那篇文章之后，他就以为已经厕身于各种文学奖之外了，所以，他没有给龚古尔学士院的十位院士寄书，除了安德烈・比利之外，因为他是《费加罗报》的批评家。11 月底，风声越来越紧，几乎就说是他了，他觉得不能再保持沉默了。他就给《费加罗报・文学副刊》的主编写了一封信，该报也于 11 月 28 日发表了这封信，信中表示他从来也不是龚古尔奖的候选人，也坚决不做龚古尔奖的候选人。他说："我坚持认为或远或近地参加某个文学竞赛不再有任何意义，一个作家不会从卷入这种雪崩中得到任何东西。"《费加罗报・文学副刊》在发表这封信的同时，也刊登了一份龚古尔学士院的声明，称"该奖没有候选人"，"我们根据爱德蒙・德・龚古尔的遗嘱的规定选择书并奖励其作者，没有其他的考虑……"。于是，于连・格拉克不得不又一次解释他的立场。29 日，他利用一次采访，在《文学新闻》上明确指出："如果给我龚古尔奖，我不得不拒绝。"他在采访中说："我对某些厚爱并非没有感觉。我不能促使年轻人对文学奖不感兴趣，而自己又向它伸出手。这是一个简单的诚实问题。另外，我对我的出版人感到很抱歉，他理应有更好的命运，而不必有我这个不肯前进的小马驹子。"可是，三天以后，龚古尔奖还是落在了他的头上。十个人中，《西尔特海滩》得了六票，作为主席的科莱特还说："我还是同意格拉克。"马克・奥尔朗说得更简单而直接："我们喜欢这本书。”然而，格拉克拒绝了。

于连·格拉克的拒绝在舆论界引起了轩然大波，一时间，这件事竟被称为“于连·格拉克事件”“文学共和国的一次历险”和“文学史的兴味盎然的一章”。赞赏的，谴责的，理解的，保留的，各种议论纷然杂陈，居然还有年轻的作家气愤之极，想要绑架他！最后，有一种说法不胫而走：你格拉克当然可以拒绝，但是你从这件事的广告效应中已经占尽了好处。于连·格拉克不得已做了最后的回答，言辞至为辛辣、刻薄。他的这篇文章题为《关于一种怪奖的几点思考》，发表在 1951 年 12 月 7 日的《艺术》杂志上，他说：“我将要使人不快了，唠叨，啰唆，单调。但我是固执的，我甘愿冒趣味粗俗的风险。因为我不是不知道，这里那里都将有人对我表示极大的怀疑，而且现在就有人在这场不可理喻的事件中怀疑我‘很鬼’。奇特的龚古尔奖表决之后. 不到 24 小时，一个问题看起来就对我很不利了：人们可以推出一个获奖者，尽管他不愿意，人们可以用荣誉随意地打扮他，这正是龚古尔评奖委员会的情况，他们拥有某种集体的手段，任何个人的反对都无济于事。我一旦被‘选中’，就不可能完全地证明我的真诚。我拒绝支票——少得可怜！我拒绝以该奖的名义所做的一切广告。我不能做得更多了。一架机器已经发动了。拒绝在报纸的洪流中被淹没、冲垮。更糟的是，这种拒绝增强了仪式的辉煌，不情愿的获奖者不得不面对众多的镜头宣读一个简短的拒绝声明。无论他做什么，他只会增加喧闹。无论他做什么，他只会是‘很鬼’。”至于有人劝他不必抱怨，龚古尔奖没有什么不好，反而可以使他出名，使他赚钱，他回答说：“但愿不如此方好！我没有办法——相当奇特的处境——阻止一个我所反对的奖项在物质上有利于我，而且是以最明显的方式。即便我放弃有关销售的一切权利，这种议论仍会有利于我的其他的书，仍会有利于我的将来的书，它改变了人们看我和我的书的角度，而其方式是我所不愿意的。”他最后表示：“我要再一次对评奖委员会说，不带点不应有的火气，我知道人们是不会相信我的，有些作家，广告所带来的意外的好处并不能原谅一切，不能掩盖一切，无论如何，一个作家有权选择通向读者的道路；由于不考虑一种明确表示的拒绝，他们毕竟是犯了滥用权利的错误。”于连·格拉克选择了通过他的作品向读者说话并期待回应的道路。他不想借助于评奖委员会的权威，不想依仗批评家的褒扬，更不想凭借媒体的炒作，从而成为一个人人都在谈论而并非人人都在阅读的时髦作家。

让读者直接面对作品，这是于连·格拉克的追求，也是他拒绝龚古尔奖的直接原因。在法国，像于连·格拉克这样的作家，为数不少，例如让-路易-居尔蒂斯，他几乎得过所有的法国文学大奖，但是谈起来只是脸红，每有嗫嚅之状。他们只求表达的快乐，对于名和利，则视之若浮云。1958 年，于连·格拉克曾对人言：“龚古尔奖把一切都搞颠倒了。按正常的情况，我应该是无名的，不被看重的。反正那样对我更好。”求名求利，现在已被看作是一种正当的甚至被鼓励的行为。对于向公众发表文字作品的作家来说，更是题中应有之义。不求名求利者，反被讥为低能或迂腐。然而，于连·格拉克却向往一种“无名”状态。为什么？他于 1973 年发表的一段话透露出其中的消息：“如果我重写《胃里的文学》，我将给予某种读书界以重要的位置，我当时没有提到它，因为袖珍本图书还没有时行。既然读书界的这一神秘的、巨大的部分买了书，它就读了书，但是它并没有吸收其阅读，因此产生了某种尚待阐明的精神拒绝现象，袖珍版图书的经验证明，人们是可以在这种精神拒绝现象中注入千百万书籍而不会有任何结果的，除了商业的结果。”于是，他拒绝他的书以袖珍版发行，这意味着他放弃了一个赚大钱的机会。

近半个世纪以来，读者和作品之间出现了越来越多的中介，原来只有批评家，现在有了评奖委员会，有了出版社，有各种各样的媒体。其中有极具迷惑力的电视。读者接触到的不仅仅是作品，甚至不主要是作品，而是中介。作家可能被抬得很高，名声被传得很远，但是被抬得很高名声传得很远的原因往往不是作品本身，而是由于围绕着作品生发出来的其他因素。许多大作家名作家就是这样被制造出来的。于连·格拉克住在闹市区，在塞纳河的左岸，几乎是在巴黎的市中心，但是他远离文坛的是非，很少接受记者的采访，难得参加社交活动，从不在电视上露面。他不大相信电视，电视上谈论文学很是热闹，但是那并不意味着文学的繁荣，文学要是真正繁荣了，就不是在电视上谈论，而是要真正的阅读。所谓“小隐隐陵薮，大隐隐朝市”。于连·格拉克实在是一个“大隐者”，身居闹市而无庙堂之想。

于连·格拉克是一个真正的作家，他只以文字示人。他的读者不多，但都是真正喜欢读他的书的人。作为一个作家，我钦佩他，也羡慕他。

格朗贝岛，大坟岛

格朗贝岛是一个孤悬在圣马洛港外锚地上的小岛，岛上怪石嶙峋，蓬草乱生，唯一的建筑是夏多布里昂的坟墓。1828年9月3日，夏多布里昂写信给圣马洛的市长，请求让给他格朗贝岛东端仅容得下一个棺材的一小块地方。1831年10月27日，圣马洛的市长给他写信："您希望在海边距您出生地不远处得到一块安息之地，这将由圣马洛人怀着崇敬的心情为您准备好。这工作将伴随着一种悲伤的心情。啊！但愿这坟墓将长时间地空着！但是，世间的一切都将过去，敬意和光荣却会永存。"夏多布里昂满怀着感激之情引述了市长的这封信，他觉得只有一个词是多余的，那就是"光荣"。由于这个岛属于军事工程部门，出让土地的事办起来并不那么容易；幸亏诗人希波利特·德·莫尔沃耐多方活动，夏多布里昂才如愿以偿，这已是十一年以后的事了。他在《墓中回忆录》中说："我选得好，然而并不知道：在布列塔尼方言中，'贝'的意思是'坟'。"他果然选得好：格朗贝岛，按照意思，乃是大坟岛，一个人把自己的坟选在了一个叫作"坟"的地方，冥冥中竟有这样奇异的巧合，听来真让人扼腕，唏嘘不已。

1998年6月29日，我来到了格朗贝岛。

布列塔尼是法国西北部、夹在英法海峡和大西洋之间的一个半岛，按照雨果的说法：“布列塔尼自古以来就是一个叛徒。两千年来它的每次叛变都是对的，但这最后一次它却错了。”“这最后一次”指的是发生在半岛南部、濒临大西洋的旺代地区的贵族叛乱，雨果以其为背景写了著名的小说《九三年》。在法国人看来，布列塔尼人忠诚而固执，渴望独立和自由，极富冒险精神。半岛的北端有一座城市，叫作圣马洛。圣马洛是一个古老的港口，濒临英法海峡，自 12 世纪起，沿海就筑有高大的围墙，保护着城市，免受海浪和风暴的袭击。每天上下午落潮的时候，在圣马洛和格朗贝岛之间，现出一道细细的陆地，仿佛桥，可以徒步登岛。我那天从巴黎来，到达圣马洛的时候，正值下午三点钟左右，于是乘公共汽车，赶往海滨。我向人打听格朗贝岛，那人看了看表，说：“您来得正好，快要退潮了，您可以徒步登上格朗贝岛。”我顺着他指的方向，登上围墙，等着落潮。我站在围墙上，极目远眺，但见水天相接，一片空阔，几个小岛星列于近海。灰蒙蒙的云，坦荡荡的水，云水之间，成群的海鸥高声尖叫，上下翻飞，午后的阳光从偶尔露出的蓝天中射出，照在海鸥的身上，时而一片白，时而一团黑，白与黑都耀眼炫目。锚地里停着几条大船，像画的一样，纹丝不动。风不大，铁青色的海浪缓缓地朝天边退去，不一会工夫，就在港口和一个海岛之间现出一条细细的通道，那海岛便是格朗贝岛了。我便赶紧从围墙上下来，越过沙滩，踏上这条小路，直奔海岛。岛很小，感觉和陕西的秦始皇陵差不多大，也没有那么多绿色，光秃秃的，到处是裸露的岩石和稀稀疏疏的灌木丛。岛的东端，有一处平地，大概有十平方米的样子，立着一个花岗岩的十字架，那就是夏多布里昂的墓了。墓不大，很简朴，没有铭文，没有雕饰，只是一块灰白色的花岗岩，雕成圆柱形的十字架，有一人多高；周围有十个石墩，中间连接着呈斜十字形的铸铁架，朝向大海的一面敞开着，与汹涌的波涛连为一体，大概象征着墓主扬帆起航或远游或漂泊的命运吧，或者是墓主与风浪搏斗或沉没或胜利的形象？不大的墓在不大的岛上，白天黑夜面对着一片汪洋，海，时而平静，时而狂暴；风，时而轻吹，时而怒吼；云，时而轻薄，时而浓重；间或有雨雪，或雷电，潮起潮落，潮落潮起，二百年来，周而复始，生生不息。浪花溅在十字架上，让它常年潮湿、冰冷，带着铁一般的颜色。长眠的夏多布里昂听着这海和风的呼啸吼叫，可是他不再理会那新旧世界的变化了，他说得对：“明天的景象已与我无关；它呼唤着别的画家：该你们了，先生们。”他忘不了他手中的笔，不过，他不能继续描绘时代的风雨了，他只能在“坟墓的拱顶内里随意涂抹”着涡饰。对他而言，历史到此为止，他的死结束了历史；然而对后人来说，他的文字还在，还发生着影响，可能会使历史的步伐加快、减慢，或者倒退。他说：“喜欢我的回忆录的人，应该记住他们听见的是一个死人的声音。”他不愿意“压住这个发自坟墓的遥远的声音”，因为“我更喜欢在棺材里头说话；我的叙述将伴随着那些因发自坟墓而具有某种神圣性的声音”。我望着坟墓，想象着夏多布里昂还活着，在那个狭小的空间里，举起“干枯”的手，随意地也许是机械地在拱顶画着不表示任何意义的“涡饰”，我禁不住一股惆怅袭上心头：也许夏多布里昂并不像他说的那样：“明天的景象已与我无关。”总之，这座朝向大海敞开的简朴至极的坟墓让人想起法国著名画家吉罗岱（1767—1824）所画的夏多布里昂的肖像：一个忧郁阴沉的年轻人，侧身倚在一堵矮墙上，一只手在前，一只手揣在怀里，紧闭着嘴唇，双目平视（唯平视，才表现出主人公的忧郁），望着看不见的远方，蓬松的头发，被强劲的海风吹乱，似乎显示着一种执拗而阴郁的力量。肖像是1809年画的，夏多布里昂当年41岁，正在“狼谷”隐居。画上的夏多布里昂看上去有三十来岁，拿破仑看到这幅画时，说了一句：“他好像是从烟囱里冒出来的阴谋家。”墓前有几束鲜花，束着雪白的缎带，那是尊敬或崇拜夏多布里昂的人献的。这鲜花白的像雪，红的像血，十分鲜丽，多少冲淡了墓主的寂寞和冷清。然而，夏多布里昂果真感到了寂寞和冷清吗？

墓的对面，在一片山石上，刻着这样几行字：

一个伟大的法国作家
希望安息在这里，
但愿只听见
海和风的声音。
过往的行人，
请尊重他的最后的愿望。

果然，游人走到这里，一边望着墓石，一边陷入沉思，说话也放低了声音，仿佛生怕打搅了墓的主人。“瞻仰”一词在这里不合适，瞻者，望也，仰者，脸向上也，而夏多布里昂不希望人们脸向上地望着他，他需要平视，平视可以包含着各种各样的感情，当然也可以是憎恨或厌恶。然而这一切都是身后的事了，他要做的只是“在我的墓坑旁坐下，然后勇敢地走下去，手持带耶稣像的十字架，走向永恒”。“勇敢”在这里不是一个无关紧要的词，它表明了一种决心和信心：一切人世间的喧嚣都远去了，只留下海的激荡和风的咆哮。这声音陪伴着他，因为他原本不是一个甘于寂寞的人啊。夏多布里昂并不是一个举国上下顶礼膜拜的人物，他的政治活动众说纷纭，褒贬不一，然而他的一支笔为他赢得了“魅惑者”的雅号，所以他以作家称而不以政治家称。他的《阿达拉》《勒内》《基督教真谛》《纳切兹人》《从巴黎到耶路撒冷纪行》《殉道者》《美洲游记》《墓中回忆录》等一系列作品，足以使他成为一个“伟大的法国作家”。后人的聒噪自然可以置之不理，但是，“伟大的法国作家”一语还是后人加的，“但愿只听见海和风的声音”怕是不能如愿了。我去了一趟格朗贝岛，回来就要写一篇游历的文章，发出了一种“海和风的声音”之外的声音，扰人清梦，显然是夏多布里昂不愿听到的，更何况二百年来研究夏多布里昂的书籍和文章更是不知凡几。没有办法，文章总是要写的，只是我没有在他的墓旁说三道四，庶几可以得到他的原谅吧。

回过头去，望见的是圣马洛城，在高高的围墙后边，一片整齐的楼房赫然在目，有两三座高而尖的塔君临其上，想必是教堂了。1768 年 9 月 4 日，弗朗索瓦·勒内·德·夏多布里昂就出生在那一片房子里。他出生的房子坐落在犹太人街上，那座房子后来改作旅馆，那条街也更名为夏多布里昂街了。如今那座房子的墙壁上挂着一个铜牌，上面写着：夏多布里昂街，原名犹太人街，3 号，勒内·德·夏多布里昂 1768 年 9 月 4 日出生在这座房子里。那座房子北面即是围墙，过了围墙就是大海了。夏多布里昂说：“预告秋分的狂风掀起的海浪发出阵阵咆哮，盖住了我的哭叫声：人们常常跟我讲起这个细节；其惨象永远留在我的记忆之中。每当我想象我曾经是什么样子，我就在脑海里看见我出生的那块悬崖、我母亲赋予我生命的那间屋子、其吼声催我第一次入眠的那阵风暴和我那倒霉的哥哥，他给了我一个几乎总是把我拖入不幸之中的名字。苍天好像集合了这种种不同的景象，在我的摇篮里放进一个我的命运的形象。”后来有人对他的说法表示怀疑，认为他是夸大其词，唤来风暴赋予他的出生以某种悲剧色彩，又有人经过确切的考证，说当时确有一股风暴自敦克尔刻起，横扫圣马洛，旬月不止。无论如何，是他周围的人常常跟他“讲起这个细节”。我没有见过海上的风暴，我来圣马洛的那一天风也不大，但是我在圣马洛港的街上徜徉的时候，看到不少画店里都有描绘风暴的作品，那种樯倾楫摧的力量给我很深的印象。同时，1998年正值夏多布里昂逝世150周年，全法国都在举行纪念活动，尤其是布列塔尼，更是推出夏多布里昂年，演戏、音乐会、报告会、研讨会、展览会等，丰富多彩的活动在各个城市里展开，预告各种活动的广告触目皆是。一个历史上备受争议的人物，身后的荣耀是无以复加的了，可以说是“备极哀荣”。他说:“荣耀也永远不能给我带来休息和幸福。”生时，他是法国文学的第一人，少年雨果曾立下这样的宏愿:“要么成为夏多布里昂，要么一无所成。”死时，他在1848年革命的炮声中，对垮台的七月王朝说了声“干得好”，不过他的声音太微弱了，不会引起什么震动，他太老了。可是死后，荣耀给他带来了“休息和幸福”，令夏多布里昂的预言失算。法兰西民族是一个明智的民族，她不以政治态度论短长、定褒贬，而是给一切有才能并做出贡献的人以崇高的地位，享受后人的尊敬和爱戴。夏多布里昂是法兰西民族的骄傲，这骄傲不因他是一个王权的拥护者而稍减，尽管现在是共和的时代。像法兰西民族那样给予一个文学大师这样的地位，在世界上怕是不多见的。

那么，他的命运究竟是一种什么样的命运呢？

夏多布里昂出生的时候，家道已经中落，他被送到附近农村由农妇喂养，三年以后回到家里，成了一个整天在海边玩耍的野孩子。他 8 岁的时候，家中失火，这时他的父亲已经买下贡堡的领地，于是举家搬迁，似乎有些中兴的意思。他辗转于多尔、莱纳和迪南等地的学校，还曾经到布列斯特等待进入海军学校而不得。他有四个姐姐和一个哥哥，身为次子，他不能继承父亲的遗产，只能进入军队或从事神职。作为贵族的子弟，成为保卫国王的军人，乃是天经地义的事，于是，他 18 岁就成了军队的一名少尉，并于次年由他的哥哥引见，被介绍给路易十六，并由此混迹于巴黎的沙龙，结识了他最亲密的朋友德·封塔纳。他梦想着写诗的成功，崇拜卢梭，并失去了宗教信仰。他是一个贫穷的、默默无闻的外省青年贵族，对 1789 年的革命表示同情，但是对革命中的过火行为不能容忍，就于 1791 年启程去了美国，说是要发现从西北方向前往新大陆的道路。从七月到十二月，他在美国待了五个月，从巴尔的摩到费城，拜访了华盛顿，然后上溯哈德逊河，观赏了尼亚加拉大瀑布。他没有沿俄亥俄河直下到密西西比河，却在《阿达拉》和《美国游记》中不吝笔墨，详细地描绘了密西西比河两岸的风光。有人指责他“撒谎”，于是怀疑他笔下的“真实”。为了替他辩诬，也许我们可以引用瑞士作家拉缪的一句话：“一个人想成为什么，也许比他是什么更重要。”他看到了鸿蒙初开的大自然，他认识了骁勇善战的印第安人，他获得了前所未有的强烈印象，这使他的笔在法国人面前展示出一种全新的景象：“一切全新：山川，人物，色彩。”他成了一个“魅惑者”，人们甘愿受他的文字的魔力的摆布。1791 年 12 月，他听到路易十六被逮捕的消息，他身上的布列塔尼贵族的灵魂苏醒了，于 12 月 10 日匆匆启程回国。这是他初入社会的第一步，他在 1811 年 12 月 31 日回忆他的出世时，在注解中写道："先于我 20 天，1768 年 8 月 15 日，在法国的另一端，另一个岛上，诞生了一个人，他结束了旧社会，他就是拿破仑。"看来，他的野心不小，他居然想到了拿破仑！其实，一个结束了旧社会，一个结束了旧的文学时代，相提并论，似无不可。这一年他 43 岁，难怪拿破仑对他的肖像有那样的评价。不过，当今的文学家似无这等雄心壮志，竟敢和政治家平起平坐。俱往矣！

夏多布里昂已经长大成人了，然而，他从"小孩子到男子汉"的过程是在贡堡完成的。他从布列斯特回来，有两年半的时间是在贡堡度过的。贡堡是一座古老的城堡，通过继承或婚嫁，它已经有了 31 位主人，直到 1761 年 5 月 3 日，夏多布里昂的父亲买下了它。我从圣马洛回来的时候，曾经顺路去看过它，可惜过了开放的时间，只能在外面隔着铁栅栏望一会儿。它有四座高而尖的塔楼，其雉堞在黄昏中显得威严而神秘，院子很大，绿草萋萋，数十株高大茂密的橡树支撑着昏暗的天空。年幼的夏多布里昂居住的那个墙角堡，我认不出来，可是我清楚地记得，他把它叫作"我的主塔"。孤零零的一个孩子住在一座阴森可怖的塔里，能不害怕吗？他说："他们不是竭力让我相信根本就没有鬼，而是强迫我不怕鬼。"结果，"夜里的风只不过成了我遐想的玩具和梦幻的翅膀"。贡堡如今是一个相当繁华的小镇，可是，二百年前，"贡堡的领地上只有荒原，几座磨坊和两座森林"，很难想象一个 15 岁的少年是怎样在这座古堡中生活的。秋天或冬天的晚上，8 点钟开饭，晚饭后，母亲叹着气，坐在一张旧躺椅上，父亲穿着一件白色的大睡袍，戴着一顶挺然而立的白睡帽，在只点着一根蜡烛的空荡荡的大厅中来回踱步，像个幽灵一样不说话，偶尔问那少年和他的姐姐：“你们刚才说什么了？”少年和他的姐姐则吓得要命，一声不吭。一直到10点钟，该睡觉了，他们的耳中只剩下“他那有节奏的脚步声、母亲的叹息声和飒飒的风声”。父亲走了，“魔法解除了；父亲的在场把我们变成了石像，现在我们又活过来了。魔法解除的第一个后果是我们说起话来都滔滔不绝：刚才的沉默压得我们好苦，现在我们跟它算账了。”白天，这个少年在田野里“奔跑、跳动、蹦高、跃起、撒欢，直到力尽倒下，心怦怦跳，陶醉于嬉戏和自由”。或者去打猎，“在田野上、沼泽地里、欧石楠丛中大步走来走去，荷枪立于荒野，充满力量和孤独之感”，这样，他才感到“随意自在”。他感到了“诗兴的第一口气息”，他遇见了“爱情的幽灵”，他经受了死亡的“诱惑”，他体味着“秋天的快乐”：“树叶脱落仿佛我们的岁月，鲜花凋零仿佛我们的时刻，流云飞逝仿佛我们的幻想，光亮渐暗仿佛我们的智力，太阳变冷仿佛我们的爱情，河流冰封仿佛我们的生活，这一切都和我们的命运有着隐秘的关系。”他孤独，他忧郁，他骚乱，他狂热，有一天，他的姐姐对他说：“你应该描绘这一切。”他的姐姐叫吕西尔。“她的举止，她的声音，她的微笑，她的容貌中，都有一种梦幻的、痛苦的东西。”夏多布里昂说：“吕西尔和我同为无用之人。”只有一个无用的人才能理解另一个无用的人。如果说夏多布里昂是法国浪漫主义文学的开创者的话，那么，贡堡的生活无疑是造就一个忧郁敏感的诗人的摇篮。1791年7月10日，夏多布里昂登上圣皮埃尔号，启程去了美洲。他说：“如果我的著作在我身后幸存，如果我有留名的可能，也许有一天，这部回忆录会指引某个旅游者前来拜访我描绘过的地方。”我就是这样的一个旅游者，可惜我来去匆匆，不能进入贡堡，体会一下古堡中的生活。我想，二百多年前，在一个荒凉的古堡中，一个15岁的少年，面对一个沉默而固执的父亲和几个女人，那日子肯定不是很愉快的。然而，对于夏多布里昂来说，贡堡始终是积淀了他无数幸福或悲伤的回忆的地方，世间的一切微小的变化，只要是有意或无意间触动了他的心弦，“贡堡的幻影”就会不断地涌现出来。他写道，1817年7月在蒙布瓦西埃，“一株桦树的最高枝上栖着一只鸫鸟，阵阵啁啾，打断了我的沉思。就在此刻，这种神奇的声音使父亲的领地再现于我的眼前；我忘记了我曾亲眼看见的种种灾难，突然回到了过去，又看见了那一片常常听见鸫鸟鸣啭的田野”。这一段脍炙人口的描写被评论家誉为普鲁斯特的“小玛德莱娜点心”的先声，“贡堡的幻影”成了夏多布里昂汲取灵感的源泉。

从美洲回来，夏多布里昂结婚了，然后参加了流亡者的军队。行军中，他们来到特莱夫（今名特利尔，是诞生过马克思的德国城市，1815年前曾经属于法国），夏多布里昂“看见了俄亥俄的无名废墟之后又看见了罗马废墟”，他称之为“一大乐趣”。他说：“我在一座罗马的圆形剧场的残垣断壁中重读并修改一段关于森林的描写——《阿达拉》的一个片段，这样来准备征服法兰西。”他那个时候就想到以《阿达拉》来征服法兰西，未免太早了，这显然是后来写作回忆录时的口吻。这支四分五裂的队伍在第雍维尔（Thionville）遭到重创，夏多布里昂受了伤，患了病，跌跌撞撞地穿过了比利时。这支小小的部队由贵族组成，虽然说是勤王，但是也没有忘记等级，夏多布里昂不由得感叹道：“系于同一事业、面临同一危险的人们仍然继续着由丑恶的标志表示出的政治上的不平等：真正的英雄是那些平民百姓，因为他们的牺牲没有搀进任何个人的利益。”

他离开了比利时，来到伦敦，开始了长达 8 年的流亡生活。他籍籍无名，又身无分文，只好以翻译和教授法文为生。于是，他“白天翻译，晚上写《革命论》”，日子过得也不无乐趣。他说：“我的贫困和别人的富有、我的无依无靠和别人的熙来攘往之间的对比，使我感到愉快。”他在小城本盖的英国牧师艾福斯先生家里教授法文，先生的独生女儿——15 岁的夏洛特爱上了他，可是他不能接受，因为他已结了婚。他的心受到了重创，他说：“在我所经历过的痛苦中，这一次最伤心，最剧烈。”倘若娶了夏洛特，他在人世间的角色就会改变：“隐居于大不列颠某郡，成为一个以打猎为乐的绅士；我的笔下不会写下一行字；我甚至可能忘记我的语言，因为我用英文写，我的头脑中的思想开始用英文形成。”一个法国流亡贵族成为一个英国绅士，对于夏多布里昂来说，这样的前景颇具吸引力。他早就想过“平静的日子”了，他不愿过落在他头上的“动乱的日子”。他问道：“帝国，复辟，分裂，法国的争吵，这一切与我何干？”他怀疑：“我肯定有真正的才能吗？这种才能值得牺牲生活吗？我能超越我的坟墓吗？如果我去了冥间，在目前正在进行的变化中，在一个改变了的、忙于别的事情的世界上，还会有一个倾听我的公众吗？我会是一个过时的、为新一代所不理解的人吗？对于倨傲的后世来说，我的思想、感情，甚至风格会是一种无聊的、陈旧的东西吗？我的影子可会像维吉尔那样对但丁说：‘我是诗人，我歌唱！’”不过，我们得承认，他如果接受夏洛特，他将使英国多了一个默默无闻的绅士，使法国失去一个伟大的作家，的确会使他的国家“蒙受很大损失”，至少会使今天的读者少了许多阅读的乐趣。在流亡英国的期间，夏多布里昂写了两部著作：《革命论》和《基督教真谛》。在第一部著作中，百科全书式的怀疑主义和模糊的宗教惶惑交织在一起，他一旦得知母亲去世，立刻“恍然大悟”，并开始写作第二部著作。“从《革命论》的怀疑主义到《基督教真谛》的确信无疑，不需要花很大力气。”母亲的死使他又回到了童年时的信仰。“我的信仰发自内心：我哭了，我就信了。”

1800 年 5 月，夏多布里昂顶着一个假名字，回到了法国。他又见到了先前的朋友德·封塔纳、儒贝尔等人，并结识了拿破仑的弟弟和妹妹，更为重要的是，他能与在流亡中认识的德·博蒙夫人重叙友情。女人，或者说沙龙女主人，是革命前的法国的一支重要的幕后力量，足以造成一个人的名气，足以毁掉一个人的声望。夏多布里昂的成名得力于女人不少，其中就有德·博蒙夫人和后来的雷卡米夫人。这种使男人成名的力量来自贵族的“文雅”，但是，夏多布里昂后来回忆说，在革命后的法国，“这种文雅已经不复存在，那是教育的结果，经过运用变成了性格的力量”。1801 年 4 月，他出版了《阿达拉》。《阿达拉》原本是《基督教真谛》一个片段，作为试探气球，夏多布里昂先把它在法国出版了，结果造成了轰动。“帝国时期的文学本属古典派，乃是一个返老还童的老太婆，看一眼就让人够够的了，《阿达拉》应运而生，是一种闻所未闻的作品。”总之，“旧时代排斥它，新时代欢迎它”。夏多布里昂成了名人，出于拿破仑的妹妹的干预，他的名字也从流亡者的名单上被划掉了，但是他“生性孤僻”，总是怀疑自己的才能，他竟能够在“陶醉”之余保持“谦卑”。“我逃避我的地位，我躲避行人，竭力打掉罩在我头上的光环。”接着来的是《基督教真谛》，除了复兴基督教的意图之外，这部著作在文学上有它特殊的意义：它提出了浪漫派的文学主张，把“忧郁”作为文学的第一要素，要求文学表现“模糊的思慕之苦”和孤独感。他说：“我是在我们的庙宇的残砖断瓦之间出版《基督教真谛》的。忠实的信徒以为自己获救了：当事人们有一种信仰的需要，渴望着宗教的慰藉，因为这种慰藉已被剥夺有年了。为了克服经受过的诸多对立，需要多少超自然的力量啊！多少被肢解的家庭需要在人类的父亲身边找回失去的孩子啊！多少破碎的心和孤独的灵魂为了治愈呼唤着一只神圣的手啊！人们冲向天主的家，就像传染病流行时冲向医生的家。我们的动乱的牺牲品（有多少种不同的牺牲品啊！）逃向祭坛；溺水者抓住岩石，以图获救。"《基督教真谛》所呼唤的舆论有力地支持了拿破仑的意图，夏多布里昂也从此开始了他的政治活动。《勒内》(《基督教真谛》的一章）所诊断的世纪病的时代特征，开创了以忧郁为灵魂的浪漫派文学，但是，夏多布里昂对诗人和小说家们把痛苦普遍化却感到忧虑。"一群群诗人勒内和散文家勒内已经泛滥成灾：人们听见的尽是些悲哀的、前言不搭后语的话；除了风和暴雨、对着云和夜倾诉的无名之痛苦，别无其他。没有一个无知的学生从学校里出来不幻想着成为最不幸的人；没有一个小孩子不在 16 岁上已经耗尽了生命，自以为饱受自己的天才的折磨；没有一个不在自己的思想的深渊里放纵于模糊不清的激情；没有一个不拍打着自己的苍白而脱发的额头，不用一种不幸让那些目瞪口呆的人吃惊，这种不幸他不知道叫什么，那些人也不知道。"更使夏多布里昂感到忧虑的是，拿破仑终于意识到《基督教真谛》所宣扬的宗教观念与正统的君主专制思想是不可分割的，它们一起来了。夏多布里昂骄傲地说："我喜欢感觉到他的利爪。"终于，他在罗马大使馆任职一年之后辞职了，借口是夏多布里昂夫人的身体欠佳，实际上是拿破仑处决了一位公爵。对于政治来说，文学是一把双刃剑。聪明的政治家理解这一点，所以能趋利避害，一方面借用文学来打造有利于自己的舆论，一方面竭力遏制文学本性的发挥，而文学的本性是自由。但是，聪明的政治家只是一时的聪明，当他压制文学的本性的时候，他就开始走上了失败的道路。因此，1807年秋，夏多布里昂在巴黎西南郊的奥尔内村“买了一栋园丁的房子”，在此隐居起来。夏多布里昂的新住所在一个叫作“狼谷”的地方。

我去过狼谷，时间在去格朗贝岛前不久。

狼谷位于巴黎西南 11 公里处，在罗班松高地的南坡上。在《墓中回忆录》的一开头，夏多布里昂便写道：“……我在距苏镇和夏特耐不远的奥尔内村附近买了一栋园丁的房子，它隐蔽在长满树木的丘陵之间。房子连带的土地不平，且多沙，不过是个野生的果园，尽头有一条小溪和一片栗树林。”如今这里是夏多布里昂协会的所在地，有一个博物馆和一个图书馆，向世界各地的研究者提供作家的生平和创作资料。

那一天，我和妻子是乘朋友的车子去的，像是走了许多冤枉路，才找到夏多布里昂博物馆。博物馆坐落在狼谷公园，说是“狼谷”，也许那个时候此地多狼，可是“谷”就不好说了。不过是一片缓缓的坡地，与想象中的“谷地”大不一样。参观博物馆，进门要购票。我那朋友对售票的人说：“您知道吗，我这位朋友可是夏多布里昂的中文译者！”售票的人望着我，问：“果真？”我笑了，点了点头。那人笑着说：“为了向夏多布里昂的译者表示敬意，你们不用买票了！”

房子是 1793 年建成的，夏多布里昂买下之后，进行了大规模的装修：在房子朝向花园的粉红色的墙上打了一个门，修了一个带三角门楣的柱廊，竖起了两根白色女像柱和两根黑色大理石柱，还在园中建了一个圆形的石堡，供读书之用。最奇特的是，从一楼到二楼的前面是一个大厅，楼梯改为左右两条，中间交叉，然后又分开，直抵二楼，与轮船上的舷梯殊无二致。参观者到此不难体会到它的妙处：每日顺着舷梯上下，或低头沉思，或凭栏四望，恍若在大西洋上航行。这大概是性喜旅行的夏多布里昂的用意所在吧。窗户则用木头或花草装饰得光怪陆离，据说是出自夏多布里昂之手。印象中房子是粉色的，在一片绿色中显得十分宁静和安详。

花园很大，沿着斜坡伸展到很远的地方，远处绿树掩映中隐约可见许多房舍，想必是临近的村镇。当年夏多布里昂手植的树木有些依然茂盛。他说："我爱我的这些树；我把哀歌、十四行诗和颂歌奉献给它们。没有一棵不是我亲手侍弄的，我弄掉根上的虫子和叶子上的毛毛虫；我叫得出它们的名字，就像我自己的孩子；我没有别的家，这就是我的家，我希望死在它们中间。"离房子稍远的地方，林木婆娑，几株高大的橡树覆盖着那座夏多布里昂自建的石堡，夏天时他在里面读书写作。我们去的那一天，正碰上一群中学生，在老师的带领下来此参观。他们聚在石堡前，听着老师的讲解："在这座石堡中，夏多布里昂写了《殉道者》《从巴黎到耶路撒冷纪行》《阿邦赛拉琪末代王孙的艳遇》……《墓中回忆录》的开头几章也是在这里写的。"看到他们，我不由得想起我们的中学生，他们是否也在老师的带领下去参观著名作家的故居呢？

夏多布里昂在狼谷生活了 11 年，1818 年 7 月，他因经济困难而卖掉了狼谷。他说："卖掉狼谷我是很痛苦的；我爱我的那些树，从此它们只能在我的回忆中种植和生长了。"这 11 年中，法国发生了许多事情：1814 年 3 月，拿破仑帝国垮台，第一次王政复辟；百日政变，1815 年 6 月 18 日，拿破仑兵败滑铁卢，第二次王政复辟。1811 年是夏多布里昂文学生涯中最耀眼的年头之一，他被选入法兰西学士院，在他的入院演说稿中，拿破仑大笔一挥，把对自由的歌颂、对王政的眷恋、对流亡的影射等内容悉数删除，他感到“狮子的爪已经深入身体的各个部分”，他“相信已在腰上感到了它”，从而感到“一种刺激的快乐”。从此，他越来越多地参与政治活动，成为正统王权的坚定的支持者。1814 年 4 月，他冒着生命危险出版了一本小册子《论波拿巴和波旁王室》，认为拿破仑给法国带来了灾难，王政是法国唯一的出路，是“医治法国迫在眉睫的无政府状态的一剂良药”，用路易十八的话说，这本小册子抵得过十万军队的力量。波旁王朝返回的时候，他被任命为驻瑞典大使。1815 年拿破仑百日政变的时候，他跟随路易十八流亡，并被任命为临时内政大臣。1816 年 9 月，他发表了《按宪章建立的君主政体》，提出了“君主统治但不管理”的著名原则，并创办了报纸《保守派》，发表一些与当权派不同的言论。1821 年，他经过一阵短暂的失宠之后，又重新获得国王的信任，先后被任命为驻柏林大使和驻伦敦大使。就在他能够重温旧梦的时候，他害怕了，他现在“害怕感情的波动：时间剥夺了我的青春，使我像那些把胳膊腿留在了战场的士兵一样；我的血要跑的路不那么长了，如此急速地冲进我的心脏，我的这个已然衰老的快乐和痛苦的器官跳动得仿佛就要破碎”。1822 年 9 月，他在维罗纳会议上力主由法国单独解决西班牙危机，年底，他被任命为外交大臣，旋即发动了西班牙战争，然而战争成功后，他就因宫廷的斗争而“垮台”了。他说：“我头脑简单，一切顺诸天性，也因为我一无所图，人家就以为我无所不贪。今天，我已清清楚楚，我的不合群的生活乃一大错误。怎么！您什么也不想当？那就滚吧！一个人蔑视我们所崇拜的东西，他自以为有权侮辱我们的生活的平庸，我们就不要他。”不管他是一个什么样的人，他的这一番话确实说得好。1828 年 9 月，他担任驻罗马大使，次年 8 月，他辞去了大使的职务。这是他最后一次担任公职。七月王朝时期，夏多布里昂仍然忠于波旁王室，曾两次到国外晋见流亡的查理十世。第一次晋见是在布拉格，他写道：“我一步步往上走，城市也在我下面渐渐展开。历史的交织，人的命运，王国的毁灭，福音的意图，纷纷涌上我的记忆，与我的个人命运的回忆融为一体：探索过一座座死去的废墟之后，我又被召去目睹一座座活着的废墟。”他已经断定，他所从事的事业是一桩必定失败的事业。然而他不悔，他带着道义感的满足坚定地朝着他的坟墓走去。忠也罢，愚忠也罢，他有着自己的信念。1841 年，他结束了《墓中回忆录》的写作，他说：“1841 年 11 月 6 日，我写下这最后的话，我的窗子开着，朝西对着外国使团的花园：现在是早晨 6 点钟，我看见苍白的、显得很大的月亮，它正俯身向着残老军人院的尖顶，那尖顶在东方初现的金色阳光中隐约可见：仿佛旧世界正在结束，新世界正在开始。”他决定，这部回忆录将在他死后五十年公之于众。1844 年，他出版了《朗西传》，宣传忏悔与苦修。1846 年，他出了车祸，锁骨骨折。从此，夏多布里昂缠绵病榻，终于 1848 年 7 月 4 日革命的枪声沉寂下来的时候，告别了人世。他并不害怕死亡，因为他写完了《墓中回忆录》，他的“纪念碑完成了”，他说：“这对我是很大的宽慰，我觉得有人推我；我在船上订了座位，船老大通知我一会儿就要上船了。”

这就是夏多布里昂的“命运的形象”：生于风暴，死于风暴，从一座座死的废墟走向一座座活的废墟。忧郁是他的灵魂，痛苦是他的感情，执拗是他的行动，他之所想和他之所为之间的差距造成了他的夸张。人们常常嘲笑他与拿破仑的并列，但是，拿破仑是政治上的寡人，他是文学上的君主，却是一个不争的事实。

我到格朗贝岛去看他的坟墓，到圣马洛去看他的出生地，到贡堡去看他度过童年的地方，到狼谷去看他隐居的房子，所怀的感情是尊敬。他在《墓中回忆录》里说："我可以认为，在我身上，政治家和作家是不相上下的，这不是吹嘘；但是，我认为国务活动的名声分文不值；正因为如此，我才能加以谈论……在我的两种生活之间，唯一的区别是结果。我的文学生涯是圆满的，产生了它应该产生的一切，因为它只取决于我自己。我的政治生涯在其成功的途中突然中断，因为它取决于别人。"他是清醒的。我在为《墓中回忆录》所写的序文中曾经写过这样一段话，我并不认为这段话说得多么好，但是我说不出更好的话了，我把它引在下边，希望读者不要认为我是如此的骄傲，竟然引用自己的话："夏多布里昂说：'从本性上说，我是个共和派，从理智上说，我是个保王党，从道义上说，我是个波旁派，如果我不能保留正统的君主制，比之一个不知谁生下的杂种君主制，我更喜欢民主制。'这样的表白无论真实与否，都有其动人之处，所以动人，乃是因为这是一个有思想、有感情、有想象力并且付诸行动的人常会面临的窘境。比之他的爵位，他更愿意成就一个名声；比之他曾经崇拜的拿破仑，他更倾心于辛辛那提的农夫华盛顿；比之金钱和地位，他更看重思想的自由和批评的权利。他的本性是独立不羁，是自由，是怀疑，所以他是一个痛苦的诗人。他的理智是光宗耀祖，是传统，是信仰，所以他是一位精神的卫道士。他的道义是尊卑有序，是忠诚，是正统，所以他是一位极端的政治家。然而，本性、理智和道义常常是矛盾的，诗人、卫道士和政治家三者的相遇使他成为一个极其复杂的人，并且毕生承受着内心冲突的折磨。”夏多布里昂所以能够“勇敢地”走向坟墓，是因为他能够清醒地认识到他身上的矛盾。

我尊敬夏多布里昂，正是因为他的清醒。

卢梭：三百岁的孤独漫步者

罗纳河自北向南，流经洛桑一带，突然膨胀，形成了一个大湖，名莱蒙湖。湖的南端是日内瓦，到罗纳河流出莱蒙湖的时候，河中出现了一个小岛，称贝尔格岛。瑞士将军杜福尔于 1831 年在岛的南面建悬索桥，1881 年因施工不良重建。因为他崇拜卢梭，遂建议将此岛改称为卢梭岛。

今年[①] 6 月 28 日是卢梭 300 周年诞辰纪念日。日月忽其不淹兮，今天的贝尔格桥是一步行桥，中间斜出一小桥，向北通往卢梭岛。岛上浓荫匝地，遍植意大利杨和垂柳。还有一小茶室，岛的东西两端有笼养的天鹅之类的水鸟。垂柳的枝叶轻抚水面，在此品茗，远眺，只见烟波浩渺中，有一强劲的水柱直冲霄汉，此为著名的日内瓦大喷泉也。该岛既名为卢梭岛，该有与卢梭相关的纪念物吧。果然，一座卢梭塑像赫然立于其上，该塑像是著名的雕塑家让-雅克·普拉迪埃 1834 年的作品。基座为白色大理石，约有两人高，上面卢梭端坐在一把扶手椅上，基座正面刻有“让-雅克·卢梭，日内瓦公民，MDCCXII-MDCCLXXVIII

---

① 此文著于 2012 年。——编者注

（1712—1778——笔者按）”，左面刻有“让·普拉迪埃，1834年2月”，背面是“塑像立于1838年”，右面是“克罗萨利埃铸于1834年”。塑像为青铜质，近乎黑色，卢梭坐于椅上，宽袍大袖，赤足，无帽，头微微下垂，做沉思状，右手执笔，略举，左手持书，摊开置于膝上，仿佛正要把优美的文字落在纸上。当年的塑像面对莱蒙湖，据说今年为纪念卢梭诞辰300周年，卢梭岛重修改建，塑像重又面对日内瓦老城，恢复了最初的方向，这是为了强调卢梭的日内瓦公民的身份吗？不得而知。

卢梭在瑞士的纪念地还有一处，远比卢梭岛重要和有名，那是处于比埃纳湖中的圣皮埃尔岛。比埃纳湖畔有一小城叫作比埃纳，湖以城名，还是城以湖名，不得而知，也不知有没有记载。圣皮埃尔岛本是一个不知名的小岛，几乎未见于游人的笔下，但是，自从卢梭为躲避莫蒂埃村的“投石事件”而在岛上住了不到两个月的时间以后，这个小岛居然成了学界巨擘、达官贵人及一般浪漫派青年顶礼膜拜的圣地。所谓“投石事件”是这样的：1762年，卢梭相继发表了《社会契约论》和《爱弥尔》，他的名言“人生来是自由的，却无往不在枷锁之中”就出在《社会契约论》中，他鼓吹的“民主”“自由”“平等”“顺乎天性”等观念，引起了当局和教会的注意和嫉恨。不久，《爱弥尔》被没收，遭国会查禁。卢梭风闻当局要逮捕他，就匆匆逃亡瑞士依弗东，躲进沃德山村。这时日内瓦也在查禁《社会契约论》和《爱弥尔》，并下令逮捕作者，卢梭只好再度逃亡，藏身于纳沙泰尔邦的莫蒂埃村。他住进去不久，就有流言蜚语如暗潮涌动一般，落在他的头上，他被看作是一个“反基督者”，他那一身亚美尼亚长袍更是令人侧目，终于有人在暗处朝他扔石块了。九月初，卢梭的住宅遭到了袭击，满地石块，暗中鼓动的是当地的行政长官和宗教界的领袖。这就是莫蒂埃村的“投石事件”。显然，莫蒂埃村是住不下去了，然而下一个栖身之所是哪里呢？到法国是不可能了，那么到英国去？到德国去？可是他“对瑞士感情甚深，下不了决心离开它”，他决心“住到圣皮埃尔岛上去”，因为“头年夏天……参观过该岛，简直被它迷住了。自那以后，便总是想有什么办法能在那岛上住下”（《忏悔录》）。该岛属伯尔尼邦所有，经多方或明或暗地打听，确信伯尔尼方面不会难为他，于是，他登上了圣皮埃尔岛。他在岛上生活得怎么样？他能够实现自己的愿望吗？“我真想将自己紧紧地禁锢在这个岛上，和世人不再来往。”

呜呼，卢梭只在岛上住了一个半月，又被伯尔尼邦小议会逐出，经柏林、斯特拉斯堡、巴黎，辗转至英国休谟处，又与休谟闹翻，一年后回到法国，在巴黎居住。这期间，即 1767 年 5 月至 1770 年年底，他写了《忏悔录》，可以说开了法国浪漫主义推崇自我、讴歌自然、宣泄感情的风气之先。在巴黎居住期间，他仍以誊抄乐谱为生。1778 年初，他接受了德·吉拉丹侯爵的邀请，住进埃默农维尔庄园，两个月后猝然辞世，葬在白杨岛。逝世的前两年，1776 至 1778 年，他写了《孤独漫步者的遐想》（本文所有引文均出自徐继曾译本，唯名称由《漫步遐想录》改作《孤独漫步者的遐想》）。

《忏悔录》是对卢梭离开圣皮埃尔岛之前 50 余年的思想及行为的辩护，而《孤独漫步者的遐想》则是自《新爱洛伊丝》发表以来 15 年的心路历程的探索。辩护的口吻不啻雄辩，激烈，甚至声泪俱下，有时言过其实，有时蜻蜓点水，有时故意隐瞒，有时刻意美化，或出于记忆的失真，或源于病态的作祟，名为忏悔，其实不一定句句是实。探索则必须笔笔深入，如一把解剖刀，深入内里，层层剥离，切中肯綮，条分缕析，务使真相大白于天下。我们必须把《忏悔录》看作是一件文学作品，允许虚构，允许想象，不斤斤计较于事实的真伪。瑞士文学批评家让·斯塔罗宾斯基说得好：“卢梭写的书将不仅是一个被迫害的人申明他的无辜之辩护词，同时也是一个第三等级的人表明其良心和个人生活的事件具有绝对的重要性，表明他虽不是王侯、主教或包税人，但并不因此而没有唤起普遍注意的权利。《忏悔录》的社会意义不应被忽视。让-雅克希望被承认，不仅仅被承认为一个杰出的人，不仅仅被承认为一个心灵纯洁反而成了牺牲品的人，而是被承认为一个一般的人，没有贵族家世的外国人，能够为人提供普遍适用的形象。他要求旅行者、冒险者对人心有更好的认识，拥有更广博、更丰富、更有效的知识。这个曾经的仆人公开宣布一个奴仆可以比主人更优秀。外国人的身份和没有社会地位使他可以自由地流动，观察法国社会的所有状态，而不停留在其中任何一种之上。因为他无所不在，所以他可以了解一切……他的经验具有普适性，他的平民和自学者的身份给了他更多的被倾听的权利，因为他对一个像他那样的人具有真实的概念。他一个无知的人，却获得了通晓一切的能力。人的普遍形象一向属于贵族、绅士和出色的人，现在却落入一个获得文化的、资产者的手中，他从贵族社会的解体中获益，能够观察一切，裁断一切。”这是对《忏悔录》最深刻的评价。

《孤独漫步者的遐想》则不同，它已由渗透着血和泪的辩白与控诉变为平和冷静的分析与叙述，仿佛天风海雨转眼间成了光风霁月，差不多滤尽了火气。所谓“遐想”，并非脱离生活的空想，而是飘忽不定的想象或思索，是卢梭在孤独的漫步中的沉思和默想，是落在纸上的闪过脑际的吉光片羽，正如他自己所说：“最简单最可靠的办法莫过于在我让我的头脑无拘无束、让我的思想纵横驰骋时，把我独自进行的漫步以及漫步涌上心头的遐想忠实地一一记载下来。在一天当中，只有在这孤独和沉思的时刻，我才充分地体现我自己，自由自在地属于我自己，能毫不含糊地这样说自己正是大自然所希望造就的人。”这本书没有预定的次序，十篇《漫步》写了十次漫步中涌上心头的沉思，倒是符合遐想的特征。

《漫步之一》回顾了作者的生活和事业，一言以蔽之：“我在世间就这样孑然一身了，既无兄弟，又无邻人，既无朋友，也无可去的社交圈子。最愿跟人交往，也最有爱人之心的人竟在人们一致同意下遭到排挤。”卢梭采取了“唯一可取的办法，那就是一切听天由命，不再跟着必然对抗。通过这种顺从，我得到了内心的平静，而这是长期既痛苦又无效的抗拒无法提供的，这样，我的一切苦难也就得到了补偿”。他决心进行“严格而坦率的自我审查”，“投身于和我的心灵亲切交谈”。他不再有写《忏悔录》时的焦虑，因为他已不对“得到大家更好的理解”抱有幻想了，他已跟“上帝一样泰然自若”了。他为自己而研究自己，这本书是否为世人理解和接受已经和他不相干了。

《漫步之二》谈及作者命运的悲惨：“我自己也正处在清白无辜而命途多舛的一生的晚年，胸中充满了强烈的感情，心上虽还有几朵花儿做点缀，然而已被悲哀摧残得凋零、被苦难折磨得枯萎了。”但是，他已“亲身体会到幸福的源泉就在我们自己身上”。他被一条丹麦巨犬撞到，跌伤，晕了过去，他事后得知，他还有敌人，一个“阴谋”正威胁着他，他的命运和名声“已经被这一代人一致确定”。但是，“上帝是公正的，他要我受苦受难，他知道我是清白的”。然而，他毕竟品尝到了宁静的沉思给他带来的“欣喜”。

《漫步之三》，作者在沉思默想中徘徊在人生的暮年，他终于明白：“耐心、温馨、认命、正直、公正，这些都是我们不愁被别人夺走的财富，它可以永远充实自己而不怕死亡来使其丧失价值。这就是我在晚年残存的日子里从事的唯一有益的学习。”他懂得了他与哲学家们的分歧的根本原因：一个追求的是“为己之学”，一个追求的是“为人之学”，也就是说：“他们力求显得比别人博学，他们研究宇宙是为了掌握宇宙的体系，就好像是纯粹出于好奇才研究一部机器似的。他们研究人性是为了能夸夸其谈一番，而不是为了认识自己；他们学习是为了教育别人，而不是为了启发自己的内心。”总之，“这一套伦理道德纯粹是攻击型的，并不用来防身，只有侵犯人的效用”。他终于在40岁以后告别了上流社会，断绝了与哲学家朋友的往来，靠抄写乐谱来自食其力，在漫步中沉思默想，用采集植物标本来打发余年。

《漫步之四》是一篇短论，论的是“说谎”，起因于一句格言：“终生献于真理。”卢梭年轻时曾偷了一条丝带，他却谎称是女仆玛丽永干的，结果他们双双被解雇，这件事使他懊悔了一辈子。他把这种损害别人的谎言称为“罪恶的谎言”，他为说谎定了三条标准：“为自己的好处而说谎是欺诈，为别人的好处而说谎是蒙骗，怀有害人之意而说谎是中伤：这是最坏的谎言。无利己之心、无害人害己之意而说谎，那就不是说谎，而是虚构。”他认为，上流社会所谓“诚实的人”和他所谓“诚实的人”不可同日而语：“我心目中的诚实人跟他人之所以不同，就在于上流社会中的诚实人对不需要他们付出代价的一切真相是严格忠实的，但绝不能超出这一范围，而我心目中的诚实人是在只有在他必须为这一真相做出牺牲时才如此忠实地侍奉它。”

《漫步之五》是本书中最优美的篇章，读来令人心旷神怡，回肠荡气，说的是卢梭在圣皮埃尔岛上体验到了在大自然中浑然忘我、心满意足的极乐状态。圣皮埃尔岛本是一个弹丸之地，可出现在卢梭笔下，却成了一个孤寂的、适于沉思的广阔天地：“这里的田地和葡萄园没有那么多，城市和房屋也少些，更多的是大自然中青翠的树木、草地和浓荫覆盖的幽静的所在，相互衬托的景色比比皆是，起伏不平的地势也颇为常见。湖滨没有可通车辆的大道，游人自然也就不常光临，对喜欢悠然自得地陶醉于大自然的美景之中，喜欢在除了莺啼鸟啭、顺山而下的激流轰鸣之外别无声息的环境中进行沉思默想的孤独者来说，这是个很有吸引力的地方。”他或是躺在随波漂流的船上，或是坐在波涛汹涌的湖畔，或是站在流水潺潺的溪边，或是手持放大镜采集植物标本，甚至偶尔和岛上的居民合唱一支古老的歌曲，过着无所欲求的日子，沉入与天地化为一体的境地。卢梭写这篇文章的时候已经是十二年之后了，但是他对当时的情景仍是念念不忘：“这样的生活为何还不重现？我为什么不能到这亲爱的岛上度过我的余年，永远不再离开，永远不再看到任何大陆居民？”

《漫步之六》说的是作者与一个瘸腿小男孩的接触，引发了一段对慈善行为的思索：“我自己所做的好事结果招来一系列的义务，变成了一种负担；乐趣消失了，同样的好意在开始时使我非常高兴，继续下去却成了叫人受不了的伤脑筋的事情。……十分甘美的乐趣就变成了难以忍受的束缚。”施恩者与受惠者之间本来不存在功利的动机，一旦发生了变化，慈善的性质也就发生了扭曲。卢梭说：“人性中的一切倾向，包括行善的倾向在内，一旦有欠谨慎，不加选择地在社会上应用开了，就会改变性质，开始有用的也时常会变成有害的。”所谓“有欠谨慎”，就是指施恩与受惠中间掺进了功利的因素。他的思考得出了这样的结论：“我个人从来就不适合生活在这个社会中，这里到处都是束缚、义务、职责，而我的天性使我不能容忍为了与别人生活在一起而必须忍受的束缚。”

《漫步之七》通篇洋溢着采集植物标本的乐趣，这种乐趣产生于卢梭以命该如此的忍让摆脱了世人（主要是哲学家们）设下的陷阱，变得弥足珍贵。采集植物标本，编写植物志，在卢梭看来，“适合一个无所事事而又疏懒成性的人去研究：要观察植物，一根针和一个放大镜就是他所需的全部工具”。相反，“一旦我们为了要担任某一职务或写什么著作而掺进了利害或虚荣的动机，一旦我们只为了教别人而学习，为了要当著作家或教员而采集标本，那么这种温馨的魅力马上就化为乌有，我们就只把植物看成是我们激情的工具，在研究中就得不到任何真正的乐趣，就不再是求知而是卖弄自己的知识，就会把树林看成上流社会的舞台，一心只想博得人们的青睐；要不然就是一种局限在研究室或小院子里的植物学，却不去观察大自然中的树木花草，一心只搞什么体系和方法，而这些都是永远争吵不清的问题，既不会使我们多发现一种植物，也不会使我们对博物学和植物学增长什么知识”。

《漫步之八》追索作者悲惨命运的源头。他发现了“罗网”“阴谋”“陷阱”“无耻行径和叛卖行为”，但是，“我现在的处境虽然可悲，然而也不愿意跟他们中最幸福的人换一换生活，换一换命运；我依然是宁处困厄之境而保持我的本色，也不愿意像他们中的任何一个那样飞黄腾达”。他不靠外力，只是反求诸己，“如今我孑然一身，确实只靠摄取我自身的养分生活，但我自身的养分是不会枯竭的；虽然我可说是反复咀嚼乌有之物，虽然我的想象力在日渐衰退，思想的火花也已熄灭而不能再为我的心提供什么食物，然而我还是能自给自足”。他的办法是，世人笑骂由他，我自泰然处之。“我过着幸福而宁静的生活；我对迫害我的人无休无止地给他们自己增添烦恼不免付之一笑，而我自己则保持内心的平静，一心扑在我的花、我的花蕊、我那些孩子气的玩意儿上，连想都不想他们一下。”卢梭指出了“自负心”和“理性”是不相容的：“不管我们处在怎样的处境中，我们之所以经常感到不幸，完全是自负心在那里作祟。当自负心不再流露而理性恢复发言权时，理性就会使我们不再为我们无力避免的一切不幸而感到痛苦。……对于不去想不幸的人来说，不幸就算不了什么。”

《漫步之九》是一篇小小的辩护词，为作者把亲生的五个孩子送进育婴堂申辩，申辩的理由却不那么令人信服。“我之所以采取这一步骤，主要是怕他们不如此就会有一种不可避免的坏上千百倍的命运。我无法亲自教养他们，而如果我对他们的前途不那么关心的话，在我当时的处境，就只好让他们的母亲去教养他们，那她就会把他们宠坏，或是把他们交给他们的舅家人，那舅家人就会把孩子培养成为十恶不赦的大坏蛋。”他的理由显然站不住脚，比如他可以找一个收入高一点的工作，挣钱养家。他不会不知道，当时的巴黎，每年有 40% 的婴儿被送进育婴堂，其中 70% 不到 1 岁就会死去。他曾经试图寻找过他的大儿子，结果不了了之。说他是个“不近人情的父亲”，还可以接受；说他“仇视孩子”，则过于苛刻了。他自己说：“要说《新爱洛伊丝》和《爱弥尔》出于一个不爱孩子的人之手，那未免是世上最荒唐的事了。”

《漫步之十》，这篇文章写作的50年前，卢梭与华伦夫人初次见面，他充满感情地回忆那段幸福的日子："在这短短的几年中，我得到一个无比温柔体贴的女人的爱，做我愿做的事，做我愿做的那样一个人，同时充分利用我的余暇，在她的教导和榜样的帮助下，终于使我这纯朴得如同一张白纸的心灵最好地体现了它的本质，而且从此就永远保持下去。对孤寂和沉思的爱好，它跟作为我心灵养料的易于外露的温柔感情一起，在我的心中滋生了。嘈杂、喧嚣、束缚扼杀我的感情，而宁静平和则使之振奋激扬。"可惜，原稿只写了三页，他就在当年的5月2日离开巴黎，7月2日猝然去世。他在《忏悔录》中说："现在不是详谈她的信仰的时候，我会有机会谈谈这事的。"他的遐想中断以后，当他重新拿起笔之后，会接下去谈这个问题吗？

1998年5月的一天，我和妻子登上了圣皮埃尔岛，由于岁月的流逝，过去的岛已变为今日的地岬。岛上有一尊卢梭的半身铜像，是著名雕塑家让-安东尼·乌东的作品，完成于1779年，即卢梭逝世后的第二年。《孤独漫步者的遐思》是卢梭最后的作品，虽然夹杂着抱怨、愤怒甚至幻觉，但终究是胸中的恶气一吐之后的安详平静之作。题目中的"孤独""漫步者""遐想"，皆有深意存焉。孤独，说的是"一切身外之物从此就与我毫不相干。在这人间，我也就不复有邻人、同类和朋友。在这块大地上，我就像是从另外一个星球掉下来一样"。漫步者，说的是徒步旅行的人，在卢梭的时代，徒步是从一地到另一地的交通手段之一，可以走走，看看，不像今天几乎完全是一种休闲或健身的方式。遐想，不是梦想，不是幻想，不是胡思乱想，而是沉思，是默想，是与自己的内心进行的对话。孤独漫步者的遐想，就是一个喜欢孤寂生活的人在徒步漫游中思索人生的目的。

《孤独漫步者的遐想》有多个主题，例如命运、乐趣、谎言、慈善等，然而贯穿全书的主题，乃是幸福，即什么是幸福？怎样获得幸福？有无幸福？且看卢梭的回答："假如有这样一种境界，心灵无须瞻前顾后，就能找到它可以寄托，可以凝固它全部力量的牢固的基础；时间对它来说已不起作用，现在这一时刻可以永远持续下去，既不显示出它的绵延，又不留下任何更替的痕迹；心中既无匮乏之感也无享受之感，既不觉苦也不觉乐，既无所求亦无所惧，而只感到自己的存在，同时单凭这个感觉就足以充实我们的心灵：只要这种境界持续下去，处于这种境界的人就可以自称为幸福，这不是一种人们从生活乐趣中取得的不完全的、可怜的、相对的幸福，而是一种在心灵中不活留下空虚之感的充分的、完全的、圆满的幸福。"这种"充分的、完全的、圆满的幸福"不是转瞬即逝的快乐，也不是感官暂时的满足，而是心灵的无知、无欲、无私、无为、柔弱不争而能永久持续的状态。卢梭在这里提出了幸福的最根本的特性：持续。"在这饱经风霜的漫长的一生中，我曾注意到、享受到最甘美、最强烈的乐趣的时期并不是回忆起来最能吸引我、最能感动我的时期，这种狂热和激情的短暂时刻，不管它是多么强烈，也正因为是如此强烈，只能是生命长河中稀疏散布的几个点。这样的时刻是如此罕见、如此短促，以致无法构成一种境界；而我的心所怀念的幸福并不是一些转瞬即逝的片刻，而是一种单纯而恒久的境界，它本身并没有什么强烈刺激的东西，但它持续越久，魅力越增，终于导人于至高无上的幸福"。那么，如何获得这种至高无上的幸福呢？卢梭的回答是：置敌人或仇人的污蔑、诽谤和攻击于不顾，让他们的罗网和陷阱落空，反求诸己，获得平和宁静的心情，也就是他所说的“我们自己身上”“我们自己的内心”“依靠我们自己”，等等。但是，这种幸福是否真的存在，卢梭没有把握，他说：“人间只有易逝的乐趣，至于持久的幸福，我怀疑这世上是否存在过。”他还说：“幸福是一种上天似乎并没为世人安排的永久的状态。……我很少见过幸福的人，这样的人甚至根本就没有；不过我时常看到心满意足的人，而在所有曾使我产生强烈印象的东西中，这满足的心情是最使我满意的东西了。”他把在圣皮埃尔岛的两个月“看成是一生中最幸福的时刻，要是能终生如此”，他就“心满意足，片刻也不作他想了”。至于个人的幸福，也只有在“大家都感到幸福”的时候才是可能的。他念念不忘的只有一件事，“那就是看到普天下的人都心满意足”。

卢梭喜欢水。他生于临水的日内瓦，死后葬在白杨岛，他在圣皮埃尔岛上生活了两个月，却把“这两个月看成一生中最幸福的时刻”。“湖水动荡不定，涛声不已，有时轰的一声，不断震撼我的双耳和两眼，跟我的遐想在努力平息的澎湃心潮相互应答，使我无比欢欣地感到自我的存在，而无须费神去多加思索。”《漫步之五》被视为《孤独漫步者的遐想》中最美的篇章，被视为一首散文诗，被视为卢梭心中最隐秘的部分，其来有自乎。

斯多法赫先生的花园

1998年5月底到6月初，我和妻子在韦尔纳·斯多法赫先生的家里住了两个星期。那是一幢小楼，坐落在洛桑城区东部的一片小山坡上。坡的上面是洛桑城的边缘，坡的下面则一直通到浩瀚如海的莱蒙湖。我们住在三层，站在阳台上放眼望去，越过一幢幢掩映在绿树丛中的小楼，就是那一片白茫茫的湖水了。再远些，越过湖水，则是如阵的群山，一直排列到天际。莱蒙湖如一弯新月横卧在前面，洛桑正在水面最丰满的地方。湖水波平浪细，如镜，如绸，时有点点白帆游弋其上，偶尔还能看见一只只大鸟掠过水面，朝雾蒙蒙的天边飞去。湖的对岸，浅山，深山，混茫一片。偏西一点，是以生产矿泉水闻名的埃维昂城，白天影影绰绰的，入夜则朦朦胧胧一片浅黄色的灯光，不过那已是法国了。偏东，是巍峨起伏的群山，莽莽苍苍，重峦叠嶂，又是瑞士了，那是瑞士的阿尔卑斯山区。临湖的山，凝重得铁铸的一般，望之森然，凛然。稍远，山色一层浅似一层，最远的若有若无，是连绵不断的雪峰，直插云天。峰巅的雪终年不化，天气晴好的时候，明晃晃白得耀眼。

国无论大小，地无分南北，瑞士有六百万人口，当你一个人独自站在有十二万多居民的洛桑的一户普通人家的小楼上时，面对着一片浩浩荡荡的湖水和一片逶迤无尽的矗立着雪峰的群山的时候，你会有怎样的感觉？我感觉到了自然的伟大和个人的渺小。如芥的个人面对如盖的群山，不由你不生出一种畏惧感，同时又悠然神往，渴望着结识居住在那里的陌生的人们，也渴望着呼吸弥漫在那里的神秘的气氛。

那还是在三个星期之前，我们刚到洛桑不久，就去看望斯多法赫先生和他的夫人。那是朋友的建议，说你们一定得去看看老先生，他的好朋友，人很善良，乐于助人，而且是个有名的德语教授，曾经做过洛桑大学的副校长。一天下午，我们如约找到了斯多法赫先生的家，他已经摆好了茶点等着我们。客厅很大，颇古雅，两面墙是书柜，一面墙上挂着风景画和一幅中国人的字。房间的一角放着一架钢琴，椅子则是古式的靠背椅。靠近花园的一端辟作餐厅，摆了一张很大的圆桌，周围的椅子也都古色古香的。老人个子很高，很瘦，鼻子很大，双眸炯炯有神。我们在客厅落了座，老太太方才过来与我们打招呼。老太太温文尔雅，但看起来身体很弱，原来老太太正在养病。我送上朋友的著作和我的著作，朋友的著作是他的博士论文，用法文出版，我的嘛，则是中文的。

我说："你们大概不懂中文，权且当作一件稀罕物吧。"

老人说："我们虽然不懂中文，但是学者之间互通著作，总是一件令人高兴的事。"

说着，老人打开我的著作，复又抚摩良久，然后交给他的太太。斯多法赫先生是圣加仑州人，在日内瓦大学修德文、法文和英文。他曾经是著名学者马塞尔·莱蒙的学生，和让·斯塔罗宾斯基是同学，不过他说，斯塔罗宾斯基比他聪明得多，名气很大。他的研究对象主要是两个作家，一个是瑞士作家，诺贝尔奖奖金获得者，名字叫卡尔·施皮特勒，另一个是奥地利作家罗伯特·冯·穆齐尔。他曾经两度担任国际穆齐尔研究会的主席，编过三卷本的穆齐尔文集。他目前的研究工作主要是编辑出版这位瑞士作家的文集，我知道这是繁难而极见功力的事情，包括撰写导论性的序言和注释、考证版本、收集异文、编定年表、网罗研究著作和文章，等等。老人对编辑工作情有独钟，说年轻人大多不愿意干这种事情，因为编辑者的名字都印在很不显眼的地方，可是一本编辑精良的书却可以长久地存在下去。评论的书则不同，大部分评论很快就烟消云散了，当然精当的评论除外。我说，我的主要工作是评论和翻译，我的评论可能很快就会烟消云散的。老人笑了，他说，搞本国文学和搞外国文学不一样，搞外国文学不一定要编辑作家的文本，而是要利用作家的文本，因此，作家的文本是否可信就非常重要了。做研究工作一定要严谨，要一丝不苟。他在退休以前，曾经担任过副校长，有许多行政工作要做，退休了，一身轻，反而研究的时间多了，成果也多了。我表示，有时间一定拜读施皮特勒的著作。他哈哈一笑，说你不一定读得下去，他的作品大部分是史诗，且哲学的成分很多，现在已经很少有人感兴趣了。日内瓦有一位教授，正在翻译他的史诗，斯多法赫先生担心卖不出去。他 27 岁通过关于施皮特勒的博士论文答辩，以后用了十年的时间，为他写了一本传记。施皮特勒的小说倒可以一读。后来我果然读了他的两本小说，一本叫作《形象》，是心理小说，据说对弗洛伊德创立精神分析学有过影响，另一本连名字也忘了，好像是讲一个少年从家里到学校一路上游历的故事。

斯多法赫夫妇曾经在中国西安外国语学院教过三个月的书，对中国有很好的印象，也很有感情。闲谈中，他问我们有什么困难，我说没有什么，我虽然第一次来洛桑，但在日内瓦大学学习过，住了两年，对瑞士不能说一无所知。不过我说，我们正在找房子，这可是一件不那么容易的事。老人说，两个人住，而且又能自己做饭，这样的房子确实不好找。说着他迅疾和老太太做了一个眼色，对我们说："我们这里倒是有两间小屋，你们若不嫌弃，可以临时住一住。我之所以说临时，是因为我六月底有一个朋友来，我已经答应她了。你们要不要看看？"我本不想打扰他们，况且又是刚刚认识，我看了看妻子，征求她的意见，妻子本是个爽快的人，说看看吧。于是，我们跟着老人上了三楼，那是顶楼的两间小屋，一间一张单人床，一张小桌，一盏台灯，一架书，墙上还挂着中国的丝织山水画，显然是他们的中国朋友送的。对面是厨房和卫生间，设备齐全。卧室的外面是阳台，我的妻子登上阳台，展目一望，不禁惊喜地大叫起来："湖！湖！"老人听见了，也笑道："我听懂了，她说的是莱蒙湖。"他指了指前面，说那就是莱蒙湖。告别的时候，老人对我们说："我们到朗斯去住两星期，你们若是想来这儿住，可以在我们回来的时候打电话。"他特别说，朗斯是拉缪喜欢住的小镇，他曾经在那儿写过《被迫害的让·吕克》和《种族的分离》两部小说。后来，我们也看了几处房子，不是太贵，就是太远，我甚至想在日内瓦找，也看了两处，都不太满意。我想是因为有老人那样的房子做比吧，我也看出来我的妻子很想到那儿去住。两个多星期过去了，房子还是没有找到，于是我给老人打了个电话，电话是老太太接的。

我问："你们的邀请还有效吗？"

老太太停了停，可能是和老人商量了一下，回答我："当然有效，我们欢迎你们来。你们什么时候来？"

我说：“一个星期以后。”

她说：“好，我们等着。”

就这样，我们住进了斯多法赫先生的小楼。记得住进去的那一天，我们一上楼，不禁大吃一惊，原来那房子经过整饰，俨然一间新的房子：雪白的床单，上面蒙了一块米黄色的床罩。床头柜上放了一方崭新的小桌布。厨房里锅碗瓢盆俱全，还有中国的筷子，一张餐桌，两把椅子。卫生间里洗手池、浴池和便盆前分别放了三张崭新的脚垫。怕我们晚上冷，老人在房间和卫生间里放了两个电暖气，并且亲自动手，教我们如何使用。想不到老人竟是个如此细心的人。

小楼坐北朝南，闲来无事，我喜欢到阳台上去，朝四下里张望，望湖，望山，望湖对面山下的小城，尤其是望眼下的小楼和小楼后面的小花园，如果觉得目力不够的话，还要加上望远镜。这一带多得是小楼，尖顶，白墙，红瓦，瓦的颜色说明楼的历史，那年代久远的，瓦渐渐变成棕色、褐色，斑斑驳驳，红褐相间，浮现在一片绿海之上，有如小岛一般。小楼的后面，都有一方小小的花园，彼此间隔有修剪整齐的常青灌木，如果是栅栏，则长有爬山虎之类的攀缘植物。有以花为主的，牡丹，玫瑰，银莲花，鸢尾花，郁金香，大丽菊……开的开，谢的谢，斑斓绚丽，一派生机。有以树为主的，高大的椴树，圆锥形的杉树，婆娑如盖的杨树……圆的叶，长的针，蓊蓊郁郁，一片绿色。草坪是少不了的，如茵，如毡，有的中间搭了一顶凉棚，有的摆放了一些石制的狗熊丹顶鹤圣诞老人之类。花园不大，却都侍弄得颇具特色，见出主人用力甚勤和处处与人不同的匠心。瑞士人在鲜花消费上号称世界第一，信矣夫！

韦尔纳·斯多法赫先生已经77岁了，他32岁就当教授，一直当到65岁退休，至今还担任着洛桑大学名誉教授的职务。他患有颈椎病，但除了手抖得厉害，身体可称健康，所以照常开车、研究、参加学术界的活动，还照顾病中的老伴，花园也收拾得干净利落，井井有条。除了每个星期三有个女人来做家务，如洗熨衣服、吸吸地毯之外，老人的生活都是自己料理。每当我看到他两手哆哆嗦嗦地切面包、倒茶水的时候，心里就感动得不得了，恨不得替他干。他说不，凡是他能干的，就一定自己干。老太太说，自从她病了以后，老人变了许多。每天下午晚饭后，老人必开车，和老太太一起到湖边散步，风雨不误。老太太得的是脑血管的病，险些瘫痪，幸亏有老人的照顾，如今恢复得很好，其中散步起了很大的作用。当然还有钢琴，老太太说，弹琴对大脑和手指都有好处。有时候，他们散步约上我们，于是，我就和老人走在前面，我的妻子和老太太拖在后面，用她那可怜的英语与她聊天，一旦她们彼此理解了，就哈哈大笑。她们实在说不明白的时候，老太太就在后面叫我，说："郭先生，您的太太说的是什么？"老人对我说，他的太太大学毕业之后，在图书馆工作，德文水平很高，可以辨识德国中世纪的古籍，可是自从他们有了孩子之后，她就不工作了，一心一意地相夫教子，承担起一个家庭主妇的责任。他说，他的生活中有了她，是他的一大幸运。我想，这就是所谓幸福吧。老夫妇俩有三个儿子，如今都大了，陆续离开了家，各自有了自己的家和孩子。老人认为，家庭的稳定是社会发展的基础。

老夫妇俩是虔诚的基督教徒，每周都去教堂，他们问我中国的宗教情况，我不是教徒，对这方面所知不多，只好如实地告诉他们，不过我说："据我所知，现在信教的人似乎越来越多了。"可是他们说，现在在瑞士，信教的人可能越来越少了，他们的孩子中只有老大还保持着和父母一样的宗教信仰，其余的两个，一个毫无信仰，一个游移于有信仰和无信仰之间。他们并未试图改变我的信仰，不过我从他们的话中听出，他们似乎对中国政府对待基督徒的态度有微词，我说那可能是地方政府的不当行为吧，中国政府一向是主张宗教信仰自由的。我现在还保留着老太太送我的一张日历，是1998年5月18日的，正面是日期，下端印着《马太福音》中的一段话，说的是“要爱你们的仇敌”，背面印着一个中国信徒的故事：他不明白，为什么人与人是兄弟，反而要互相争斗？他们为什么不能互相原宥和平相处？后来老师借给他一本英文的《圣经》，他终于成为上帝的信徒。当我写这篇文章的时候，我又发现了这方小小的纸片，我仔细读过两面的文字，我为老太太信仰的坚定所感动，也为瑞士居然也有这种日历而感到惊奇，而且每一张上都赫然印着出版社的名称，那名称是：基督教圣经出版社，北方街4号，CH-1800，沃威。沃威是离洛桑不远的一座小城，毗邻莱蒙湖，以风光秀美著称。

老人的花园是一个很普通的花园，多的是花，牡丹、玫瑰、郁金香，还有一些我叫不上名字。树不多，只有一棵苹果树、一棵李子树和一棵不知其名的阔叶树。像所有的瑞士人一样，老人喜欢自己做果酱，所用的苹果、李子、覆盆子，等等，就是自家花园里的出产。不过，今年的苹果和李子都长得不好，覆盆子倒还差强人意。我有时帮助老人干活，无非是浇水、修理草坪，等等，老人则经常送我们一些玫瑰什么的，插在瓶子里，为饭桌增色不少。如果他在花园里碰到我的妻子，则会剪一枝红玫瑰，一只手往胸间一横，恭恭敬敬地献给我的妻子，说：“In my heart.”引得我们大笑不止。逢到天气好的时候，老人会说：“郭先生，下午和我们一起喝茶怎么样？”于是，这一天到了下午四点钟，他就会在园中撑起一把大伞，伞下放好桌椅，桌子上摆好茶壶、茶碗和一盘点心，点心通常是老人自己做的一块水果饼，茶则是英国红茶或中国绿茶。两对夫妇一边喝茶，一边闲谈，从读书到做人，从宗教信仰到中西习俗，从家庭琐事到社会新闻，偶尔也谈谈政治，可以说畅所欲言，其乐融融。

有一天，我问老人是否觉得瑞士小。瑞士是欧洲中部的一个小国，面积 4 万多平方公里，人口六百多万，分为 26 个州，官方语言为德语、法语、意大利语和列托-罗马语，宗教为天主教和新教。境内多高山，西部为汝拉山脉，东部为阿尔卑斯山脉，山间多湖，较大的河流是莱茵河与罗讷河。老人说，瑞士是一片古老的土地，早在旧石器晚期，大约公元前 3000 年吧，在莱蒙湖、纳沙泰尔湖和苏黎世湖畔就有人类活动了。这是一个和平的国家，很长时间没有战争，人民安居乐业，有很多人乐于在此生活，所以瑞士又是一个国际活动的中心。再说，瑞士历史上和今天都产生过不少名人，有足够他想象的精神空间，他生活在这个国家中，一点儿也不觉得她小。但是有人觉得她小，例如德国的纳粹。在第二次世界大战期间，纳粹就鼓吹过大德意志，说你们瑞士不过是一个弹丸小国，快加入我们大德意志国家吧。现在都讲联合、合并，甚至有人主张日内瓦和洛桑联合，我看未见得就是一件好事。瑞士诚然不大，但是一个国家的大小并不等于她的版图的大小。您以为如何，郭先生？我很同意老先生的看法，国家的确不能以版图论大小。一个人的生活所需要的物质空间并不要很大，你住在一个千万人口的大城市里，所认识的人并不过百，所交往的不过十几或几个人。一个人的生活所需要的精神空间，则因人而异，但总以可供沉潜的历史和可供遐想的现实为度。

我感到惊讶的是，瑞士居然分为26个州，而且州与州之间的差异远远超过外来人的想象。语言的差异不用说了，即使同在法语区的洛桑、日内瓦也有很大的不同。我问老人洛桑人有什么特点。老人想了想说，洛桑人和日内瓦人之间的区别，并不比法语区和德语区之间的区别小。总的说，洛桑人比较保守，喜欢说："我既不同意，也不反对，正相反……总之，该怎么做就怎么做。"这种细微的差别非长期在瑞士居住耳濡目染其风俗者不办，不过这倒有助于理解拉缪小说中的封闭狭隘但又坚韧不拔的山民气息。

五月底的阳光，下午四点钟时依然很明亮，我坐在花园里的伞下，正听斯多法赫先生讲花园里的小生命。例如，他说萤火虫不是瑞士的土产，而是从外边引进的，园中因为树少，所以没有松鼠，等等。我的妻子和老太太坐在一旁，桌子上摆满了字典，有我们带的英汉词汇，有老人的英法词典，还有在西安外国语学院时友人为她写的汉语词汇，等等。她们在借助词典聊天。突然，一阵"嘎嘎"的鸟叫声传来，很急迫的样子。斯多法赫先生说："你们听，那是乌鸫在叫，提醒它的伙伴注意，有什么东西威胁着它们的生命……"乌鸫？就是每天早晨以它嘹亮流丽的鸣啭唤醒我的那种鸟吗？这种鸟在法国瑞士很常见，通体皆黑，长尾，一撅一撅的，善鸣，其声似水。常在林间和草地上觅食，遇惊则迅疾进入灌木丛，或飞上树枝。这种鸟我们常常把它与画眉相混淆，它们躯体相若，所差唯有一道白眉而已。记得20世纪60年代初我刚学法文的时候，使用的是一本1949年前出版的《模范法华词典》，那词典上这种鸟的中文译名就是"画眉"，直到20世纪70年代出版了《法汉词典》，其译名才变成"乌鸫"。其实画眉与乌鸫本属两科，一为画眉科，一为鸫科，原不是一种鸟。这幼小的生命会有什么危险呢？一会儿，“嘎嘎”之声歇了，又过了一会儿，一只灰色的猫溜达地过来了。老人笑了：“哈，它就是罪魁祸首呀，看来它没有得逞。”这只猫我见过，很肥硕，是邻居家的，常来这园中走动。花园里有一一米见方的水池，老人曾买过几条金鱼放进去，后来金鱼突然不见了，老人怀疑是那只猫吃了，从此再没买过。我很同意老人的怀疑，谁叫猫喜欢腥物呢。老人说，花园里来过狐狸，您信不信？我说，愿闻其详。原来在去年冬天，老人突然发现自己干活时的手套上的皮子不见了，好像是被什么东西吃掉了，于是他随时留意观察，果然不几天之后，他看到一只火红的狐狸窜到他的花园里，四处寻觅了一阵，又跳进了另一家的花园。他想可能是冬天雪大，觅食困难，东边森林里的狐狸跑出来了，到各家的花园里找东西吃。我想，在一片银装素裹的世界里，久居城市的人看到一只火红的狐狸，拖着长长的尾巴东奔西窜，怕也有一种久违了的喜悦涌动在心头吧。说起东边的森林，我们还去过呢。有一天，吃过晚饭，天还大亮，我和妻子往东边信步走去，不多时就到了一片森林的边缘，那片森林叫“四面风”，有一条大路穿过。平时我们出去散步，街上很少碰到人，如今进了森林，就更是一个人影儿也无。走着走着，天渐渐地黑下来了，远处又传来夜鸟的叫声，风吹着树叶“哗哗”作响。虽然大路旁摆放着椅子，分明是为散步的人预备的，可我们害怕了，急急返回。后来我们对两位老人提起这次散步，老太太笑了，说：“其实那儿很安全，从来没出过事。”不是有狐狸吗？老人说，虽然那是一片森林，可是大的动物早就没有了。

一连几天，我站在阳台上，看见前面不远的地方，一片房屋的上空，有数十只乌鸦展翅盘旋，逡巡不去，时时还呱呱地叫着，朝下面俯冲。

中间还有几只体色略黄者，像是鹰隼一类的鸟，仿佛与乌鸦争夺着什么。一天，我问斯多法赫夫妇那是怎么回事。老太太笑了，说，那儿有一个老夫人，很有钱，也很孤独，每天买肉喂乌鸦，所以招来不少乌鸦之类的鸟。斯多法赫先生说，法律禁止这样做，要罚款，可是老夫人照喂不误，而且还开车进城去喂。老太太说，应该有人关心这位老夫人，不然的话，老夫人怕是不会停止喂鸟的。斯多法赫先生说，乌鸦是一种很聪明的鸟，原来此地有很多野鸽子，可是其数量日见其少，最后竟至于绝迹了，原来都让乌鸦给吃了。对于乌鸦的“聪明”，我领教过。有一天，我看见家家都把垃圾袋挂在栅栏门上，随后有汽车来拉走。我正愁垃圾无法处理，就仿效他们也把垃圾袋挂在栅栏门上。过了几天，老人对我说，每星期一是送垃圾的日子，其余的日子如果把垃圾放在外边，乌鸦就会飞来，翻找里面的食物，弄得满地都是。我不禁脸红了，连忙道歉，老人宽慰我说，不知者无罪。我心里究竟过意不去，我少问了一句，就害得老人替我收拾。

斯多法赫太太喜欢读书，无奈患有眼疾，白天尚可，到了晚上则不能久视，于是晚上常常可以听见斯多法赫先生的读书声。可是，一连好几天，晚上房间里都是静悄悄的，原来他已经不读那本书了，说是嫌主人公太频繁地更换情人，一点儿责任感也没有。老人说：“没有责任感的爱情是不能持久的。”一天下午，斯多法赫先生正在花园里读书，他对我说，可能是因为年龄的关系，他有好几年都不读小说了，他现在喜欢读传记，眼下正在读的是一个德国人写的回忆录，看看19世纪初的人如何生活，很有意思。我问，19世纪的人和20世纪的人的生活有很大的区别吗？他说，精神生活不好说，物质生活是有很大的区别的。就拿饮食来说，那时就没有现在这般丰富，在洛桑，几乎世界各地的风味都有。我问中国饮食怎么样？他说他们夫妇都很喜欢，经常到中国餐馆吃饭。我便建议为他们做一顿中国饭，他说好，然后他们请我们下中国馆子。我们的菜很简单，一个炸虾板，一个红烧肉，一个醋熘白菜，一个海米紫菜蛋花汤，主食是饺子，煮汤圆权当甜食。斯多法赫夫妇准备桌子，就在他们的餐厅里，桌子上铺着崭新的桌布，杯、碗、碟子、餐巾、餐纸，一应俱全。老人准备了一瓶红葡萄酒，据说牌子颇有名气。我们说，这是一顿家常便饭，不能和大宴席相比，因为他们曾在西安教过书，见过领导，吃过大宴。这是中国普通老百姓每日吃的东西，让他们体验体验。他们说，我们就是老百姓，吃宴席有很多人陪着，我们还感到拘束呢。我们喜欢家常便饭。他们很高兴，吃得不少，老太太警告老人，不让他吃得太多，可是她自己却指着盘子里的炸虾板，说："我还可以再吃一块吗，郭先生？"老人则拍拍自己的肚子，说："我吃得太多了。"饭后，老人说："中国饭吃过之后，一定要喝茶，我有上好的中国绿茶。"于是，我们喝茶，聊天，兴味盎然。后来，他们果然在附近的一家中国餐馆请我们吃过一顿饭，记得那家餐馆的老板是一个黄姓女子，三十多岁，北京人。

瑞士是一个多山的国家，洛桑处在一条邻湖的波状平原上，天气阴晴不定，早晨还是响晴的好天，中午或下午就可能来一阵瓢泼大雨，至于东边日出西边雨的天气，就更为常见了。有一天，我们早早地出去了，很晚才回去。进了房间，打开灯，推开阳台的门，见阳台上的地板湿漉漉的，我们知道了，这里白天下过大雨。第二天，老人对我表示歉意，说："你们昨天走得早，下雨了，我在花园里看见你们没有关阳台的门，就擅自进了你们的房间，把门关上了。”进自家的房间，还说什么“擅自”？瑞士人就是这样，他的房子让你住了，就视为你的私有，不经允许，他们是从来也不进去的。我们平时送他们饺子或红烧肉，他们还盘子或碗的时候，总是先敲门，站在门口表示感谢，从来不进屋，或者就放在我们必经的楼梯上，见面的时候再说一句感谢的话。这倒算不得稀奇，真正稀奇的是，他们的房间从来不上锁，这让我想起十年前住在塞里尼的情景。那时我住在一座大房子里，房客只有我一个人，房东一家人去外地度假，一去十天，把我一个人扔在家里，房间也是不上锁。道理很简单，房间既然让你住了，就把你视为朋友，给予充分的信任。

转眼到了 6 月，该离开这栋小楼、这座花园和斯多法赫夫妇了。记得离开的那一天，老太太和我的妻子都哭了，老太太对我的妻子说：“你是我的中国女儿。”老人则说：“我们已把你们列为祈祷的对象了，请你们相信，我们会在每天的祈祷中，祝你们幸福平安的。”老人一定要开车送我们到火车站，一路上，我望着老人那瘦削的、微微颤抖的手和转动不甚灵活的脖子，我的鼻子发酸了，眼泪也不自禁地涌了上来……

巴黎一条街

蒙巴纳斯大街是一条有名的街，我到巴黎后，就住在这条街上。一天晚上，我在附近散步，迷了路，怎么也回不到这条街了。我只好向人问路，一位中年男子告诉我："您在前面那个汽车站上车，汽车拐弯后您立刻就会看见一座丑陋的塔楼，过了塔楼您就下车，那就是蒙巴纳斯大街了。"

我知道那座塔楼，正对着蒙巴纳斯大街和莱纳大街相交处的"1940年6月18日广场"。这座塔楼叫缅因–蒙巴纳斯塔楼，建于1973年，高210米，据说是欧洲第一。7200个窗户上全镶的是褐色滤光玻璃。楼的整体看起来是深褐色的，高58层，其中52层被各种办公机构占用，最上层设有全景酒吧间和餐厅。入夜，塔楼灯火辉煌，通体放光，矗立在巴黎的夜空之中，很有些神秘之感。塔楼的下面是一座巨大的商业中心，后面是火车站，前面是两条繁华的大街，周围是数不清的餐厅、咖啡厅、电影院和书店。蒙巴纳斯塔楼现已成为巴黎的一景，说它"丑陋"，似乎有失宽厚。

然而，我始终忘不了那个人的话，回想起来，我甚至觉得他的脸上还有一种憎恶的表情。这时，我突然想起另一个人的话。那是我到巴黎的第二天，接待单位的司机开车送我到住处，经过这座塔楼时，他说："那是蒙巴纳斯塔楼，有 210 米高，不过它还比不上埃菲尔铁塔，铁塔高 300 米。"这原本是极平常的情况介绍，可是现在我竟觉得这番话颇堪回味了，似乎他的口气中有一种轻蔑的意思。他们也许是缅怀这条街昔日的风采而容不得今日商业气息咄咄逼人的气势。

二百年前，这里是一片荒草丛生、乱石成堆的野地。被玛尔戈王后赶得无家可归的大学生们常来此地吟诗散步。他们给这块地方起了个名字，叫蒙巴纳斯，"蒙"者，法语中之"山"也，即巴纳斯山[①]。自大革命以来，咖啡馆、游乐场纷纷在这里开张营业，波尔卡、康康、玛祖卡等舞蹈也是先在这里打下地盘，然后流行风靡法国。19 世纪末和 20 世纪初，先锋派的艺术家、诗人和作家纷纷在塞纳河左岸定居，蒙巴纳斯尤其得到他们的垂青。前有剧作家阿尔弗莱德·雅里，后有诗人纪尧姆·阿波利奈、马克斯·雅各布、让·莫雷阿斯以及著名画家等。每星期二，诗人之王保罗·弗尔在丁香园咖啡馆主持诗歌晚会，小说家亨利·穆尔杰则让他的小说中的浪荡文人们在这里安营扎寨。一些咖啡馆和餐厅因名流的光顾而至今盛名不衰。那些名流的国籍遍及五大洲。他们中间有布列东、斯特拉文斯基、毕加索、爱因斯坦、托洛茨基、海明威等。列宁流亡巴黎时，也曾是那里的常客。那时候，他们在咖啡馆里，往往是一杯咖啡在手，随后就是唇枪舌剑，争论竟日，这种盛况一直持续到第二次世界大战前夕。如今这些咖啡馆和餐厅都已经整饬一新，气派非凡，然而就座的饮客似乎不可同日而语了。我看见那里有大学生静

---

① 巴纳斯山：古希腊神话中阿波罗和缪斯诸神居住的山。

静地翻阅笔记，有年轻的东方旅游者低声闲谈，有盛装的女人怔怔地望着窗外……我和几位朋友也曾去古波尔餐厅喝过咖啡。暮色朦胧之中，拣一张临街的桌子坐下，似乎也别有一番情趣，而隔壁就是多姆咖啡馆，那里曾是萨特和德·波伏瓦经常聚会的地方……

第二次世界大战以后，文化人的天堂移往圣·日耳曼草场，蒙巴纳斯多少受到了冷落。不过，“徐娘半老，风韵犹存”，旧日的遗风还依稀可见。

塞纳河畔访书

我对塞纳河畔的旧书摊神往久矣。

记得还是初学法文的时候，我就从课本中选的一篇法朗士的文章中知道了它。后来在翻译加缪的《堕落》时，写下“河水在旧书店关闭的书箱中间闪闪发光”这样的句子，心中不禁怦怦然有所动，恨不得马上去看看，那里究竟是怎样一副光景。

近年，我果然有机会不止一次在巴黎小住。有时住在蒙巴纳斯大街，有时下榻拉丁区，有时寄居凡尔赛门附近，有时甚至远在万桑森林的北缘。然而或远或近，塞纳河畔的旧书摊始终是我最喜欢光顾的地方。尽管每去一次都是腿脚累了，眼睛酸了，脖子硬了，所获也常寥寥，然而我并不后悔，也不抱怨。倘若我有机会再访巴黎，那里一定还是我涉足最多的地方。

在河畔设摊的书商，大多有固定的地方。所谓固定，不单是指他们不轻易挪动位置，还指他们的书呀、画呀、报纸杂志还有其他小玩意儿，都放在一只只黑色或暗绿色的近2米长的大铁箱内，这些铁箱都固定在河岸的护墙上。铁箱打开时，稍加整理就成了一排排的书架，很是方便。书商们收摊的时候，只是锁上便走，就像锁上店门一样。加缪的“河水在旧书店关闭的书箱中间闪闪发光”这样的景象，不独夜里能看到，就是在白天也不为少见，因为那些书商们并不是天天都打开他们的大铁箱。

我去得最多的是左岸，右岸只是走马观花地看过几眼。印象里，右岸的书摊上多的是旧画片、旧照片、邮票明信片之类，倘若不是收藏家，怕很难看出其中的妙处。像我这样的门外汉，偶然看中一幅旧日的招贴画，其貌虽不扬，索价却可能令人咋舌。谁若想买一幅长胡子的《蒙娜丽莎》，在那里肯定会如愿以偿。我大概在那里买过几张巴黎的风景画片，是复制的钢笔画，颇精细，但也不过是看着悦目罢了。左岸则不然，多为书籍，我每次去都看得相当仔细，仿佛淘金似的。我想访求的是一些文学批评方面的书，如作家作品专论之类，其中大部分面世不久就会绝版，书店里很难见到，旧书摊是它们唯一的去处。说是访求，然而谈何容易！首先是此类书籍在那些大铁箱中并非大族，那里面多的是作品，尤其是那种不见经传或不登大雅之堂的奇书、僻书或者言情侦探之属；其次，那种经典的批评名著即便有，价格也颇惊人，不如去书店找晚近的再版简装本。我要找的是那种不太著名、难得有机会再版的批评著作，恐怕只能在旧书摊上有幸一见。不过，最令人头疼的还不是书少，而是找书不易。有的书商喜欢整洁，书籍的摆放颇有秩序；有的书商的书则只是胡乱堆在一处，你得一本本读过书名，才能放心没有漏掉要找的东西，不然的话，你可能耐心地看过一半，剩下的就不得不匆匆而过，因为这时你已经腰酸腿疼两眼干涩了。还有，不少书是用玻璃纸包着的，整洁倒是有了保证，就是不能翻阅，倘非事先知道其内容，买下就多少有些风险。我不是藏书家，购书但求实用，不大留心什么孤本、善本、版本之类，所以去的次数不少，所获竟不多。看来有些书商是只管摆摊，一天能否卖出一本，倒不大放在心上。读过罗曼·罗兰的《约翰·克利斯朵夫》的人大概不会忘记可爱的萨皮纳，那个开针线铺却不把买卖放在心上的少妇。依我看，塞纳河畔的旧书商中竟有不少是萨皮纳一派的。

1985 年 7 月中旬的一天，我出了圣米谢尔广场东侧的吉贝尔·惹纳书店，从圣米谢尔桥开始，沿塞纳河左岸，一直走到卢浮宫前面的卡鲁塞尔桥，把沿河的书箱一个个看过。这是我离开巴黎前最后一次逛旧书摊了，也是想把上一次选中并记在心里的几本书买下。果然，那本让-约瑟·马尔尚的《论波德莱尔的〈打开我的心〉》还在，可是那本欧仁·克雷拜的《波德莱尔传》却不见了，显然是有人捷足先登了。此话其实不确，我毕竟是见过它的呀。我在那只大张着口的铁箱前呆立了好久。是后悔，还是羞愧？为什么当时我面对着那 200 法郎的标价只感到阮囊羞涩呢？一念之差，就有了“等等看”的想法，这一等不要紧，梦寐以求的一本书竟这样失之交臂。说句老实话，买几本价格略贵些的书，倒是不必“典衣市书”，更不必如英国人吉辛那样进行精神食粮和物质食粮之间如此难解难分的斗争，然而今日的读书人究竟是少了几分过去的读书人那样的买书的豪气。我这样胡思乱想了一阵，不免感到有些悲哀，只好苦笑一声，悻悻地走向下一个书摊……

一路下去，不觉到了卡鲁塞尔桥头。我眼睛一亮，那本列维-斯特劳斯的《野性的思维》赫然挺立在一排书中间，暗蓝色的封面竟显得有些明亮。我拿起来一看。发现书价涨了。那个胖胖的大胡子书商还认得我，因为前几天我在他那儿买过一本弗朗克的《文学的甲胄》。

我说他的书涨价了，他说不可能。我把那本《野性的思维》递给他，说：“这本书前几天还卖 25 法郎吧，今天怎么就涨到 45 法郎了？”他只好说："您给我 30 法郎吧，我送礼了。"好甜的一张嘴！我笑了，给了他 30 法郎。大概是因为我买了他两本书的缘故吧，我们竟像熟识的朋友一样攀谈起来。他告诉我，他在警察局工作，不过不抓人，是文书一类的工作。他每星期有两天来卖书。我若有兴趣，可以到他家里去买书，他也可以帮我搜求我感兴趣的书。至于塞纳河畔的旧书摊嘛，他说有 7 公里长。始于何时，他也说不清楚，不过可以到有关的书里去查查。是啊，我该去找来查查，而我竟还没有去查……

啊，塞纳河畔的旧书摊，"河水在旧书店关闭的书箱中间闪闪发光"……

罗丹的巴尔扎克

我到了巴黎，很快就在国际学生中心设在蒙巴纳斯大街上的一座宿舍楼中安顿下来。第二天，我便打听好蓬皮杜文化中心的所在，顺着这条大街向瓦凡地铁站走去。我过了两三条小巷，正要穿过拉斯帕伊大街，无意中向右首望了望……我突然眼睛一亮，瞥见大街中心的树丛中有两座雕像高高地矗立着。这雕像好生面熟，我不由得走了过去：原来是一座巴尔扎克的青铜塑像。那宽大的睡衣，高昂着的雄狮一样的头，不甚清晰然而线条十分有力的面部，阔大的鼻子和嘴，紧蹙的眉峰……这不是罗丹的巴尔扎克塑像吗？

是的，这正是罗丹的不朽杰作。它那青绿色的躯体饱经雨雪风霜，现出了斑斑驳驳的白痕。它矗立在这里已经有 45 个年头了。然而，它作为塑像，并不是在雕刻家爱抚的目光下诞生的，在此 40 年前，雕刻家就在石膏原型的身旁离开了人世。他造就了《人间喜剧》的作者的不朽躯体，却一天也没有亲眼看见这作者如何注视着人间喜剧的继续搬演。

蒙巴纳斯大街和拉斯帕伊大街是两条繁华热闹的大街，日日夜夜，不管阴晴冷暖，总是有那么多的行人车辆从这座塑像前走过，熙熙攘攘，川流不息……然而，除了旅游者外，有多少人驻足欣赏它？有多少人定睛细察巴尔扎克那急切不安的神情？有多少人用心揣摩罗丹对《人间喜剧》的作者的深刻理解？又有多少人探究思索那40年的空白？我从那里走过至少100次，只有一次，我看见一位年轻的女学生，她坐在地上，膝上一个画夹，正聚精会神地捕捉这座塑像的变化莫测的线条。

然而，这座塑像毕竟是值得欣赏、细察和揣摩的，我对雕塑是外行，难以说出这座塑像的妙处，我只是感到它凝聚着一种顷刻间就要爆发的力量，那略显模糊的轮廓，近乎僵硬的衣褶，有些粗糙的面容，处处都流动着一种雄浑有力的韵律。我似乎看到他马上就要动了，一个活生生的巴尔扎克栩栩然如在目前：他辗转反侧，夜不能寐，头脑中的构思渐渐成熟，突然，他拿定主意，立刻翻身下床，穿上拖鞋，披上睡衣，站在桌前凝神构想，他就要去拿笔铺纸了……这时，我的脑海中涌出了“寂然凝虑，思接千载，悄焉动容，视通万里”之类的文句。巴尔扎克一生不知度过了多少个这样的不眠之夜，他以惊人的毅力和艰苦的劳动为巴黎提供了历史的见证，为人类对自身的认识提供了珍贵的资料，更以高超的艺术为人们贡献了大喜悦和大痛苦。夙兴夜寐，殚精竭虑，不正是他的人格的真实写照吗？

有人向罗丹请教雕塑艺术，罗丹的回答很简单：

“砍掉多余的部分。”他的确是砍掉了“多余的部分”。巴尔扎克是交际场中的常客，他有讲究穿着的嗜好，他有发财的欲望，他为摆脱债主的追逼而费尽心机，他为追求韩斯卡夫人而柔肠寸断……罗丹把这些都砍去了，他保留了工作中的巴尔扎克，但是，巴尔扎克无时无地不在工作，他有身着中国睡袍、足踏波斯拖鞋的时候，他有对着拿破仑像出神的时候，他有为高老头之死痛哭的时候，他也有……罗丹把这些也砍去了，他保留了浮想联翩夜不能寐的巴尔扎克。这真是匠心独运的选择。他说得明白："我想表现这位辛勤劳作的人，夜里被一种思想困扰着，他下了床，要在写字桌上把这思想固定下来。"

然而，罗丹的巧妙而深刻的构思和意图，足足等了40年，方才得到理解和承认。为巴尔扎克塑像的建议，由来久矣，早在1851年，作家逝世的第二年，大仲马就发起了一次募捐活动，要为巴尔扎克塑像，结果还和作家的未亡人打了一场官司。官司赢了，塑像的热情却冷了，大仲马也"出师未捷身先死"。1885年，法国文化人协会旧话重提，决定为它的创建者立像，六年之后，它得到的只是一个塑像的雏形。面对着一件未完成的作品，有人主张继续到底，有人主张推倒重来。文化人协会选择了后者，当时的主席左拉力主将重任交给罗丹，他成功了，于是罗丹受命开始工作，并且保证18个月内拿出原型。可怜的罗丹！他本人从未见过巴尔扎克，现存巴尔扎克的形象资料也少得可怜：没有死者的面模，结果，他用了七年，才交出了塑像的石膏原型。这七年间，他再次走访了巴尔扎克的故乡，他细心搜寻与巴尔扎克相像的人，他甚至不惜花费三年的工夫打听一位曾为巴尔扎克做衣服的裁缝的行踪。他并非没有找到与像主相像的人，然而他们并不能使他满意。拉马丁论到巴尔扎克时写过："他拥有如此强大的精神，致使他那笨重的躯体形同乌有。"当罗丹读到这句话时，他突然明白了，他苦苦思索的问题在这里找到了答案。然而，如何把一颗巨大的头颅安放在一具不成比例的躯体上？他很快想到了巴尔扎克工作时常穿的那件修士的长袍，为了使雕塑中的巴尔扎克穿上这件长袍，他制作过7具裸像。他起过17次稿，终于决定，让巴尔扎克并拢双足，紧抱两臂，高扬起头，眼睛望着无限远的地方。

1898年，是一个应该被记住的年份。7年的探索思考和劳作终于结出了果实，罗丹向1898年沙龙送去了他的巴尔扎克塑像。他万万没有料到，评论界迎接他的是一片心怀恶意的鼓噪，指责、讥讽，甚至谩骂，急雨似的向他压过去。什么“无以名状的粗率”“天才的错误”“装煤的口袋”，等等。有人在《巴黎画报》上著文讽刺说，艺术家花了近3年的时间打听巴尔扎克的裁缝的住址，其结果就是把《人间喜剧》的作者装在口袋里。一年以后，报上还登出一幅漫画，画上两位绅士在谈论罗丹的巴尔扎克塑像，漫画的说明是：“如果人们同意将巴尔扎克的骨灰移入先贤祠，去年的那座塑像倒是一个理想的骨灰罐。”他们不能理解巴尔扎克竟然不是一位衣冠楚楚的绅士，而是穿了一件不登大雅之堂的“睡衣”。文化人协会不承认这是巴尔扎克。虽然有德彪西、法朗士等人出来为罗丹说话，虽然有蜂拥而至的收藏家愿出高价收买，罗丹还是感到失望和厌倦。然而，他有足够的自信心和勇气，他保留了塑像，把它带回到故乡莫东，朝夕相对，忘情于两颗伟大心灵的默契。

就在罗丹遭到拒绝的第二年，文化人协会向另一位雕塑家名法尔吉埃者订购了巴尔扎克塑像，此像由他的学生于1900年最后完成，并于1902年立于弗里兰大街上。罗丹出席了揭幕仪式，据说他受到了观众的热烈鼓掌。看来罗丹的自信和勇气不是没有根据的，被埋没的杰作是有的，但受到一致拒绝的杰作却是不可思议的。法尔吉埃临终前说：“还是罗丹对。”然而罗丹对在哪里？法尔吉埃的巴尔扎克塑像我也去看了。那是一座白色的大理石雕像，人物叠膝而坐，双手抱之，做沉思状。眉目清晰，微胖，神气平和，俨然一副无所用心的绅士模样。两座雕像相比，高下判然。波德莱尔论巴尔扎克，用“洞观者”取代了“观察者”，把人们对巴尔扎克的认识推进了一大步。罗丹不斤斤计较于形貌，而致力于探索像主的精神，可谓深得此中三昧。法尔吉埃总算是一位有良心有眼力的艺术家，他能在临终之前承认同行比自己高明，而文化人协会的承认还要晚将近 40 年。1939 年，文化人协会认可了罗丹的作品，令人铸铜像，立于拉斯帕伊大街刚刚穿过蒙巴纳斯大街的地方。此时罗丹已故去 22 年，距石膏像完成之日也已 42 年。40 年的空白，意味深长。有多少杰作曾经在这种空白中沉睡过？有多少尚无人知的杰作还在沉睡？我想到了《红与黑》《恶之花》《包法利夫人》……我钦佩罗丹的勇气，然而我也慨叹舆论的愚昧和短视。

我从巴尔扎克塑像前走过上百次，我并没有每次都停下脚步，但我确是每次都向它投去崇敬的目光。我崇敬巴尔扎克，我也崇敬塑像的作者罗丹。今天，当人们看见这座塑像时，已经不能只想到巴尔扎克了，人们想到的是罗丹的巴尔扎克。罗丹生前未看到他的作品被接受，这是文化史上常有的悲剧。但是，今天人们把罗丹和巴尔扎克紧紧地联系在一起，这不也是对罗丹的最彻底的承认和最深切的安慰吗？

访巴尔扎克故居

1985 年 1 月的一个星期天，我突然想到，在巴黎逗留的日子已经屈指可数，该去看看巴尔扎克故居了。

查一查巴黎的导游图，便可知道巴尔扎克故居坐落在第十六区莱努阿大街 47 号。顺藤摸瓜，摸到那里，正是最简便的去法。不过，倘若沿着这条大街找到 47 号，无论是正数还是倒数，那路上的寂寞与单调怕和拜访巴尔扎克先生的心境不大协调。我决定走另一条路，真正地去“找”。

那是一个晴朗的下午，我乘地铁在帕西站下了车，踏上肯尼迪总统大街，顺着塞纳河的流向走不多远，向右折进安卡拉街。我没走几步，猛抬头看见前面不远处是一堵高墙。糟糕，我该不是进了一条死胡同吧？幸好墙下站着一位警察，不妨走到底问问路。其实不必，当我走到警察跟前的时候，安卡拉街已向左拐，变成贝尔东街了。这条街极窄，碎石路面，两旁的房屋墙上爬满常春藤，加上几盏旧时的煤气灯，使人恍若进入了巴尔扎克的小说世界。进了这条街，很快就看见一段上升的石阶，阶口也有一警察。巴黎有警卫的地方不多，这两位大概与旁边的土耳其大使馆有关，颇使人感到突兀和怪异。这石阶有数十级，拾级而上就是莱努阿大街了，再向右折，不出百米，便到了47号，有一大木牌立于门前，上书：巴尔扎克故居。进得门去，还要下一段台阶，步入一座花园，方才到了巴尔扎克住过的那幢小楼的门前。这条路凡五折，由大街而小巷，由小巷而石阶，由石阶而花园，可说是曲径通幽了。而这个巴尔扎克曾经住过的地方果然是个极幽静的所在，附近店铺不多，行人亦寥寥，虽有高楼广厦，仍不乏田园风味。原来帕西这地方以种葡萄和酿酒出名，1859年才划归巴黎市，巴尔扎克1840—1847年间住在此地，想必是看中了它的僻静和冷清吧。

故居的正门藏在花木的掩映之中。参观者先到地下室去看电影，纵览巴尔扎克的一生，然后返上，进入一层的展室。这里并没有陈列巴尔扎克的什么遗物，而主要是他的以及他同代人的一些画像和漫画，其中颇有可观者，不过要连看带读，倘若浮光掠影，远远地一望，则茫茫然无所见矣。画像中有一幅是梯也尔的，据说此人是巴尔扎克小说中拉斯蒂涅的模特。还有一帧，画的是克莱芒·德·里斯伯爵。这位先生于1800年11月23日被绑架，19天后被释放。这件事启发巴尔扎克写下了《一桩无头案》，而且就在这座房子里完成。其余如瑞士人拉瓦特，其相面术极得巴尔扎克的青睐，并运用于人物外貌的刻画；德国医生弗兰茨－约瑟夫·加尔，其骨相学深刻地影响了巴尔扎克的《绝对之探求》；法国博物学家乔弗洛阿·圣－伊莱尔，他的“统一图景”理论启发了巴尔扎克，后者的《高老头》就是献给他的；作家亨利·莫尼埃，他的《机关生活场景》使巴尔扎克的《公务员》获益不少；杰姆·德·罗特希尔德男爵，他成了纽沁根的原型。当然，大名鼎鼎的拉马丁是不应被漏掉的，关于他的文字说明指出，巴尔扎克的《两个新嫁娘》《幻灭》《赛查·皮罗多》

《莫德斯特·米依》《贝阿特丽克斯》等许多小说中都有他的影子。这些知识不独可供研究巴尔扎克的学者们参考，就是普通的巴尔扎克爱好者也会感到兴味盎然的。

当年巴尔扎克只租用了二楼的几个房间，作为他的卧室、餐厅、工作室等，如今当然也都辟为展室，陈列着他的一些遗物，如烛台、咖啡具、手杖、背心之类，当然还有他心爱的拿破仑小雕像，一手执帽，一手杖剑，雄心勃勃地立在那里。常言道：睹物思人，此类东西多一些固然很好，可以让参观者赞之曰“丰富”，倘若不多，必有原因，或是散失了，或是主人本来就身无长物。我想巴尔扎克并非有偌大家产之人，其遗物原来就不会太多，他住了七年的地方如今摆上几件生前用过的东西，也就够了，其余的就托付给后人的想象力吧。例如，当你步入昔日的餐厅时，如果你知道当年巴尔扎克曾在这里宴请过维多克探长，而此人正是《交际花盛衰记》中可怕的伏脱冷的原型，难道你不会想象他们觥筹交错、酒后长谈的情景吗？那一套耀眼的银餐具在此时此地并不是非有不可的呀！其实，这几间展室中真正有趣的是一些手稿（原件或复制件）、清样、票据和证件等。不言而喻，这里需要的仍然是仔细和耐心，走马观花无异于入宝山空手而返。看巴尔扎克的原稿或校样最有意思，简直是一种享受。稍微对他有些了解的人都知道，他喜欢在清样上修改，而且往往要改许多次，似乎非要改得面目全非才满意。我们现在实在难以想象，当时的排字工人如何能够容忍他！波德莱尔就曾把经常改动作为他的一大缺点。《乡村教士》居然打了6次清样，那里陈列的是第二校，改动处极多。《纽沁根银行》的一页清样上除了密密麻麻的勾画改动之外，巴尔扎克还在题目的上方写了一段话：“夏尔，速送另一清样，同样的纸，但要双份，因为我得就本书向人请教一个问题。”这里的“夏尔”就是日后著名的出版家夏尔·普隆，巴尔扎克想向人请教的问题是一个金融方面的细节。在《贝姨》的手稿复印件上，我们可以看到右边留有很大的空白，写满了字，显然是反复修改的结果。而在写有《高老头》字样的一页纸上和《绝对之探求》的手稿上，则写有许多数字，那是他的债务。波德莱尔写有一篇关于巴尔扎克的妙文，题目就叫作《有天才的人如何还债》，我看到那些数字，很自然地想起了那篇东西。当时的文人大多极穷困，少有不和高利贷者打交道的，巴尔扎克尤甚，不得不狡兔三窟，挖空心思躲债。债务像幽灵一样死死地缠住他，就是在他写作的时候也毫不放松。他要计算将要获得的稿酬，看看能不能偿还几张到期的期票。在标题写作《幻灭》的一页清样上，他列了个人物表，写了个计划，画了个人像，还画了个气球一样的东西。气球在当时是个新事物，难道巴尔扎克正在想着《发明家的苦恼》吗？作家的手稿自然是研究者关注的对象，就是他的那些票据也有值得多看一眼的。巴尔扎克有一张买手套的发票，那上面的数字表明他 6 个月内买了 60 双手套，这足以见出手套在交际场中的重要，也使我们明白，为什么巴尔扎克写到那些到巴黎打天下的外省青年时，总要不厌其烦地说到他们如何为手套、皮鞋、衬衣之类发愁。还有一张是买咖啡的，上面开列了三个品种。陈列说明告诉我们，巴尔扎克为了让咖啡有足够的刺激性，总是把三种咖啡混在一起煮，而且日饮 30 杯。有人说巴尔扎克喝了“数以吨计的咖啡”，该不是夸大之辞。还有几张是裁缝布依松开的发票。这位布依松经常帮助巴尔扎克，作家为了感谢他，就让他进入了自己的小说。可惜，我到现在还不知道，巴尔扎克的哪一个人物是以布依松为模特的。

此外还有护照，受封骑士证书等，最令人感到惊奇的是那一纸警察局发的释放证书。巴尔扎克居然被逮捕过！原来是他拒绝去国民自卫队站岗，因此而坐了一个星期的监狱，时间是1836年4月27日至5月4日。

这样的参观毕竟是很累人的。午后的阳光是那么柔和，窗外的花木是那么繁盛，我终于抵抗不住诱惑，走进了楼外的小花园。那里正好有长椅可坐，正当我点燃一支香烟，准备深深地吸一口时，眼前突然一亮，仿佛发现了新大陆！原来临街的墙上嵌着一块长长的青铜浮雕，足有七八米。我走过去一看，都是《人间喜剧》中的场面和人物，有高老头，拉斯蒂涅，伏脱冷，葛朗台，吕班泼莱……这浮雕出自玛尔盖·德·瓦斯洛（1840—1904）之手，原是为嵌在法尔吉埃的巴尔扎克塑像的基座上的，1982年移至此处。法尔吉埃的巴尔扎克塑像现在立于弗里兰大街上，那不是一件成功之作，德·瓦斯洛的青铜浮雕被移至巴尔扎克故居的花园内，可谓得其所哉。

我又在花园的长椅上坐下，望着绿树丛中的巴尔扎克胸像，重新燃起了一支香烟……

当我离开巴尔扎克故居的时候，正是黄昏时分；我没有经原路返回，而是出莱努阿大街，顺着塞纳河去寻访阿波利奈咏唱过的米拉波桥了。

阿罗拉山房记

瑞士多山，山间的小木屋称作“chalet”，权且译为“山房”。日内瓦的朋友帮我找的新住处恰好叫“阿罗拉山房”，坐落在塞里尼镇的边缘，不过那里是湖畔的平地，并非山间。1985 年的春天我是在那里度过的。

那是 2 月底的一个晚上，朋友开车送我。车子一出日内瓦城，立刻扎进夜的黑网，车灯照见的地方，右边是黑洞洞的湖水，左边是白茫茫的雪原。朋友告诉我，塞里尼是个有名的古镇，曾经住有许多贵族和有钱人，不过，阿罗拉山房的主人却是个普通人。我们到的时候，主人和他的妻子已在客厅恭候，茶几上摆了一副中国的青花瓷茶具和一罐茉莉花茶。主人先报出姓名彼埃尔·白西埃，旋即请我泡茶，说他们不会。我唯有从命而已。其实我这个中国人只是喝茶罢了，兴许也不会泡呢。于是我便对他们说，只需将一捏茶叶置于碗中，冲上开水，稍候片刻，即可饮用。他们大概从未见过中国人泡茶，想不到竟是这样的简单，远不似日本人那样把喝茶变成了一种仪式。我的朋友却和我相视而笑，他已不知多少次喝过我泡的茶了。

第二天早晨我下楼的时候。主人已在院子里清理积雪了。使我惊奇的是，门前居然有好大一丛竹子，叶子依然是绿的，却都负着雪，有些凋零的样子。院子很大，栅栏早已残破，想来不是挡人的。草坪上盖满了雪，数十株树，叶子竟还有绿的，并不止于松杉之属。

阿罗拉山房是一栋木屋，很大，黑色，地上两层，平缓的斜屋顶上竖着一个公鸡形的风向标。名为“阿罗拉山房”，还真真只是一个名字，并非所谓“chalet”。不过，院子的一角确实立着一栋“chalet”，那是特意从山上移来的。房子不大，完全的木结构，里面桌椅床褥俱全，厨具挂在壁上，餐具摆在桌上，一盏油灯吊在屋子中央。若是在夏天，我还真想在里面住一住呢。果然，主人说里面完全可以住人。阿罗拉乃是瓦莱州的一个小镇，不知这座山房是不是从那里移来的。

阿罗拉山房离镇中心不远，出了院门往上坡走几分钟便是。镇子很小，只一条街，房子倒都很漂亮。院子里，窗台上，门前，草坪周围，到处种得有花，虽是早春，已是绿意盎然。几幢粗糙的石头砌起的房子，石子路，饮水池，黑铁的灯罩，都透着残存的古意。路上不见一个人，只偶尔有小汽车驶过。站在高处，可以望见波光粼粼的莱蒙湖，天气好的时候，甚至可以隐约看见日内瓦的喷泉。塞里尼的确太小了，记得那里似乎没有商店，只有一家小小的食品店，一家餐馆，两三家小旅店，一个小邮局，里面只有一个职员，倒是有一座神学院，仿佛还有些名气。所以我在阿罗拉房住了四个月，居然不曾好好地研究一番塞里尼的历史。进了 3 月，雪渐渐化了，性急的高山钟花已经破土冒雪率先开了。天气晴好的时候凭窗远眺，目光渐次掠过泛绿的麦田，明亮的湖水，黝黑的森林，直爬上皑皑的雪峰，胸中顿生涤荡之感，一快也。到了傍晚，夕阳西下，映得湖水泛金，远山的雪变得殷红，有惊人骇人之状，亦一快也。白天又听见了鸟叫，夜里又看起了星星，原先在城里听而不闻视而不见触而不觉的一切，都争先恐后，纷至沓来，令眼耳鼻舌身诸感官应接不暇。

一日，我看见白西埃先生光着膀子，弓着身，在院子的一角挥镢刨地，原来是小小的一方菜园。“白西埃先生，我可以帮您干活吗？”“当然，只是不要太累了。”白西埃先生正在平整土地，准备种菜。白西埃先生在日内瓦的一所中学里教地理，太太是会计，有一子一女，男孩刚上中学，女孩还是个小顽童。他说他喜欢土地和农活，种点儿菜也让孩子们认识些农作物，和土地亲近些。后来我问那男孩长大了打算干什么，他果然说是想当森林管理员。

阿罗拉山房曾是一大户人家的住所，一层是客厅和餐厅，楼上住人，正式的厨房在地下一层，灶具厨具餐具很是齐备，还有一张很大的餐桌。白西埃先生家人口不多，平时就用餐厅旁的一个小厨房，所以我来了之后，这间大厨房就打扫干净，归我一个人用了。这家很客气，吃饭的时候经常来叫我：“郭先生，您愿意跟我们一起吃晚饭吗？”饭菜不似我们中国人那么复杂，但必有红白葡萄酒和奶酪，饭后还有一小杯烧酒，那是主人自制的，用的是水果。当然，小孩子只喝果汁。我也用中国菜回请他们全家，包过饺子，煎炒烹炸过一番，每次他们都饶有兴致地在一旁观看，一边还啧啧称奇。包饺子的那一次，我说要将肉和白菜剁碎，拌成馅，白西埃先生于是拿出一台小小的绞肉机。那东西用起来果然省力省时，我不禁赞道：“真好，我回国时要买一个。”不想说者无意，听者有心。我离开阿罗拉山房时走得很早，头天晚上告别，第二天凌晨悄悄地下楼，却在楼梯口看见一个崭新的绞肉机，另有一张纸条，上面写着：“亲爱的郭先生，您走得太早，我们不能送您了，这个小小的礼物您务必收下。彼埃尔·白西埃。”

白西埃先生家里有两件事令我感到惊奇。一是所有的门都不上锁，平时白天常是我一个人在家；过复活节的时候，他们全家去法国南方度假，一去10天，把偌大一栋房子丢给我一个人，所有的门皆虚掩着。二是家里的电视机是黑白的，晚上多半只看新闻节目。夫妻俩闲时都喜欢读书。白西埃先生知道我是研究法国文学的，且对瑞士文学感兴趣，我到的第二天，就把他藏的瑞士大作家拉缪的全集悉数抱来。这套全集还真省了我跑图书馆的工夫了。拉缪本是沃州人，如今我在塞里尼这块沃州的日内瓦飞地上阅读他的作品岂非人生一乐！在院子里的树下，手持一卷拉缪的小说，那里面的湖水、高山、牧场、葡萄园、偏僻的村落、穿木鞋的农民、打岩羊的猎手……就在目前。大山里的恐怖和神秘不时地伴着乍暖还寒的春风，阵阵地袭来。安详、沉稳、坚韧不拔、独立不羁，语言遁人内心，情感化作地下的熔岩，瑞士人的灵魂似乎有了轮廓。当时恰好有一部根据拉缪的小说《德博朗斯》拍摄的影片放映，说的是一场高山雪崩的悲剧。白西埃先生请我去看。先去一家中餐馆用饭，他说是让我鉴定其水平。饭馆叫作“风铃餐厅”，在日内瓦，厅内一派中国的传统布置，只是菜谱上并不见一个中国字，有的是英文、法文和越南文。原来这是一家越南馆子。白西埃先生大吃一惊，忙问究竟。堂倌说：“原来登记的是风铃中国餐馆，现在虽然变成了越南馆子，但名称不能换。”餐馆易主，白先生有些失望，我安慰他：“其实越南菜亦不妨一尝。”我们要的菜大约是：春卷，虾饺，柠檬鸡，五香鸡，烤鸭，豆腐大虾。别的菜不必说了，只这烤鸭并非北京烤鸭，着实使人心有不甘。饭后去看《德博朗斯》，电影似乎不如小说那么动人、那么神秘、那么诗意盎然，这大概是所有从文学作品改编过来的电影的共同命运吧，因为文字究竟有不可替代的魅力。报纸上说这部电影在戛纳电影节上没有引起重视，是因为放映的时间太靠后，观众都累了。

住在阿罗拉山房，除了去洛桑或日内瓦，访友，会客，听课，逛书店，跑图书馆，参加讨论会，也就是在家读书了。读得久了，不免觉得过于清静。我给巴黎的居尔蒂斯先生写信，说到这种孤独寂寞之感，老先生回信说，此乃年龄之故也。他一个耄耋老人，巴不得有这样一个读书的环境呢。莱蒙湖近在咫尺，读书之余少不了去湖边走走，看水鸟，看游艇，看烟波浩渺，看群山巍峨，看风诡云谲的万千气象。阿罗拉山房附近的田野亦颇有可观者。麦子已然秀穗，麦田里散见鲜红的罂粟花；油菜长得没过人，一片片黄色的花开得耀眼；一群群奶牛悠闲地吃草，牛铃的响声分外悦耳。种葡萄的人开始忙了，我也该离开阿罗拉山房，去苏黎世搭乘飞往北京的航班了。

在小旅店里

在日内瓦的普兰巴莱广场西侧的一条小巷里，有一家教会办的小旅店，膳宿的费用比较低廉。1985 年 2 月，我匆匆离开巴黎，一时竟在日内瓦找不到落脚的地方。辗转数日，就住进了这家小旅店，以解燃眉之急。

这里的房间分为两种，一种是单人客房，一种是大房间，可容 8—10 人。大房间不得久住，最多一星期。房客可在旅馆包饭，若单用早餐则免费。旅店虽小，倒也十分干净，服务也算周到。唯一不便的是，住大房间的人必须早晨 9 点钟离开，晚上 5 点钟之后方可进去，这中间若有人回旅店，就只好在小客厅里枯坐。虽也有若干读物摆在那里，但都是宗教宣传品，实在无助于消除寂寞。好在住这种地方的多为旅游的学生，白天正好到处去观光，并不需要整日躺在床上。床是为晚上准备的，所以这里倒成了实实在在的旅店了。

我们一共是 8 个人：两个法籍摩洛哥人，二十四五岁年纪，其中一个是图鲁兹大学的学生，三年级；两个突尼斯人，看上去尚未成年；一个美国黑人，也极年轻；一个南斯拉夫人，30 出头的样子；还有一个是德国人，年纪略长，是个工程师。

早晨吃罢饭，大家纷纷道了再见，各自奔向自己要去的地方，直到晚上八九点钟，8 个人差不多才能会齐。我第一天晚上回去的时候，已是 8 点多钟了，看见他们正围着一张大桌子聊天，也有人在看报、下棋，下的棋颇类我国北方儿童下的“走五道”。他们听说我来自中国的北京，顿时叫了起来。那个摩洛哥大学生叫道：“啊，中国！邓小平！”几个年轻人则问我知道不知道李小龙，我说知道，他们就伸胳膊踢腿，一边说：“功夫，中国功夫真了不起！”那个德国人只是憨笑，因为他不懂法语。正在说笑间，那个南斯拉夫人进来了，于是，他们就七嘴八舌地叫了起来：“今天晚上有汤吗？”南斯拉夫人很瘦，仿佛天生一副愁容，说：“明天早晨每人出1法郎，晚上就有汤了，还可以有面包。”我问他是干什么的，他说他是棋手。这时那个小黑人过来了，他让南斯拉夫人替他解释，说他专门收集地址，问我能不能给他一个。他说他已经收集了许多地址，有埃及人的，有澳大利亚人的，有日本人的，有波兰人的，总之是许多许多，啊，还有苏联人的，刚刚得到。他说着就在他那个又脏又破的小本子里翻起来，终于找到了，他很高兴，露出了两排雪白的牙。他拿给我看，果然是个苏联人的，住在列宁格勒某地，还是用俄文写的。于是，我也给了他一个地址，应他的要求，用中文工工整整地写在他那个小本子上。我没有想到还有人收集地址。他第二天就走了，也许我不会再见到收集地址的人了。

第二天晚上果然有汤。南斯拉夫人拿出一个酒精炉和一个很大的搪瓷杯，倒上水，打开一个马铃薯罐头，又加了一小块黄油，一个洋葱头，一根胡萝卜，还放了些不知名的东西。他一边煮一边问：“谁要汤？要还是不要？”他们嚷道：“要不要付钱？”他只是低头煮着，并不答话，一边不住地尝着，嘴里啧啧有声，似乎说那汤不错。汤煮好了，他又问道：

“谁要汤？要还是不要？中国人，您要吗？”我很怀疑那汤的味道，不敢领教。其他人纷纷举手，表示要。只有一个杯子，于是他满满盛了一杯，递给德国人，大概是因为德国人年纪最大。德国人喝了一口，眼睛顿时圆了起来，嘴里高叫一声：“Gut！”[①]南斯拉夫人又把一个罐头盒盛满，递给两个突尼斯人，随后是两个摩洛哥人。最后只剩了个汤底子，他自己喝了，满意地说：“这汤不错。”

这南斯拉夫人很有些怪，每天晚上临睡前，他都要说声“对不起”，然后抱起铺盖，搬到那张大桌子上。那桌子正在一扇大天窗下，而那几天日内瓦又下了一场数十年未见的大雪，天气出奇的冷。他说他需要新鲜空气。后来他又做了一次汤，次日便不见了，说是去伯尔尼参加棋赛了。那几个人似乎不大相信，不过，他们谈起他都有些很尊敬的样子，因为他会说法语、英语、德语、俄语、波兰语、意大利语，也许还有其他语言。我问他们喝汤是否真的要付钱，他们说有时候要付的。他走了，大家似乎很怀念他。

那两个摩洛哥人是来找工作的，其中一个很快就走了，剩下了那个图鲁兹的大学生。他每天早晨都在床前地上铺一方白布，站着默诵些什么东西，然后跪在白布上，低头伏地良久。他是个虔诚的伊斯兰教徒。每天早晨离开旅店时，大家都对他说：“祝你好运！”可是每天晚上回来，他都是一无所获。他告诉我，他在大学主修心理学，现在想在这里找个工作挣些钱，好继续学业。可是到哪里人家都跟他要居留证明，他是作为旅游者进入瑞士的，根本不可能得到居留证明，然而他并不死心，

---

① Gut：德语，表示很好

每天仍是早出晚归。有一天，正是下大雪的日子，他从外面回来，脸冻得通红，我问他怎么样，他回答说还是那样，一无所获。人家要居留证明。我说雪下得很大，他指了指自己的心口，说“这儿下雪了”，紧接着又指了指脑袋，说“这儿还是热的”。他对我解释说他并不气馁，因为他有真诚的信仰。我没有说话，只是祝愿他的信仰能帮助他找到一个工作。

他每次回来，那两个突尼斯年轻人几乎都要问他白天吃了什么。他有时就说些肉呀香肠呀面包呀什么的。有一次我露出迷惑不解的样子，他就对我说：“他们问我在救世军那里吃的什么。救世军开了个救济站，免费供给饭食，去那里的人很多，去晚了就什么也没有了。你注意到没有，我们在这里早饭都拼命吃，因为我们一天就吃这一顿。”我一下子明白了，南斯拉夫人的汤对于他们该是怎样的美味。

那两个突尼斯人想在这里学手艺，其中一个已先离去，不过有时候还偷偷溜进来住一夜。另一个本已有了建筑师证书，可他说这职业在突尼斯不赚钱。我对此深表怀疑，不知他是个什么等级的建筑师，再说他还十分年轻。他想学美发，这在突尼斯是门好手艺。然而他也有同样的难题：没有居留证。他说再等两天，若不行就去苏黎世，那儿找工作比在日内瓦容易，住房也便宜。他问我是干什么的，我说是搞研究的。这里的“研究”在法文里是les recherches，其本义是“寻找，反复地寻找”。小伙子不懂，问我找什么。是啊，我找什么呢？

我在这个小旅店里住了一个星期，同房间的人不是不知去向，就是始终在找工作。直到我找到住处离开旅店的那一天，摩洛哥人还在奔走，突尼斯人还在考虑是否去苏黎世。可是，他们都已在这里住了一个星期了，该换地方了。

春天的第一个消息

3 月初的一天，早晨匆匆出门上班，走在街上，无意中发现道旁一丛迎春花柔软细长的枝条上赫然绽出了几个花苞，心中不觉一惊：呀，春天来了！抬眼望去，层层叠叠的树冠间果然有了一痕微漾的淡淡的绿云……

有句云“动人春色无须多”，无须多，直言少也。又有句云“满园春色关不住”，关不住，暗寓多也。那么，春色动人在其少抑或在其多？我说：“在其少。”少到多少？少到一。第一片春叶，第一声春雷，第一缕春风，第一滴春雨，第一只春燕……唯第一，方能使人惊喜，感到变化，故最动人。等到“春光烂漫”，等到“处处闻啼鸟”，等到“红杏枝头春意闹”，等到“春风又绿江南岸”，等到“江南草长，杂花生树，群莺乱飞”……已经有多少春光在不知不觉中过去了也。波德莱尔曾经这样描写过一位艺术家：G 先生一觉醒来，睁开双眼，看见刺眼的阳光正向窗玻璃展开猛攻，不禁懊悔遗憾地自语道：“多么急切的命令！多么耀眼光明！几小时之前就已是一片光明啦！这光明我都在睡眠中丢掉啦！我本来可以看见多少被照亮的东西呀，可我竟没有看到！”于是他出发了……他睁大焦急渴望的眼睛，“凝视着生命力之河”，“静观大城市的风光”……这位 G 先生是怎样地热爱生活啊！然而你，城里人，你可曾如 G 先生那样“一觉醒来，睁开双眼”急切地望着窗外吗？

然而，春天的第一个消息在哪里？第一片叶的萌发谁曾见过？第一阵雷的滚动谁曾听过？第一缕风的吹拂谁曾感到？第一滴雨的飘落谁曾记得？于是，有人翻开日历，查到 3 月 21 日是春分，就在这一天说：春天到了。其实，说这种话的人知道，他的心里并没有感觉到春天。早一天是春分，晚一天是春分，他都无所谓。当他抬眼向窗外望去，见树间浮动着一片淡淡的绿，这时春天已经到了许多天了。冬去春来的刹那间的喜悦，他从来是无缘享受的，如此年复一年，春天不过是季节更替的一环罢了。

留意捕捉春天的第一个消息，其实是希望不间断地保持与大自然的接触，不因生活在城市里就自囿于钢铁和水泥的包围。对此，许多地方的人都有独特的方式。我知道日内瓦人就有一种很有趣的传统。在日内瓦的老城有一座泰宜公园，坐落在一片高地上。那里有两排高大的野栗子树，枝叶繁茂如盖。由于北边有州政府的大楼作屏障，挡住了冬天的北风，南边又无遮无盖，收尽了充沛的阳光。因此，那里的栗子树在全市发芽最早，特别是南边一排靠东的一棵。它最先迎来朝晖，最后送走晚霞，日照时间比其他树更长，因而发芽尤其早。自 1929 年以来，日内瓦州政府责成掌玺官每年记录这棵树发芽的日子，然后在报纸上公布，向全市人民宣告春天的到来。现在，那棵树上挂着一块木牌，上面写着：“这棵树上观察到第一片春芽，至今发芽最早的日期是 1975 年 1 月 31 日。”当然也有比它早的，不过这棵树上的春的消息是“正式”的。我在的那一年是 1985 年，当年春天来临的日子是 3 月 15 日，不用说，这也是“正式”的日子。比它早的，也有人观察和报告，并记载下来。

日内瓦地处北半球，按照天文学上的规定，它的春天也是开始于每年3月21日的。然而有了掌玺官的通报，日内瓦人就可以不理会天文学上的规定而保留了一份惊喜。他们的春天不在日历上，而在庭院里，在田野上……郑板桥有对联云：“草为地暖春先翠，燕为花忙暮不归。”此同一机杼也。

近睹塞尔文峰

塞尔文峰地处瓦莱州，挺立于玫瑰山脉的西端，南坡属意大利，海拔 4478 米，虽不是瑞士最高，却是瑞士最有名的山峰。“塞尔文峰”是法文的叫法，德文则叫作“马特霍恩”，当地人目为“神山”。据说，“马特霍恩”听起来比“塞尔文峰”更阴沉，更忧郁，更能激起有关死亡的回忆。

我和妻子从洛桑乘火车，沿莱蒙湖，经蒙特勒，向东南进入罗讷河谷地。谷地很宽阔，双目所及，到处是碧绿的庄稼和金黄的油菜花，成群的牛羊在点缀着黄色野花的草地上徜徉，不时还有整洁的小楼和尖顶的教堂在眼前掠过，高大的树木守护在河的两岸，罗讷河从火车的右侧迎面流去，水势汹涌。河的那一面很远的地方，是起伏的阿尔卑斯群山，山上长满了树木，看上去郁郁葱葱的，间或有几栋木头房子，散布在平缓的山坡上，山坡上则绿草如茵。偶尔可以看见汽车在山间驶过，时隐时现。火车的左侧离山很近，也属阿尔卑斯山脉，到了圣莫里斯的时候，可以看到著名的魔鬼山，山下有一小镇，叫作德尔博朗斯，曾经被重创于十八世纪初的一次地震，至今仍到处是从山上滚下来的巨石，夏尔－斐迪南·拉缪曾经以此为题材写过一部小说，题目就叫《德尔博朗斯》，对魔鬼山的神秘和恐怖有令人毛骨悚然的描写。两边的山上，偶尔可以见到巍峨的古堡，说明人类很早就在这里留下了足迹。过了圣莫里斯，谷地突然变窄，不久就随着罗讷河在马尔蒂尼拐弯，铁路向东延伸，直到布里格，再向东北拐去。从马尔蒂尼到布里格，风光为之一变。

火车从马尔蒂尼开出，路两旁的山明显地近了，也高了，但是阳光充足，由冰川融化而来的水也丰沛，葡萄长得茂盛，山坡上有很好的草场。随着火车的行进，渐次有一条条平行的山谷掠过，山谷中有壁立千尺的悬崖、挂于其上的细细的白练和风光秀丽的小村镇。有的山谷是兵家必争之地，例如距马尔蒂尼不远的昂特蒙山谷。公元前218年，迦太基人汉尼拔率领他的象队从昂特蒙山谷穿越阿尔卑斯山，直到罗马的大门口。罗马人明白了他的意图，赶紧修筑了一条从意大利的奥斯特到马尔蒂尼的道路。在中世纪，大批的朝圣者取道这条山谷前往意大利，在10世纪，圣徒贝尔纳就在大圣贝尔纳山口修建了一座修道院和一座招待所，有一种犬因救护迷失在大山中的人而著名，经过几百年的培育，自17世纪起被命名为贝尔纳犬。1800年，拿破仑就是通过昂特蒙山谷翻越大圣贝尔纳山口而打进意大利的。今天的旅游者若想通过昂特蒙山谷进入意大利的话，可以开车沿高速公路直达大圣贝尔纳山口，钻进长达5826米的高速隧道，出来的时候已经是意大利了。火车经过萨雍小镇的时候，隐约可以望见小山上有一座望之森然的塔楼和一片令人肃然的废墟，可知此处是古代一个军事重镇。城堡俯视着大片的、高低不平的葡萄园，瓦莱州是瑞士最重要的葡萄产区，五六月份，正是葡萄返青变绿的时候，山坡上一块一块的，直如碧绿的毯子一般。再往前走，就是瓦莱州的首府西永了。

西永是一座古城，建在一片丘陵的脚下，火车经过的时候，可以看到许多的教堂，原来在公元6世纪的时候，基督教已经在此地生根了，这里成为一个强有力的主教的驻扎地。第一个主教府建于公元4世纪，据说今日西永仍然是宗教活动的一个中心。建在一座小山上的瓦莱尔圣母院里，据说有一座14世纪的，也是最古老的管风琴，至今还能用。圣母院筑有防御工事，始建于公元12世纪初年，在行进中的火车上可以看到它那塔楼上的雉堞和已经毁弃的围墙。往北，有一片废墟，原是西永主教的住所，1788年毁于大火，不过还可看出当时的规模。西永有居民25000人，是一座风光绮丽的小城。二十年前，我曾经游览过这座小城，如今印象已经模糊，只记得参观过市政厅，那是一座砖红色的三层小楼，挤在一片三四层的房子中间，楼上的大钟安装于1668年，不但指示着每天的时辰，还指示着黄道十二宫、月亮的位置和星期。我记得聆听过一位副市长介绍西永的发展远景，他的话流露出一种强烈的自豪感，给我留下很深刻的印象。这位副市长是一位工程师，担任副市长完全是出于义务和对家乡的热爱。据他说，市里的负责人只有市长一人是专职的，其余的全是兼职的，每星期有一两天到市里上班。如今我乘火车经过西永，什么西永的远景都忘了，对于城市的景物，也只剩下依稀惘然的回忆了。

西永往南，正对着埃雷芒斯山谷，陡峭的悬崖上到处是冰川留下的痕迹。山谷的深处，有一个迪克斯湖，湖上的拦水坝高达282米，这大迪克斯水坝乃是世界上最高的水坝之一，修建这座水坝仅水泥就用了六百万立方米。过了西永，有一条山谷叫作埃朗山谷，其入口处是一些由多孔冰渍物形成的巨大的山石，状若白蚁冢，远处可见海拔4357米的白牙峰的雪冠。这条山谷几十年前还与世隔绝，如今旅游虽然无孔不入，可是居民仍保留着古老的风俗习惯和宗教信仰。女人的服装可以上溯至16世纪，包括一条裙子，长袖短襟的马甲，红白两色的围巾和一顶草帽，草帽的边上饰有呢绒，直翻到耳朵，帽子的顶部则是阶梯状叠起的带子。她们不仅在星期天和节日期间穿这种衣服，而且在田间劳动的时候也用它来抵御阳光的暴晒和寒冷的侵袭。在田里工作的大多是妇女，男人多到工地或工厂去了。高山放牧的节日，则有斗牛比赛，参加比赛的奶牛是一种埃朗特产的奶牛，特别好斗。当地居民说一种普罗旺斯方言，据说这种方言的使用仅止于瓦莱州的几条山谷。

过了埃朗山谷，就是小城西埃尔了。小城的历史可称久远，远在青铜时代就有人居住。以西埃尔为界，往西是法语区，往东是德语区。小城是瑞士日照时间最长的地区之一，如今是瓦莱州的工业重镇和水果贸易中心。威多姆城堡建于15世纪，圣卡特琳娜教堂建于1649年，奥地利著名诗人里尔克曾经度过他生命中最后七年的穆佐塔楼，这些都是可以一看的建筑。塔楼原是一座小城堡，17—19世纪成为旅馆，现在是市政厅的所在地。紧接着西埃尔，是一条相当宽阔的山谷，叫作阿尼维尔山谷，其最古老的房屋大概有四百年的历史了。小小的村子，几十栋木头房子，木头被太阳晒得发黑。纯净的空气、树木的清香和花草繁盛的高山牧场，极富田园风味，每年都吸引了大批游客。有的市镇，街道狭窄曲折，铺着方石，两旁的房屋挨得很近，颇类我国上海的朱家角，不过没有经商的店铺，亦绝少行人。有的只是游客，前来体味小镇的宁静。家家窗前皆摆满了鲜花，如绣球、天竺葵之类，有的栽在木头箱子里，有的就植于藤条编的篮子里，给古镇平添了不少生气。火车经过的地方有一小村，叫拉罗涅，村中圣罗曼教堂中有著名的壁画《最后的审判》，作于 1512 年，教堂旁边的公墓里埋葬着里尔克，他是 1926 年 12 月 29 日逝世的。

两个小时之后，火车到了维也日，继续开到布里格，或更远的地方，我们则换乘另一列，向南进入维也日山谷，直开到泽尔马特。前往滑雪、观看或攀登塞尔文峰的旅游者，大多须在维也日或塔什弃汽车而登火车，在泽尔马特安营扎寨。维也日也颇有可观者，首先是全城呈现出一种强烈的对比，居民聚居地有不少高大的建筑，而工业区则有很多现代化的工厂，城市的南面则是有着八座 4000 米以上高峰的雄伟的米沙贝尔山脉。12 世纪，维也日接受西永主教的统治，1388 年，它曾经勇敢地抵抗过萨瓦人，1799 年，在一场激烈的战斗之后，法国人洗劫了它。自始至终，维也日都是维也日山谷的一个大市场，如今它更成了一个广大地区的中心。维也日还出了一位当代名人，即曾任国际足联主席的布拉特。据说这里有欧洲海拔最高的葡萄园，生产一种叫作“黑达”的葡萄酒，远近闻名。

从维也日到泽尔马特的铁路，修建于 1891 年，在促进泽尔马特山谷的旅游方面起了巨大的作用。不过在此之前，泽尔马特已经成为前往冰川和大山的出发地，一年四季都热闹非凡。泰奥菲尔·戈蒂耶曾来此地游览，写下《勃朗峰》和《塞尔文峰》两篇文章，记述了他在大山中的见闻和观感，时在 1868 年。他乘马车或骡子，深入谷地，仿佛进入一个原始的蛮荒之地，经历了一次面对死亡和危难的冒险。他说：“尽管理智不同意，但是人和大山之间的斗争还是高贵的、充满诗意的。”大山代表着“大地表皮的粗糙”，是一种广阔的、野性十足的建筑物，带有万物起源时的神秘，以它混沌的外表引起人们一种“神圣的恐怖”的感觉。大山是一个自足的世界，人们的认识无奈它何。它说着一种“花岗岩的语言”，天与地、梦幻的诗与事实的观察，通过这种语言合而为一。“山是美的，因为它仿佛把天空的蔚蓝给了大地，在现实的后面加上了诗的背景。”大山，在戈蒂耶的眼中，是一首诗，人在其中寄托了沉思、欲望和想象力。

戈蒂耶曾经对年轻的波德莱尔说：“一个作家如果不是什么都能表达，如果一个像月亮上的石头一样突如其来的，不论多么奇特、多么微妙、多么意外的思想弄得他手足无措，使他找不出材料来赋予它形体，那他就不是一个作家。”“不可表达之物是不存在的。”《塞尔文峰》证明了戈蒂耶不愧为真正的作家，语言在他手上成了一件驯服的工具，要圆则圆，要方则方，要色彩则五彩斑斓，要音响则宫商角徵。看他一路走去，线条和形状的运动，色彩的变化，冷暖色调的交替，植物和裸露的岩石，阳光照在雪上的效果，峭壁、冰川和裂缝的呼应，总之是一山一水、一禽一兽、一草一木、一沙一石，都历历如在目前。这也是真正的旅游者的心境和态度，或骑马，或步行，或奔跑，或攀登，所见所闻，无巨无细，一一形诸笔端，让人读起来兴味盎然，一点儿不觉得疲倦。

一百三十年之后，从维也日到泽尔马特，我与戈蒂耶走的是同一条路，只不过戈蒂耶坐的是马车，我坐的是火车。正是由于坐骑的不同，使我们的所见也各自不同。戈蒂耶一行人，“天一破晓”，就骑在马上出发了，进入维也日山谷，他写道：“此时，阳光还没有照进来，夹在高山之间的小道，笼罩着一层透明而轻柔的阴影。紫色平缓的山坡上，是一片没有生气的绿色，露珠闪闪发光，如高墙般的山石似乎被一层广阔无垠的轻纱覆盖。淡蓝色的晨雾，如同轻烟一般，飘浮在山峰之间蜿蜒的沟壑之上。绵延不断的黑色山峰背后，是近于白色的珍珠色天空，正是水彩画家借以渲染最初在纸上画上几笔的那种色彩。太阳越升越高，那颤动的光辉令人想起费利西安·达维德的《日出》中的小提琴的声音。”看他把阳光被高山挡在外面时的山谷里面的景象描写得多么细腻生动，眼前的一切都被笼罩在一片阴影中，他那一支鹅毛笔轻柔得仿佛怕挫破了纸一样：平缓的山坡是紫色的，绿色是没有生气的，淡蓝色的晨雾，黑色的山峰，近于白色的珍珠色的天空，太阳的升高带来的阳光的颤动，直如小提琴的声音……光与色的变幻，冷与暖的色调，明与暗的过渡，一一化作文字，细细地浸润着读者的心田，激发着他们的想象力，使他们如身临其境般地获得了卧游之乐。我从维也日动身的时候，太阳已过中天，自然看不到戈蒂耶所描写的微明之际的山谷，再加上我坐的是火车，虽说是上坡，不能如平地疾驰而过，但也只能看见小屋、树木、牛羊、峭壁和大山，在灿烂的阳光下一一掠过。你看不到小屋的木头被太阳晒得发黑，你分辨不出树木和花草的种类，你听不见小溪由于受阻而发出低沉的喧嚣，你感受不到大山的恐怖和人类百折不回地征服高山或与高山亲近的努力。火车走得太快，什么东西都没有看清楚就过去了，连仔细地想一想都办不到。

他还写道：“太阳终于超过山梁，把它温暖的光辉投射在山谷的一个坡面上，而另一个坡面依然隐没在灰蒙蒙的淡蓝色阴影中。许多一直隐藏在黑暗中的景物，突然出现在阳光下面，有了某种戏剧性的变化。由于明暗的对比，悬崖的底层，深沟中细小的裂缝，陡峭的绝壁，山峰变幻无穷而奇特的形状，都清晰可见了。在这幅如此优美的图画中，还需加进去几道灿烂的阳光，气象万千的山谷在我们的脚下一览无余。”我们出发的时候，已经是一片灿烂的阳光了，因此“突然出现”的乐趣自然是无从享受了。在火车上，你以为深沟、裂缝、绝壁、冰川和奇特的山峰，都一齐拥向你的眼前，没有明暗、冷暖等色调的变化。其实，这些一成不变的要素，其组合是有着无穷的变化的，各种线条、外表、地势、阳光与黑暗的转换，无时无刻不形成新的景观，使这座山与另外一座山迥然相异。它们的外貌和特点取决于一条山脊和一条曲线的走向，取决于极其微妙的或明或暗的色调，这些你都看不到，因为你不是迈开你的双腿在山中行走。当然，你也看不见在高空盘旋的鹰隼，听不见牛羊的鸣叫和鸟雀的啁啾。我们坐在火车里，我们和外面只隔着一块玻璃，但是这块玻璃却使我们感觉不到外面的凉热，听不见外面的声音，不能停下来仔细看看外面的风景。火车之迅速，使我们失去了多少乐趣啊！

戈蒂耶坐的是马车，时近中午，他们才“远远地望见”“圣尼古拉的白色钟楼”，到泽尔马特还有一多半的路要走。不过，圣尼古拉海拔1116米，向南望去，山谷两侧，包围着泽尔马特的是近20座4000米以上的山峰，尽头处，与意大利接壤的边界上就耸立着玫瑰峰和塞尔文峰。戈蒂耶的马车在崎岖的小路上颠簸，数度涉过奔腾的小溪，走过一个又一个由小木屋组成的小村庄，他们在巍峨的群山之下痛感“人小如蚁，微乎其微”，同时也感到“没有任何艰难险阻能够阻挡人类生命前进的脚步”，从而明白了“为什么山里人与高山难舍难分”。戈蒂耶提到了许多地名和山名，其中有些，我们坐在火车里也能辨认出来，如斯达尔登、圣尼古拉、埃尔波里根、朗达和巴尔福林山、布吕纳格霍恩、魏斯霍恩、达什霍恩等。梅里美在他的小说《高龙巴》中说：“无名的风景是最乏味的。”诚哉斯言！一处风景，如果有了名字，或者你记住了它的名字，它就在你的记忆中有了清晰的轮廓，否则，那可能就是混沌一片。清晰，或者区别，正是风景最有味的地方。于是，你知道了，那些地方，可能130年过后，人口有所增加，规模有所扩大，面貌有所变化，可是那些山，130年的变化是肉眼不能察觉的，高度依旧，形状依旧，积雪依旧，大概只有山间的冰川或者延伸，或者退缩。这些山都非常雄伟，巴尔福林山海拔3796米，布吕纳格霍恩海拔3833米，魏斯霍恩海拔4505米，达什霍恩海拔4491米，山上一片白雪，太阳照在上面，发出耀眼的光亮。想到我和一位古人于130年前后同看一个地方、同观一座山峰，不由得一阵喜悦浮上心头。

不过，我也感到一丝遗憾：想那戈蒂耶游瓦莱的阿尔卑斯山，或乘马车，或骑马，如能步行则更佳，满眼山石草木，满耳风声水声，看在眼里想在心上，悠悠渺渺，不知止于何处。这叫旅游。我则乘火车，如果乘飞机则更糟，眼前的景物一闪即过，耳畔的声音只是车轮滚过铁轨发出的隆隆声，冒险、沉思和想象力都给闷在小小的车厢里了。这也叫旅游吗？瑞士作家罗道尔夫·托卜费尔说，一个旅行家，不但要徒步，还要走“最长、最为艰险和最不平坦的路”，因为“一个以旅游为乐的人需要的是奇峰险隘，喜欢冒险和意外”。他们可以指望旅途中的神秘和意外给他们带来无穷的乐趣，也能够在艰苦的跋涉中体验胜利者的喜悦。我想起了一个美国人的话：“将阁下装进一个金属密封舱，然后以每小时600英里的速度，安全、准时送到目的地，对不起，这不是旅行，这是运输。”如今所谓“旅游”，不就是“运输”吗？旅游，就是旅而游之，没有过程，谈何旅游。古代人，包括不太远的近代人，靠的是两条腿，或四条腿，或是马车，一路走走看看，遇有风景特别美丽或文物特别繁盛的地方，则多住几天，尽情盘桓。现代人有了火车、汽车甚至飞机，风驰电掣般直扑目的地，风景美丽文物繁盛的地方不见了，被分割成若干个景点，犹嫌不足，还修建了不少宫呀城的假古迹！还有“三日游”“五日游”，甚至“十日游”，到省外甚至到国外，“旅”有了，“游”却未必。我见过“赴欧十日游”的人，一个国家最多两天，只能看看若干景点，一个景点最多两个小时，而且有导游组织，一呼即走，毫无自由。同是旅游，古人追求的是见识，有“壮游”之说；今人追求的是舒适，有“休闲”之意，其间的区别不可以道里计。

到了塔什，连汽车也不能走了，铁路则换成了齿轨铁路，就是在两条铁轨之上加上一条齿链，火车上也有一条齿链，两条齿链一合，像牙齿一样，一个咬着一个，以此带动火车前进。塔什海拔 1450 米，从这里一路上去，雪峰接连不断，转过梅戴尔霍恩，就看得见塞尔文峰了。山谷顿时宽敞，一片绿油油的草地，在犬牙交错的山峰之上，塞尔文峰兀然挺立着它巨人般的身影。“这座拔地而起的高山大有刺破青天之势，呈现波浪起伏的线条无法使人准确估计它的真正高度。它的一边几乎是垂直的，那里存不住雪；另一边不那么陡峭，山坡上形成了片片积雪。它的尖锥形顶部使它非常像一个有人字墙的哥特教堂。塞尔文峰本身呈现出掺杂着灰色和白色的淡蓝，由于太阳照在雾气上一片金光，山色空蒙，其景色既雄伟又壮丽，超出人们的想象。”这是戈蒂耶初见塞尔文峰时对它的描绘，我认为这确是一个唯美主义的大师的手笔，对事物的外貌有着精确的观察，然后落实于精确的文字。我试图补充的是，塞尔文峰像一个瘦硬而巨大的金字塔，翘然、挺然于群峰之上，尖端的部分微微向左、向上倾斜，仿佛带着一种不屑的神情扭颈望着天空，显出一副睥睨一切、桀骜不驯的样子。

在塞尔文峰的陪伴下，我们到了泽尔马特，这里是铁路的终点。泽尔马特海拔 1616 米，是一个美丽的小镇，自中世纪起就有人居住，作为旅游和滑雪的中心，则开始于 160 年前。喜欢旅行的英国人首先发现了它，亚历山大·塞勒于 1854 年在此开设第一家旅馆，名字就叫“玫瑰峰旅馆”，从此它就成为全世界滑雪爱好者、登山爱好者和喜欢大山的人们魂牵梦绕的地方。在英国，登山是上流社会极为普及的一种运动，阿尔卑斯山脉自然是他们瞩目的地方，而泽尔马特周围有不下 20 座 4000 米以上的高峰，更使他们心花怒放趋之若鹜。当时涉及旅游的法语文学作品中，英国人是一个不可或缺的人物，或是经受着由衷的赞美，或是承担着善意的讽刺。戈蒂耶在《塞尔文峰》一文中写道：“人群中很快出现一支队伍，走在最前面的一个高大的年轻人，健壮而灵活，穿着短上衣、背心和短裤，护腿套直达膝盖，头上是一顶毡帽，低低地压住眼眉，这个充满阳刚之气意志坚决的人，尽管此时衣着朴素，却让人一眼就可看出是个地道的英国绅士。”赞佩之情，溢于言表。比戈蒂耶年长的罗道尔夫·托卜费尔则在 1841 年发表的小说《昂特山口》中，也写到了一个英国人，口吻中有了一种揶揄的味道：“这个旅行者，当我刚到旅店的时候曾在门口见过他。这是一位脸色红润的英国绅士，衣着讲究合体，气度不凡。当我走过的时候，他没有回答我对他的问候，这在那些出身高贵的英国人来说是上流社会习以为常的高雅的表现。”但是托卜费尔的笔讽而不刺，谐而不谑，于不失厚道的笑声中推出一位傲慢、固执却能知恩图报的英国绅士。现在，世界各地的人涌向泽尔马特，英国人混迹其间，倒也不显山不露水的，很难一眼就把他们认出来。也许，今日的英国人已不是往日的英国人了。今日的旅游者中，日本人占了不少，中国人怕也会渐渐多起来。

在车站前面的广场上，有一个大沙盘，记录了一百多年前修建从维也日到泽尔马特的铁路时的情景，其艰苦卓绝的程度，令人叹为观止。泽尔马特历来禁止汽车通行，所用的交通工具是电瓶车和马车。其实从泽尔马特到戈尔纳格拉特还有一条齿轨铁路，不过另有起点和终点，是专门用于观光的，非另买票不行。我们一下火车，就随着人流买了票，坐上了去戈尔纳格拉特的齿轨火车。这是欧洲海拔最高的齿轨铁路，戈尔纳格拉特海拔 3090 米，山上空气新鲜，清冷，风很大，吹得鸟儿，例如乌鸫，必须侧歪着身子飞行。站在戈尔纳格拉特山上，环顾四方，精神为之一振，顿时觉得胸襟开阔不少。北面是奥博－罗特霍恩，海拔 3415 米；东北是蓝珀费什霍恩，海拔 4199 米；东面是亚齐峰，海拔 3803 米，那已经是意大利了；东南是杜富尔峰，海拔 4634 米，此乃瑞士第一高峰；还有海拔 4554 米的玫瑰峰和海拔 4527 米的利斯卡姆峰；南面是茨维林格峰，海拔 4092 米，和布雷特霍恩，海拔 4164 米；西南是小塞尔文峰，海拔 3884 米；再往西，就是塞尔文峰了。

观望塞尔文峰，在戈尔纳格拉特山上，在泽尔马特，自是不同，观感亦有别。在泽尔马特，塞尔文峰的绝对高度近 3000 米，虽不乏雄奇挺拔，但总觉得它有些傲气，有向人挑战的意味。在戈尔纳格拉特山上，它的绝对高度仅 1000 多米，在一片波浪般起伏的群山上，它显得端庄秀丽，加上不时有一朵云彩缠住它，使它多了一种难解的神秘。我第一次观望塞尔文峰，是在二十多年前了，那时我曾在泽尔马特住了一夜。夜深人静的时候，我曾凝神望过它，只觉得乌黑一个庞然大物朝小镇压了下来，连湛蓝的天空上的星星都不稳了，我顿时感到人的渺小，有些恐怖的感觉。戈蒂耶曾在里费尔旅馆夜观塞尔文峰，里费尔旅馆略低于戈尔纳格拉特山，他的观感与我的大有不同。他是这样写的："晴朗严寒的夜空如同极地的天空，一片蔚蓝，天边是影影绰绰的山峰，构成一条斗折蛇形的曲线。凌驾于群山之上的是塞尔文峰巨人般的尖顶，仿佛在跃跃欲试地要刺破那蓝色的苍穹。这座雄伟的大山，一片暗紫，那气势奔放的山脊在蓝天中勾勒分明，呈锥形的孤独的顶峰雄踞于群山之上。一轮满月，放射着淡淡的黄光，沿着它最为险峻的峭壁缓缓上升，仿佛也要登上这座其势巍巍的山峰。一边是闪光的圆月，一边是硕大无比的黑色尖状峰顶，令人叹为观止。"我反复地引用戈蒂耶的文字，一是因为他实在写得太好了，二是因为他写了那么多我没有看见的东西，三是因为他写出了与我不同的感觉。塞尔文峰以它豪放而果断的外形让人震惊，让人沉思，让人感到神秘，让人高扬起想象的翅膀，更让人生出攀登的欲望。

下到泽尔马特的时候，我们去看了看玫瑰峰旅馆，在旅馆正面的墙上，挂着一个圆形的铜牌，那是为了纪念登山家爱德华·威姆帕尔的，他于1865年首次登上塞尔文峰。他是英国人，画家，供职于一家画报。画报主编命他遍访阿尔卑斯山诸峰，画一些速写，以供画报之用。他本来就是一个登山爱好者，主编的主意正中下怀，而且他的记录中已经有了几座4000米以上的高峰，于是，塞尔文峰就成了他意欲征服的下一个高峰。从1860年开始，他从意大利的布勒依出发，8次攀登塞尔文峰，均遭失败，虽然有著名的向导让－安东尼·卡莱尔的帮助。他决定从东北坡再度发起冲击，东北坡即朝向泽尔马特的那一面。1865年7月13日，三个英国登山家道格拉斯、哈德森和哈多，法国向导米谢尔·克罗兹和当地向导托格瓦尔德父子，在威姆帕尔的率领下，从玫瑰峰旅馆出发了。塞尔文峰看起来是完整光滑的一块，实际上有许多深渊和裂缝，又覆盖着厚厚的积雪，攀登起来非常困难。终于，在14日刚过中午，这用绳子串在一起的七个人就踏在了顶峰，果然是“会当凌绝顶，一览众山小”，当是时，晴空万里，天气极好，阿尔卑斯山的群峰匍匐在脚下，宛如大海的波浪。他们可以蔑视一组登山家了，原来在他们不知道的情况下，卡莱尔率领一些人从布勒依出发，正对塞尔文峰的意大利一面发起决定性的冲击，几天之后，他们也成功了。威姆帕尔险胜，他毕竟是第一个登上塞尔文峰的人。权当旗帜，他挥舞起克罗兹的外衣。这一行人怀着胜利者的喜悦，踏上了归途，以克罗兹、哈多、哈德森、道格拉斯、托格瓦尔德父子和威姆帕尔的顺序，迤逦而下。不幸发生了：哈多，队伍中年纪最小，经验最少的人，一脚踏空，翻下深渊，一只脚打在克罗兹的后脑，他像九柱戏的小木柱一样，头朝下栽了下去，连带着哈德森、道格拉斯……“咔嚓”一声，绳子在道格拉斯和老托格瓦尔德之间断了。剩下的三个人眼睁睁地望着四条黑影大叫着跌入深渊，深渊足有1200米深。这时，一个惊人的天象出现了：一道云霓形成的巨大的圆弧中，有两个十字架闪闪发光。众人看得呆了，不知是祸是福，是上天的惩罚，还是褒奖？威姆帕尔满怀着悲痛，拖着疲惫不堪的脚步，回到了泽尔马特。他是一个英雄，他受到了人们欢迎凯旋者般的对待，然而，塞尔文峰从此蒙上了一重阴影，带上了“杀人的塞尔文峰”的恶谥。塞尔文峰被征服了，然而它被亵渎了，被冒犯了，它生气了，它愤怒了，所以它开始杀人了。不过，尽管它暴戾，每年仍有成千上万的登山者走向它，靠近它，同它亲昵，试图攀登它。塞尔文峰有它的狂热的崇拜者。正如戈蒂耶所说：“越被拒之门外，人的欲望往往就越强烈，那座被紧紧守卫着的山峰于是具有一种无法抵抗的诱惑力。人们对它日思夜想，梦寐以求，攀登它的念头，压在心上，挥之不去，即使能到别的地方去旅行，人们也还是难以忘掉它，还是要不断地想起它。人们身边总有一个嘲讽意味的幻影，使您仿佛看到了那座正在嘲笑您的没人攀登过的山峰。”从此，围绕着塞尔文峰，生出了不少有关生与死的传说。

法国作家约瑟夫·拜雷于1939年出版了一本小说，名字叫作《马特霍恩》。小说叙述的是一位名叫约瑟－马利的年轻向导，接待了一位名叫卡特的女顾客，一个月后她的丈夫前来同她会合，一起攀登马特霍恩（塞尔文峰）。卡特其实另有目的：先前她和她的未婚夫攀登马特霍恩失败，而两年的婚姻生活又使她非常不满意，她想通过攀登马特霍恩挽救她的爱情，在她的婚姻中重新注入浪漫的因素。读者可以想象得到，她的丈夫最终没有来。她知道她的丈夫不再爱她了，忧伤之余，她决定独自和约瑟－马利一起攀登马特霍恩。在约瑟－马利的帮助下，她终于爬到了山顶，但是，正当风暴即将来临的时候，她却要留在山上祈祷，她决心死在山上，把自己交给马特霍恩。约瑟－马利出于同情，同时也由于向导的职责，把她救下了山。卡特离开了泽尔马特，约瑟－马利去送她，彼此间竟没有一句话。其实，这本小说的主要人物是马特霍恩。马特霍恩在当地被视为“神山”，亵渎它的人无一不受到死亡的惩罚。它有生命，它有脾气，它是“欧洲最庄严的暗礁”，是“世界最大的坟场”。在它的峰顶，阴晴不定，风暴会随时到来，巨石会随时崩塌，深渊和裂缝随时张着大口。在小说中，它时时都挺着被激怒的头，扬起“海狮一样的颈项”，虎视眈眈地盯着泽尔马特。“它杀人！它复仇！它惩罚了那些亵渎者：首先是在它失败的那一天，惩罚了克罗兹、道格拉斯、哈多和哈德森。然后是其他人！甚至那些以为逃脱了惩罚的人，它在世界各地把他们抓了回来，像威姆帕尔、曼莫尔、佩里西埃、史密特那样的人。它追寻他们，直到高加索和喜马拉雅。”然而，像约瑟－马利这样的人，他只想履行一个向导的责任。“因为向导应该给他的旅人以心灵和血液的平静，如果可能的话，思想的平静。”他不想向马特霍恩挑战，他对马特霍恩充满了敬畏之心；像卡特这样的人，她只想埋葬自己的爱情，她选择了自己的“骷髅地”，她“不再想走了，不再想回到大地上了”。马特霍恩是她的归宿，她对马特霍恩充满了崇拜之意。马特霍恩是不会加害于他们的，它允许了卡特做完她的祈祷，它让约瑟－马利从转瞬即来的暴风雪中救活了卡特。

我是在从泽尔马特归来之后，才读到《马特霍恩》这本小说的。读罢掩卷，我深深地为约瑟－马利的形象所感动，他纯真率直，年轻英俊，健壮腼腆。他忠于向导的职守，决不做非分之想，他确信向导的时代已然过去，不再幻想英雄的举动，只是想“拯救活人”。他坚信：“山像上帝一样美，山是生命的源泉，如同上帝，它是值得爱的。”他说：“山不是属于死者的。应该让死者睡觉……不应该听信那些人，他们把马特霍恩当作了一个坟场。”我更为马特霍恩的形象感到震惊，它雄伟而不失俏丽，庄严而不失挺拔，傲慢而不失宽容。“一切都将取决于马特霍恩的脾气，是欢迎还是排斥陌生人。一切都将取决于它的脸色，它激起了欲望，它奉献或拒绝，在它的脚下创造一种独特的沟通，与此同时，控制着想象力和岁月”。这是对马特霍恩最贴切的评价。因此，我想到米什莱在他的一本题为《山》的书中说过的一段话：“人们并不会因此退缩，那高高耸立的山峰，如同一个残忍无情和盛气凌人的女人，永不缺少追求者，永远有人希望能登上它的顶峰。猎人说‘是为了猎物’;登山者说‘是为了看看远方’；可是我说‘是为了写一本书’。我坐在我写字的书桌前，世界上的任何登山家都没有像我在阿尔卑斯山这样，登过这么多次山，走下过这么多的悬崖峭壁。其实所有这些辛苦努力的实际目的仍是为攀登而攀登；崇高者，无用也。”一切行动，如果赋予它过多的意义，就会变成荒诞。譬如登山，如果总是想到征服，那就距离死亡不远了。如果使登山具有一种亲切的味道，人和山就会融为一体。

走近塞尔文峰，观望塞尔文峰，沉思塞尔文峰，看到的，听到的，想到的，一股脑儿装在了心里，回到洛桑，已是万家灯火了。

栗子而曰“烤”

巴黎的街头，常见有卖烤栗子的，十法郎可买得一包，约十数枚，不算太贵。栗子而曰“烤”，这在中国人听来是很新鲜的。中国人当然也会像清人吴乔那样，“与东海诸英俊围炉取暖，爆栗，烹苦茶，笑言飙举……”然而上得市的却是糖炒栗子，油亮油亮的，其香扑鼻；剥去皮，里面的肉嫩而软，吃在嘴里又香又甜。法国人卖的是烤栗子。烤的方法极简单，只需在火上架一铁板，中有一圆孔（大概是为了观察火候或添加燃料的），生栗子皮上打一十字花刀，置于铁板上，不时地翻动。这样烤出来的栗子自然没有光泽，且多数有些发黑，显然是烤煳了。吃起来嘛，栗子终归是甜的，只是有些发干。但法国人仿佛不大在乎，买的人不少；甚至有衣冠楚楚的雅人，也不时从口袋里摸出一枚，剥了皮，放进嘴里，吃得津津有味。

法国人是个讲究美食的民族，他们肯定会欣赏中国人的糖炒栗子的，正如他们欣赏中国人的烹调一样。然而他们吃的始终是烤（或煮）栗子。法国也是一个盛产栗子的国家，栗子曾经是一种基本的果腹之物，司汤达在《红与黑》中就写道，贫苦农民“在冬季的黄昏，从田野回到茅屋，在家里找不到一片面包，连栗子和土豆也没有”。“火中取栗”是他们的成语之一，可见他们对栗子是有相当的了解的。在生栗子上打一十字花刀以防爆，也见出他们的聪明。不过，他们的栗子的吃法竟始终这样简单。

他们也许是不会。其实栗子糖炒何难之有？无非是铁砂拌上糖，与生栗子同置大生铁锅，加热拌炒，随时翻动，使之受热均匀。掌握好火候，其功毕矣！我记得小时在东北吃过这样炒的榛子，其味也极美，而看起来尤其漂亮，许多金黄发亮的榛子黏在一起，一团一团的，小山似的，让人一见就想吃。遗憾的是，此物已久违多年了。这样的榛子法国自然也是没有的，虽然他们有榛子。糖炒的做法一学就会，然而法国人竟没有学。

他们也许是不屑。恐怕未必，法国人是很在吃上面下功夫的。试看他们的奶酪，花色品种居然有 300 之多，面条也有数十种。他们的炊具餐具更是令人眼花缭乱，目不暇接，仿佛外科医生的手术器械，名目繁多，各司其职，而这职又分得极细，有棉手套以防烫手，有团扇一样的细眼纱罩以防油溅伤人，甚至有吃螃蟹的夹子，掏边角蟹肉的锥子，等等。其用心可谓良苦！然而他们始终没有在栗子上翻出花样来。

他们也许是未曾想到。栗子之为物，小物也。烤也罢，煮也罢，炒也罢，反正是栗子，于是他们就满足于烤。然而他们也许不知道，在中国除有糖炒栗子外，还有北京的栗子面窝头、天津的栗羊羹，甚至可以入菜，如栗子鸡之类。里昂地区虽有栗子鹅、栗子火鸡，味道究竟不同。他们似乎的确未曾想到，正如他们不曾想到猪蹄可以做成美味一样。他们先前也许吃猪蹄，可那是穷人的食物，有钱人不屑一顾，当然也想不到如何做好，直到现在，居民们还是不大问津。记得十几年前，我在日内瓦一家商场里买了两只猪蹄，一老妇人见了颇感惊奇，问我此物可食否，我答曰此物非但可食，且是美味。老妇人半信半疑，问我如何食法，我详细解说了一番，不过我相信，这老妇人未必有勇气一试。糖炒栗子似同此理，他们没有想到栗子可以炒，而且可以糖炒。

说起“炒”，我突然想到，这“炒”字非同小可，说起来容易做起来难。法国人可以炖，可以焖，可以煮，可以煎，可以炸，唯独不能炒。原因很简单，他们没有炒锅，他们有的是平底锅。在出售中国货的商店里，炒锅的品名被写作 wok[①]，显系外来语，任何一种法文辞典均不载，普通英文辞典也查不到，原来是出自中国的广东音，可知炒锅为中国人所独有。有炒锅还是没有炒锅，大不一样。看中国厨师炒菜，可说是一大眼福。你看他急火热油，唰的一声将菜倒进锅里，随着吱吱的响声，炒勺不断翻动，然后一只手端起锅来颠几下，菜翻起老高，装盘即成，真可叹曰“进乎技矣”。试问平底锅如何能炒？然而糖炒栗子正是用的这种尖底大铁锅。法国人纵有百种炊具，独独没有中国人的炒锅。“工欲善其事，必先利其器”，法国人没有炒锅，如何炒得栗子？他们于是只好吃干而且糊的烤栗子了。

要想吃到软润香甜的栗子，必先想到如何使栗子不干不糊，然后才能想到糖，才能想到使之受热均匀的铁砂，才能想到便于翻倒的尖底锅……法国人没有糖炒栗子可食，多半是因为他们的想象力还有漏洞。至于这样的漏洞要不要补，那可就不好说了。不过有一点可以肯定，法国人的烤栗子是可以永远吃下去的，如同中国人不必急忙去吃什么人的家乡鸡一样。

---

① wok：镬，粤方言锅的意思。

村童八趣

东北多移民，所谓闯关东者。其后代每喜言老家如何，有年代久远无可考者，则曰某省大槐树底下或大杨树底下。我是闯关东者的第二代，所以知道我的老家是山东省莱芜县西村。我生于城市，长于城市，受教于城市，谋生于城市。幼时曾随母亲携弟妹回过老家，住仅一年余，去今已四十载矣。五十年中的一年，不啻弹指一挥，却似在脑海里生了根，其可怪也欤。近来那一年的情景居然如镜中花水中月，捞之不起却也拂之不去，只在眼前晃……

一、洗澡

鲁西村很大，又称鲁西铺或鲁西镇，原是有城墙的，但早已毁弃，唯四门尚存。南门外有汶水缓缓流过，自东而西，倒流也。听老人说，这“汶水倒流”乃是旧时莱芜八景之一。河滩极宽阔，放眼望去，是一片细细的沙子。炎夏杀了麻，就在河滩上挖坑沤之，坑成即有水，极方便。晒麻是小孩子可以出力的事，大人先把沤好的麻铺开，小孩子只需用一根麻秆从晾晒的麻之一端伸进去挑起翻过，两面晒干，其功毕矣。

小孩子于是便常到河里洗澡，都光着腚。汶水清且浅，从水里出来，虽无浴巾擦之，却也并不傻坐着让太阳晒，而是边跑边唱：“晾晾干干，老婆孩子给我扇扇。”小孩子只知道舒服，长大了读书，未必不对孔夫子的“吾与点也”倍觉亲切：“暮春者，春服既成，冠者五六人，童子六七人，浴乎沂，风乎舞雩，咏而归。”此浴乎汶也。

沤麻的坑不大亦不深，长不足十米，宽不足五米，水亦仅及膝。起麻之后的坑里常有鱼，长可二三寸，于是捉鱼便成了小孩子的又一乐趣。不施网钩，只需在水里不停地蹚几个来回，小鱼就被呛得浮上来，且不大动弹。汶水里自然也有鱼，只是不多亦不大，未见有人撒网或甩钩。大人捕鱼用的是很独特的一种网，长长的竿子，前面是一个长方形的网，只两本书那么大，称砍网。捕的方法，顾名思义，就是迎头砍过去。每次所获无多，总是煎了给祖父吃。我记得那一年家里的饭桌上似乎没有见过鱼，也许有过咸鱼。

栖息于汶水的鸟，常见的有野鸭，一群群飞来飞去。偶尔也有雪白的鹭鸶，独行者居多。春天的夜里，也有大雁在河滩上睡觉。那一年夏天大水，漫上河滩，一片汪洋。有一天小孩子们看见飞来一只巨鸟，浅棕色，头很大，谁也不知道它的名字。后来我想那也许是一只大鸨。一年四季都能见到的是一种黑脊白腹的小鸟，尾细长，落在水边石头上时总是上下不停地摆动，如今我已忘了它的名字。

二、拾柴

放了学，小孩三三两两结伴去拾柴。扛一把耙子，挂上一个筐，出了村不远，便到了河滩，所拾无非干草细树枝之类。然而有一件事，是春夏秋冬每次拾柴必有的节目，称为“唱大戏”。不是人唱，人只是看，主角乃是蜥蜴，甚至也不是蜥蜴，只是蜥蜴的尾巴。做起来很简单，先去捉一只蜥蜴，天热的时候也极容易，然后用手掌在沙子上捻一个小坑，也就手掌般大，再把蜥蜴的尾巴揪下来，那尾巴似乎很脆，稍一用力即断，旋即把断尾扔进小坑。这时，只见那寸把长的细尾上下左右地乱跳起来，良久乃止。此为唱大戏也。据说蜥并不怕断尾，它是蛇的外甥，日后自有这舅舅为它接上。

拾柴另有一个好去处。那是一大户人家的茔地，占地颇广，植有高大的杨树和橡树，风一吹，哗啦啦直响。小孩子并不害怕，也不懂得什么萧然之感。再说茔地里很凉快，还有石桌石凳，可以坐，也可以躺。当然拾柴的高潮并不是坐和躺，而是烧豆子。拾得累了，该歇息了，也许也该吃点什么了，于是各人到自家的豆子地里拔一抱来，堆在一处，有带火镰火绒的，生着火，不大工夫豆子就熟了，清香四溢，人人都吃得手脸皆黑。到了花生熟了的时候，就吃花生，自然还是各人到自家地里去拔。花生喜沙地，汶水边上的人种得不少。

三、捉蝎

蝎子在乡下是一种很可怕的虫子，能经得住蝎子蜇两次的人，简直被视为英雄。有一次老师带学生去春游，去的地方是离村子二十多里的南山。我一直不知道那座山叫什么名字，村里人也只叫它南山，也许这就是它的名字。《山东通志》上说鲁西铺正南有一山名龟山，不知是不是它。

那里也有一个村庄，出产柿子软枣什么的。离山近了，柿子树也就多起来了，那种树干较细树皮也光滑的是软枣树，我这时才知道，用它作砧木嫁接的柿树结的柿子才好吃。上了山，老师让我们捉蝎子。不是在地上找，而是搬开大石头，底下就会有蝎子藏着。果然不少，我们带着喝水的搪瓷缸子，用树枝做成筷子，一个个往里夹。缸子很深，壁又滑，只见蝎子在里面打转，就是爬不上去。眼看着平日里害怕的东西在手里转，那长长的尾巴上的毒针也看得清清楚楚，晃来晃去就是蜇不着人，心里不免得意。

第二天中午，老师住的屋子里面摆了几张大笸箩，满是死了的大大小小的蝎子，像是被烫死的，有学生说晒干了可以卖到中药铺里去。那时候好像没有人打听蝎子是否卖了，如若卖了谁拿了钱。居然捉了那么多蝎子，人人都很高兴，也很自豪。

四、种谷

我家的场院靠着旧时的城墙，墙早已倾颓，但还有墙的模样。翻过墙是一条大沟，许是昔日的护城河留下的吧。沟里长满了野草杂树，栖息着许多种鸟类昆虫，也是一个热闹繁忙的世界，自然也成了孩子们的小小乐园。捉鸟，逮蚂蚱，偶尔还能碰上一只圆咕隆咚的刺猬。最有意思的是抓一种不知名的小虫，黄豆粒般大，紫黑色，闪闪发亮，其本领在于能顺着一茎草爬上去，爬到顶并不掉下，转身又往下爬，爬到你手拿的地方又转身往上爬，如此反复不已。小孩子抓到它，可以这样玩许久。

沟里常能看见一株两株刚出土的桃树苗或杏树苗，样子当然跟野草野花不同，透着高贵，一眼便能认出来。于是小孩子乐了，赶紧小心翼翼地挖出来，移栽到屋前或者场院外的菜园子里。至于后来能长成什么样，则大多不问。比较严肃认真的是两件事：种朝阳花和种谷子。

朝阳花即向日葵，先在菜园的一角整理一块地，也就一尺见方，松好，施点肥，满满地撒下种子，盖好土，上足水，铺上一重草以防日晒，就只等着发芽出苗了。出苗后长到两寸许时，就小心翼翼地一棵棵移出来，沿菜园周围有间隔地重新栽下，到时候把多余的叶子去掉就行了。种谷子则比较复杂，先要有一块比较大的地，孩子们的把戏嘛，只能到大沟里去开荒，于是就有了巴掌大一块地。种子最难弄到，不敢向大人要，只好去自己家里偷，其实也就是到种子口袋里抓两把。瞒着大人，播种浇水锄草，活计一样不少，直到收获，也能打上一大捆。自己动手，喜获丰收，这样的体验，农民的孩子从很小的时候就有过了。

五、挖豆虫

老家那块地方盛产大麻小麦，黄豆亦是大宗。豆秧长起来之后，有一种长约八九厘米的绿虫子为害，大人小孩就去捉来喂鸡。《辞海》上有传，说是成虫叫豆天蛾，幼虫叫豆虫，害虫也，防治的办法是捕杀成虫和幼虫，喷洒药剂。但是《辞海》未说豆虫亦可食。

豆虫的确是可以吃的，当然不是啮咬豆叶的浑身绿色那时，而是已经变成土黄色准备冬眠的时候。收了豆子以后，小孩子们就该去挖豆虫了。这时，夏天吃饱了养肥了的豆虫已经钻进土里，如果看见平平的地上有个小包隆起，里面多半就藏着它了。它钻得不深，轻轻一抠，就出来了。此刻已用不着捉，捡就是，它根本就不动弹，不知是睡着了，还是太胖了。吃法很简单：洗净，去头，翻过来剁碎，加上葱姜盐之类拌匀，在煎饼子上像摊鸡蛋一样摊成饼，看起来倒也像摊鸡蛋。那时候吃得很香，不知现在会觉得如何。

我回到城里以后，渐渐觉得吃虫子是一桩很野蛮的事，所以极少对外人道。后来我上了大学，同学中有一上海人，老家乃是广东南海县（今佛山市南海区）。一天他忽然塞给我一个东西，说此物味道甚美。我一看不禁大惊，原来是一个与东北人叫作“水鳖”者相类的虫子。他说此乃龙虱，广人喜食。我吃了，以为它的名字是龙狮，颇有些高贵。后来在《辞海》上看到，方知道原来这“虱”不是那“狮”，就对它少了些敬重；而且《辞海》上还说“广东地区常食用”，我于是感到颇不公平，为什么《辞海》不在“豆天蛾”条下说“冬眠之幼虫，山东莱芜地区常食用”？

我很少遇见家乡人，在同事面前偶尔也说起过豆虫的事，他们皆“啧啧”，不知是惊恐还是惊奇。现在老家的人还吃吗？我一直觉得豆虫是很好吃的，不过从那以后我倒是一直没有再吃过。

六、看沟子

在老家的那一年，自然还要上学。村里有一小学，我上一年级。记得开学时交一篮麦子，算是学费，那已是新式小学，科目有语文算术等，每人须备一块石板。课桌是那种旧式的长桌，称“条案”，可坐五六人。

老师多不是本村人，住在学校里。印象最深的是每周写一篇周记，平日常写大仿。我写到阙处常有一顿，引得同学惊呼“抗膀”，不过我至今也写不好毛笔字。

假期似乎不少，有春假、暑假和寒假，农忙时还放假。假期里我也和其他孩子一样，到地里帮助大人干活，尽管我从城里来，他们总有些不信任。记得我第一个任务是往地里送饭。那可是一大考验，一是要用扁担挑去，一头是一篮子馍馍，一头是一瓦罐米汤；二是要翻过毁弃的城墙和墙外的大沟。我从未挑过东西，走起来东摇西摆，就怕汤洒出来。幸好一路上没有人看见，到了干活的地方似乎已经适应了，还得到一阵夸奖。

小孩子在地里的活主要是拾麦穗和看沟了。拾麦穗不必说了，看沟子很简单，就是在夏天浇水时，在垄的一端看着，水过来到头时大叫一声“到啦”，另一端随即堵上，换垄。不过庄稼长起很高的时候，两头看不见，也常常联络不上，再说有时水迟迟不到，或许就玩上了什么，跑水的事情是常有的。记得那时看见水过来总是很兴奋，大吼一声，好像完成了一件什么事似的。

七、萤火虫

夏天的晚上，大人小孩常在院子里或到残存的南门顶上去乘凉，看星星月亮，或听某人讲些匪夷所思的故事。鲁西村四面环山，然而都不近。最近的是南山，十多里，看上去有些“蔚然而深秀”的样子；东面是县城的方向，山色有些发红，称“东山”；北面的山离得相当远，深灰色，颇雄伟，称“北山”；唯西面的山有名字，乃泰山也，最为壮观，未因八十里的距离而显得遥远。东南、东北、西北皆有山，逶迤不断，只西南有个大缺口，望过去是平平的一线。于是讲故事的人说，多少年前，有一队南蛮子探宝，从那儿走过，所以那一片地方就不长山了。再就是鬼故事，小孩子听多了害怕，渐渐地也就没了兴趣。

夏天的夜里有比故事有趣得多的事情，例如蝙蝠和萤火虫。迅疾如黑色闪电的蝙蝠，在天上画着优雅的圆弧的萤火虫，最能让小孩子们快乐得叫起来。据说有特别的办法逮住蝙蝠和萤火虫，小孩子嘛，见了活物总想抓住。逮蝙蝠，是迎着它抛出一只鞋，它就会朝鞋洞里钻，这办法似乎不曾灵验过。逮萤火虫，是大家一起拍掌大叫，它就会在叫声中落下，这办法倒是常常奏效。萤火虫是棕色的，长不到两厘米，肚子上靠近顶端的地方有发亮的一道或两道，黄黄的，很柔和。听大人说，一道亮的是母的，两道亮的是公的。把几只萤火虫放进白纸做的口袋里，就是一个很亮的小灯笼了。那时虽已知道“囊萤映雪”的故事，却未曾听说过谁用它照着看书，虽然晚上的油灯不很亮。

八、刮煎饼

在老家，夏天杀麻的十来天里，家家都吃白面馍馍，还有一种面片儿汤，叫作绿豆旗子，是很小的四方面片儿和绿豆一起煮，既好吃又败火。剩下的三百多天，就差不多顿顿是煎饼了。

说起老家的煎饼，似乎还颇有些名气，称“刮（读若夸）煎饼”，是说此种煎饼是刮出来的。当然，做煎饼的活儿，记得还是叫摊煎饼。所以称“刮”，是因为使用的工具不是那种常见的丁字形的东西，只是一柄长不足二尺宽不足一斗的木或竹片儿，用它将面糊在鏊子上抹平，刮薄。平日吃的煎饼是玉米等杂粮做的，最好的是用小米，也许再搀上点白面。不过我觉得小米煎饼只是细而已，未见得比玉米煎饼好吃。

摊煎饼是女人的主要工作，好媳妇的首要标准就是摊得一手好煎饼。常听人说某家的媳妇煎饼摊得好，从未听人说某家的媳妇花儿绣得好，而老家的女人并不是不绣花儿。妈妈虽然离家多年，摊煎饼的活儿仍极熟练，我常帮她推磨磨浆，也常看她盘腿坐在鏊子前，左手执一长把儿葫芦瓢舀浆，右手持一竹片儿，立着放平，自右而左，反复几次即刮好一张又薄又圆的煎饼。刮出来的煎饼很有劲儿，吃的时候不是卷成一卷儿，那样再好的牙口也咬不下来，而是对折再叠成五指宽的方块儿，一口一口地依次往下咬。人们常说山东人喜欢就着大葱蘸酱吃饼，可我觉得还是煎饼夹芝麻盐好吃。不过这还不是最好吃的。我们家是一个大家庭，我的几位伯父那时还在一起过，上上下下总有二十多口人。记得大屋屋角置一对口瓮放粮食，吃剩的煎饼就放在瓮顶的笸箩里，总有几张会掉在瓮的后边，日子多了也就积了不少。那对瓮一年也挪动不了几次，于是每次挪瓮的时候就成了小孩子的节日，因为会从瓮的后边打扫出许多已经干透了的煎饼，极脆，简直等于现在的饼干了。这才是最好吃的煎饼啊。

煎饼是一种极方便的食品，出门时用小包袱皮包上几张，多少天不坏。当然，对于从未在那里生活过的人来说，吃煎饼可谓一大考验，实在是太费劲儿了。我工作以后，出差的路上也曾买过“山东煎饼”，可惜已经成为一种风味点心，细而已，甜而已，不那么好吃了。

一个中学生的读书生活

写下这个题目，不禁哑然失笑:20世纪50年代的一个穷苦的中学生，除了语文课本，家中没有任何藏书，除了语文老师，周围没有任何读书人，除了纸笔墨水，没有任何零花钱买书，还谈什么“读书生活”？可是他喜欢书，深信“买书不如借书，借书不如抄书”。当然，他没有抄过书，除了一些诗词和短小的古文。然而，他毕竟读了一些书，有过一些心得，也算是一种“读书生活”吧。这种生活是杂乱的，快活的，丰盈但到处是漏洞的。

先说“杂乱”。没有人知道该读什么书，也没有人可供咨询，于是我什么落在手上就读什么。我读过的第一本书是周而复的《山谷里的春天》，那是一本短篇小说集，写了些什么，今天已毫无印象。我所以记得这本书，是因为它使我知道了，陕北人管饺子叫“扁食”。相比之下，北京北部的人，例如怀柔人，管饺子叫“馒头”，就不大好理解了。《古丽亚的道路》《卓娅与舒拉的故事》和《钢铁是怎样炼成的》，大概是当时的中学生人人都读的东西，我自然不例外，前两本书的故事已经在记忆中淡漠了，唯有保尔的形象多少年之后还栩栩如生。虽然我已经多少年不读《钢铁是怎样炼成的》了，但是保尔的名言:“人最宝贵的东西是生命，生命属于人，只有一次。人的一生应该这样度过：当他回首往事的时候，他不会因虚度年华而悔恨，也不会因碌碌无为而羞耻；这样，在他临死的时候，他能够说：'我的整个生命和全部精力，都已经献给世界上最壮丽的事业——为人类的解放而斗争。'" 我至今不忘。无论保尔为之服务和斗争的事业是什么，他的这句话说出了一个有理想的人的生命真谛。我还读过《形形色色的案件》等许多侦探小说，严密的逻辑推理、曲折的情节和紧张的氛围，大概是吸引我的地方。我也听说过英国威尔斯的科幻小说，例如《火星人》什么的，可是没有机会阅读，今天想起来还觉得遗憾。中国古代的四大名著《红楼梦》《三国演义》《水浒传》和《西游记》，都一一读过，但是《红楼梦》没有读完，我觉得它扭扭捏捏的，有脂粉气。四本书中我最喜欢的是《水浒传》，一百单八将，各个不同，各个传神，各个有故事。我记得各国的民间故事读得不少，现在想起来，所谓"各国"，例如立陶宛、阿塞拜疆等，多数是苏联的加盟共和国。我读过的书中，除了小说，还有历史方面的，如范文澜的《中国通史简编》，从俄文翻译过来的希腊、罗马和中世纪的历史，书名都忘了，只记得是精装的普及著作，读得很有兴味。哲学方面，有一本江西党校编写的哲学问答，给了我一些哲学的基本知识。我甚至还读过《趣味数学》一类的书。总之，我读书很杂，很乱。

再说"快活"。我作为一个中学生，其读书生活是杂乱的，然而又是快活的，就是说，精神上是愉快的，想象力是活跃的。穷人的孩子也有乐趣，生活中的乐趣是平凡的，书中的乐趣却是无限的。1957年，我因言获罪，进不了重点高中，算是一种惩罚吧。是读书给了我精神上的满足，驱赶了日常生活的平淡，小小年纪我就明白了：政治并非唯一，甚至不是第一的价值。然而这道理的实现，却要在三十年之后。柯南·道尔讲述的福尔摩斯的故事给了我无穷的乐趣，《四签名》《血字的研究》《巴斯克维尔的猎犬》《恐怖谷》（这本书我只闻其名，并未找到）等书极大地刺激了我的想象力：福尔摩斯虽然具有科学理性的逻辑推理能力，然而他的思维的运转却全然是以想象力为基础的。《巴斯克维尔的猎犬》给我的印象最为深刻，飘浮着迷雾的沼泽地，坚硬的岩石，茂密的植物，令人毛骨悚然的半夜尖叫，高大凶猛的满身放光的猎犬，一切都笼罩在一片神秘恐怖的气氛中。猎犬的身上涂了磷，这种科学的事实打破了迷信的禁锢，使精神获得了净化。长春地处平原，本无山、海，不知我为什么脑子里总是堆满了山和海的形象，看到天上的白云，我一会儿想到巍峨的高山，一会儿想到浩瀚的大海，原来这是阅读的结果啊：李白的“蜀道之难，难于上青天，使人听此凋朱颜”，杜甫的“会当凌绝顶，一览众山小”，苏轼的“山高月小，水落石出”，袁枚的“台下峰如笔，如矢，如笋，如竹林，如刀戟，如船上桅，又如天帝戏将武库兵仗布散地上”，等等，诗句文句，纷至沓来。然而我国自古以来颇少描写大海的诗与文章，想想我读过的，只有曹操的《观沧海》：“东临碣石，以观沧海。水何澹澹，山岛竦峙。树木丛生，百草丰茂。秋风萧瑟，洪波涌起。日月之行，若出其中；星汉灿烂，若出其里。”曹操大概是我国最早的以大海为审美对象的人吧。我对于海的想象从何而来？大概是梅尔维尔的《白鲸》、凡尔纳的《格兰特船长的儿女》和《神秘岛》吧，还有陆柱国的《九极浪》，它的第一句话：“在高纬度的波兰……”至今还记得。我虽然身居一隅，但我想象的空间和时间却从严寒的极地到酷热的赤道、从远古的洪荒时代到飞机汽车的今天，真可谓“观古今于须臾，抚四海于一瞬”。我做到了“笼天地于形内”，就差“挫万物于笔端”了。一个中学生的读书生活，可以说是快活的。

最后说“丰盈但到处是漏洞”。到了高中二年级，我终于有了一点零花钱，所谓“零花钱”，就是我的午饭钱。我因此而体会到了英国作家吉辛的选择的痛苦：每当午饭的时候，他的肚子就嚷着要吃饭，可偏偏这个时候又有一套极易脱手的书摆在他面前，他的午饭钱就是书的价格，买了书就不能吃午饭，吃了午饭就不能买书，于是，求知的欲望和活着就得吃饭的念头在他的头脑里斗了起来。他在街上踱来踱去，一会儿用手在口袋里搓捏着那几枚硬币，一会儿用眼睛瞟一瞟那书摊，终于还是把吃午饭的钱拿去买书了。我买的第一本书是古巴诗人马蒂的《马蒂诗选》，马蒂是古巴的民族英雄，这本书的出版是应时之举，但他的诗确实写得很好。当然，我还是遵照“买书不如借书”的古谚，楚辞、汉赋、唐诗、宋词、元曲、明清小说，都有所涉猎，尤其是《唐诗三百首》《唐五代词》和《古文观止》，我读得比较仔细。外国的，如莎士比亚的《哈姆莱特》、拜伦的《唐璜》，雪莱、海涅、普希金、莱蒙托夫的诗、司汤达、巴尔扎克、托尔斯泰、屠格涅夫、狄更斯的小说，希腊罗马神话，等等，都给了我精神上的抚慰和滋养，极大地开拓了我的视野。我一个小小的中学生，居然能够借助书本，在世界各地无分古今地游逛。这里我要特别地说说《红与黑》《欧也妮·葛朗台》和《高老头》。《红与黑》是我在高中一年级的时候读的，可能是由于年龄的关系，于连的爱情不怎么打动我，倒是他的性格和才智给我留下了非常深刻的印象。他孱弱、腼腆，但是他的才智给了他胆量，居然敢以此为武器反抗社会的不公。我不知道如何以阶级和阶级斗争的观点来分析他的遭遇，我只是认为社会应该承认他的才智，“王侯将相宁有种乎”，出身的贫寒不应该成为实现雄心的障碍。于连被绞死了，我确实叹息了好几回。转过年来，我读了《欧也妮·葛朗台》和《高老头》。欧也妮的老实安静和对爱情的执着、葛朗台灭绝人性的吝啬、高里奥的溺爱、拉斯蒂涅的野心——“他气概非凡地说了句：‘现在咱们俩来拼一拼吧！’然后拉斯蒂涅为了向社会挑战，到纽沁根太太家里吃饭去了。”对“向上爬”的讽刺真是一针见血，入木三分——和伏脱冷冷酷，使我对法国社会的无情和人性的深渊产生了探索的兴趣。这三本书，如果说它们没有对我的人生观有着决定性的影响，却又直接导致了我对职业的选择：我义无反顾地走上了法国文学的研究、评论与翻译的道路。当时我还不知道或没有意识到文学的领域之大小与深浅，因此我的读书生活的漏洞是显而易见的。

1961年夏的一天，我正在家里下象棋，忽听院子里有人叫我的名字，原来是邮差给我送来了北京大学的录取通知书。我成了西方语言文学系的一名学生，分专业的时候，我毫不犹豫地选择了法国语言文学专业。我没有想到的是，三十年之后，我也向国人贡献了《红与黑》的一个译本。

图书在版编目（CIP）数据

大珠小珠落玉盘 / 郭宏安著 . -- 桂林：漓江出版社，2020.10
（双子座文丛 / 高兴主编 . 第二辑）
ISBN 978-7-5407-8793-6

I. ①大… II. ①郭… III. ①散文集－法国－现代 ②随笔－作品集－中国－当代 IV. ① I565.65 ② I267.1

中国版本图书馆 CIP 数据核字 (2019) 第 274390 号

DAZHU XIAOZHU LUO YUPAN
大珠小珠落玉盘
郭宏安　译 / 著

出 版 人：刘迪才
丛书策划：张谦
责任编辑：谢青芸
书籍设计：石绍康
责任监印：杨东

出版发行：漓江出版社有限公司
社址：广西桂林市南环路 22 号　邮编：541002
发行电话：010-65699511　0773-2583322
传真：010-85891290　0773-2582200
邮购热线：0773-2582200
电子信箱：ljcbs@163.com
微信公众号：lijiangpress
印制：北京中科印刷有限公司
[北京市通州区宋庄工业区 1 号楼 101 号　邮编：101118]
开本：880mm × 1230mm　1/32
印张：10.75　字数：235 千字
版次：2020 年 10 月第 1 版
印次：2020 年 10 月第 1 次印刷
ISBN 978-7-5407-8793-6
定价：48.00 元

读者回函

书名：

姓名：　　　　　　　　　　　　□女 □男　　　　　　年龄：

地址：

电话：

Email：

学历：□高中（含高中以下）□专科 □本科 □研究生及以上

职业：□学生 □自由职业者 □一般职员 □中高级主管 □个体经营者 □其他

请问您平均每月购买几本书？

□4本以下 □4—10本 □10—20本 □20本以上

请问您的阅读习惯是？

□文学小说 □心灵励志 □艺术设计 □生活美学 □戏剧舞蹈 □地理地图

□旅游 □经济 □历史 □建筑 □传记 □宗教哲学 □其他

请问您从何处知道此书？

□书店 □报纸 □书评 □广播 □电视 □网络 □亲友介绍 □其他

请问您在何处购买了本书？

□实体书店 □网上书店

您购买本书的主要原因是？（单选）

□工作或生活所需 □主题吸引 □亲友介绍 □书封精美 □喜欢作者 □促销活动

□媒体推荐 □喜欢漓江出版社 □其他

您觉得本书如何？

书名：□很好 □普通 □待加强

创意：□很好 □普通 □待加强

封面：□很好 □普通 □待加强

内容：□很好 □普通 □待加强

印制：□很好 □普通 □待加强

价格：□偏低 □适中 □偏高

您还想读到哪些著译俱佳的作译者的作品？

您对本书及漓江出版社的宝贵建议：

阅读，让我们相遇

“南环路22号”读者俱乐部欢迎您的到来！

读者朋友您好，认真填写完背面的“读者回函”，有以下几种方式可以找到我们：

1. 沿虚线裁下“读者回函”，找点儿空闲，跑一趟邮局，来一场久违的寄信之旅。我们的地址就在本页下方。等着您——
2. 为“读者回函”拍一张清晰的照片，扫描关注“南环路22号”，第一时间发送过来。
3. 为“读者回函”拍一张清晰的照片，Email给我们。

不论来信，还是扫码，还是电邮的读者，一旦收到您的“读者回函”，即可成为“南环路22号”读者俱乐部的会员。**前50名读者，可获赠样书一册。**

会员特有福利：

No.1 通过“南环路22号”公众号购书尽享折扣，绝对有惊喜！

No.2 第一时间获得新书资讯，满足您爱文学、爱读书的小渴望。您的阅读清单就让我们承包吧！

No.3 成为新书试读员，可参与撰写书评文字，公众号择优发布。您的一字一句，我们都会倍加重视。

地址：广西桂林市南环路22号漓江出版社中外文学编辑部

电话：0773 - 2583397

传真：0773 - 2583000

邮政编码：541002

邮箱：zhongwaiwenxue111@163.com

南环路22号